谨以此书献给我的女儿张瑾。

——张民才

看得见的时光

张民才 著

内蒙古科学技术出版社

图书在版编目（CIP）数据

看得见的时光 / 张民才著. —赤峰：内蒙古科学技术出版社，2016.10（2020.2重印）

ISBN 978-7-5380-2708-2

Ⅰ. ①看… Ⅱ. ①张… Ⅲ. ①社会科学—文集 Ⅳ. ①C53

中国版本图书馆CIP数据核字（2016）第234820号

看得见的时光

作　　者：张民才
责任编辑：那　明
封面设计：李树奎
出版发行：内蒙古科学技术出版社
地　　址：赤峰市红山区哈达街南一段4号
网　　址：www.nm-kj.cn
邮购电话：（0476）5888903
排版制作：赤峰市阿金奈图文制作有限责任公司
印　　刷：天津兴湘印务有限公司
字　　数：280千
开　　本：880mm×1230mm　1/32
印　　张：12.125
版　　次：2016年10月第1版
印　　次：2020年2月第2次印刷
书　　号：ISBN 978-7-5380-2708-2
定　　价：68.00元

前言：设计高中人生——推开一扇窗

世界充满太多的诱惑，我们每天都在忙碌。许多人经常谈失去，其实失去根本谈不上，因为谈失去的人根本不曾拥有，更何况拥有是永恒的，它不会失去。不曾拥有意味着没有选择，只有经过选择并坚持下来的才是拥有。面对复杂的世界，我们更多地充当了过客。

历史到今天为止有三个最著名的苹果：一个诱惑了夏娃，一个砸醒了牛顿，一个属于乔布斯。这三个苹果说明了：性爱、求知、创新是人类进步的阶梯。也有人说，三个苹果改变了世界：欲望、知识、激情。它们为人类开启了一扇通向未知世界的门，在接过那个苹果的时候，我们都在期待去探索一个未知而充满诱惑的世界。

生命已经演进了40亿年，人类不过数百万年，在生命进化的历史时钟上，人类不过数分钟。想想一个人的生命不过匆匆百年，真可谓昙花一现。认清这一点，一切都能放下。只有放下无意义的一切，做出有价值的选择，我们才真正拥有了人生。

每个人都活在自己的年代里，活在自己的时光里。伴随着时光的记忆，人的阅历在不断增长。时光易逝，但记忆的时光永远闪烁，而且随着时间的推移，时光越发清晰、亲切、美好。

　　高中是青春之梦开始的地方,高中是起航人生、情洒校园、求知若渴的岁月。以高中为主题谈人生、学校、数学,提出高中教育的新思路;以高中为中心而构建人生、学校、数学的意义,举一反三,为家长、教师、学生提供指导方案,为学校特色与学校品牌提出借鉴框架。高中仅仅三年,教育工作者应当拿起放大镜,将生命中的每一寸光阴清晰地呈现,好好珍惜地度过,还要通过放大镜看到生命成长背后的意义。教育工作者应当拿起照相机,聚焦教育的每一个细节,让学生的行动更有意义,不做或者少做无用功。教育工作者应当拿起录像机,记录生活,寻找价值,并希望我们记录的内容不用剪辑就已经是最好的真实。

　　高中三年——看得见的时光。因为看得见,我们有了记录,我们有了记忆,我们有了美好,我们拥有了那个年代。

　　三个苹果的启示、三年时光的意义让我们三思并着手设计高中人生。

　　高中人生需要阳光与空气。在阳光与空气的环境里,人生分三步走,第一步:明德敏学,兴才盛世;第二步:修身养性,齐家治国;第三步:或静或动,或舍或得,此乃人生三部曲。

　　高中人生需要水与土壤。在水与土壤的滋养下,学校分三步走,第一步:民主、法制、科学;第二步:才、财、材;第三步:文明的原点、成长的支点、幸福的起点,此乃学校三部曲。

　　高中人生需要智慧与爱。在智慧与爱的指导下,数学分三步走,第一步:探索与发现;第二步:思想与方法;第三步:艺术与生活,此乃数学三部曲。

　　我所经历的人生离不开对人生、学校、数学的理解，因此我着力从三个方面分别构建了三部曲，人生代表价值，学校代表事业，数学代表专业。价值、事业、专业是人发展的意义所在，价值、事业、专业也构建了一个大的三部曲。从价值、事业、专业三维考虑人的发展又正好与高中课程的三维目标相契合，即"情感态度价值观、过程与方法、知识与技能"。价值又相当于品，事业又相当于行，专业又相当于知，这正好是"行—品—知"系统的模式构建。综而述之，三个三部曲又可统一成一个主题：以人生为主题，学校三部曲会给我们管理方面的思考，从而更好地完成自己的事业；数学三部曲会给我们专业方面的思考，将专业的理念加以拓展，生活更有意义。以学校为主题，人生三部曲正好为学校提供了发展的理念，教育将人生展开；数学三部曲正好提供给学校教师专业成长的思考，实现学校的内涵发展。以数学为主题，人生三部曲为数学的本质探究做了尝试，学校三部曲为数学的教学提供了平台。

　　全书内容是相通的，正如它们反映的意义是互相联系的整体，价值、事业、专业不可分割，唯有如此，人才能成为健全的整体。

　　我想记录我做事的选择，我想见证我做人的时光，选择给我力量，时光给我意义，带着这个目的，我开始了文字的记录，以期待与更多的关注教育之人分享我的教育感悟。不论是按部分单独阅读本书，还是以整体的三部曲总览本书，抑或是以彼此迁移的角度横向审视本书，我们都会对自我重新取舍，经过取舍即是精简。做人其实很简单，我们追求的最终结果也是简单的生活。本书就是想提供一种认识，从而为我们简单的生活提供选择性的建议。在这个知识爆

炸的信息时代,在这个日新月异的发展时代,每个人似乎显得根本不重要,时代的潮流随时会将我们淹没,我们随时会进入黑暗空间。看得见的时光让我们不至于迷茫,因为看得见而真实,发现真实,实现真实,让自己的真实成为这个世界美好的一部分,世界也会看得见,不再黑暗。每个人眼中的世界从此逐渐清晰可见。

给我一束光吧!让我看到我的存在!让我看到我的意义!我想破解普通高中发展的内涵。

世界给了我们太多的选择。本书所做的尝试是我多年工作中思考的结果,也是我的人生哲学,仅仅代表我个人的观点,书中的诸多观点正是我的行动指南。事实上,我的为人也是这样实践的,从这一点来讲,我是真实的。鉴于学识与时间有限,我在许多地方只是提出了命题,并未详尽展开,因为详尽的思想有如时光的流淌,永无尽头。我们每一个人永远在路上,何况每个人的路也不尽相同,风景自然不一样。我想命题的提出至少也指明了方向,未来还有许多研究、探索的路要走,这好比推开一扇窗。

推开一扇窗,阳光洒进来,空气扑过来,生命从此焕发生机;

推开一扇窗,我们拥有另一片天地,水与土壤给了我们创造的资源,生命从此扎根;

推开一扇窗,智慧与爱给了我们创造的灵感,生命从此存在;

推开一扇窗,时光流淌,世界向我们展开……

目　录

人生三部曲

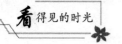

学校三部曲

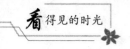
数学三部曲

人生三部曲

一、明德敏学　兴才盛世

二、修身养性　齐家治国

三、或静或动　或舍或得

认识自己。——苏格拉底（古希腊）

一、明德敏学　兴才盛世

选择与坚持连接人生。

人生从启蒙教育开始，我主张教育成就"三力、三生、三观、三向"的教育观与"课程–读书–社团"的系统构建。

高一	行	领导力	生活	价值观	面向当代
高二	品	创造力	生涯	人生观	面向未来
高三	知	学习力	生命	世界观	面向世界

领　导　力

21世纪最重要的是人才，关注人才就必须关注领导力。

领导力是领导者影响追随者实现目标的过程。不同的领导力用三个要素加以区别：领导力本质上是影响他人的社会过程；领导者的性格决定其领导风格；情境是领导力发挥作用的前提。领导力的本质是影响力，社会分工造成社会合作的精细化，个人融入社会必然与他人合作实现个人与社会价值，一个团队的影响力决定于个人影响力的分解与合成。领导者是领导力的核心，包括领导者的个人特质、行为、胜任水平、专业、经历。领导者在不同的情境中发挥水平受领导者个人基础水平的影响，也会决定其表现。

领导力的意义决定人类社会和谐与进步的存在关系。领导力体现在社会关系的各个层面，将领导力看成是领导的特权是对领导力的误解。孔子说："三人行，必有吾师。"师者实际上指领导者，哪怕

三个人也有领导，只不过是无形的影响力的表现。处在不同的时期，遇到不同的事，总会有人站出来引领大家走下去。领导力研究工作不仅要探讨个人领导力的发展，更要将组织领导力的开发作为课题，深入研究个人发展、关系建立、团队建设、群体发展、组织发展、合作模式、组织规划等问题。

领导力是具有远见卓识的人抓住机遇并创造辉煌的影响力。社会每天给人以全新的挑战与机遇：改变生活，建立新生活的意义；组建团队，实现良好的工作价值；增强责任，增加人与人之间的沟通与理解。信息与知识的传播带给人们生活的希望与生活状况的改变，网络的普及重构社会分工，人生意义的追寻，生活中的不确定性导致的各种变化，凡此种种，既是对人的挑战，更是人对机遇的把握。领导力就是抓住契机的人带动他人实现全新价值的持续发展力。

价值引领决定领导力的层次。卓越的领导者以身作则，建立愿景，克服困难，激励众人，发挥众人能力，并持续地为工作注入新元素。在卓越的领导者周围必然存在一个优生态的精神家园，每个家庭成员忘我奉献并从中感受生活的快乐与生命的意义，工作业绩反而成了精神之后的必然产物。

团队建设是领导力开发的重要载体。决定团队建设的关键是战略规划。战略规划让每个人找到工作方向，去伪存真，聚焦重心，注重效率，节约资源，实现回报。战略规划抓住执行、监督、评价三条线。执行首先要进行规划，建立运行模式，建立保障机制。监督要拓宽民主渠道，加强各方面沟通，及时为执行提供建议，及时为评价

提供依据。评价要建立评价规则,为执行提供导向,为监督提供关注点,建立绩效考核,保障团队成员的生存权利。

领导力策略关系领导力发挥的质量。领导者要在实施领导过程中注重理性分析,运用逻辑论证与事实依据表明目标的可行性,客观公正地说服倾听的对象,告知并引导追随者规划目标的价值与利益。加强沟通、激励人心、平等协商、团结合作、承诺兑换、运用表扬的艺术、注入个人的情感、提倡契约精神、合理施压、建立联盟等策略是实施领导力的重要策略。

领导力类型是领导力存在的表现形式。以学校为例,团队领导力可从学科、班级、社团入手,此乃"才"之出处。人力领导力可分为校长领导力、教师领导力、学生领导力、家长领导力,凡上述成员皆是成人栋梁,此乃"材"之要素。部门领导力可从学校各科室建设划分,此乃"财"之枢纽。概述学校领导力建设,将领导力作为课程,从课程建设的角度挖掘领导力内涵,为学校的特色发展注入新的内涵。

未来领导力必备5项要求:①创新与合作倡导者。加强沟通,积极合作,共同决策。②人才发展者。不断以人才为中心,及时指导团队发展。③数学技术推崇者。打造高效运行机制。④世界公民。多元化思考,多样化发展,倡导社会责任,培养全球意识。⑤未来预测者与缔造者。以前瞻性的改革创新精神与意识对待机遇与挑战。

领导力是科学也是艺术。领导力研发需要发挥人际关系的作用。从此意义出发,需要学习伦理学、社会学、教育学、心理学、历史学、哲学、美学等知识并加以运用。领导力注重科学,从经典中发

现领导力的典型；领导力注重生活，从经验中挖掘灵感；领导力注重实际，从工作情境中因地制宜；领导力注重理念，从网络平台与世界各地的创新做法中丰富自己的体系；领导力注重发展，不断剖析案例、总结成果是领导力开发的持续之举。

关注领导力就是管理自己！

领导力法则：

（一）高度法则。

（二）影响法则。

（三）过程法则。

（四）导航法则。

（五）增值法则。

（六）信度法则。

（七）尊重法则。

（八）直觉法则。

（九）品格法则。

（十）分配法则。

（十一）镜像法则。

（十二）制胜法则。

（十三）磁场法则。

（十四）选择法则。

（十五）舍得法则。

（十六）时机法则。

（十七）质量法则。

（十八）学习法则。

（十九）逆向法则。

（二十）需要法则。

创 造 力

21世纪最重要的是人才, 关注人才就必须关注创造力。

创造力是指产生新思想、发现和创造新事物的能力。它是成功地完成某种创造性活动所必需的心理品质。创造力与一般能力的区别在于它的新颖性和独创性。它的主要成分是发散思维、联想思维、逆向思维等。理解创新思维的特点, 激发学生创造欲, 掌握相应的创造技巧, 培养良好的思维习惯, 引导学习者在学习过程中自觉地培养创新能力。

培养创造力的举措:

(一)读万卷书、行万里路。

(二)劳逸结合。

(三)工作室实验。

(四)运动创造激情与灵感。

（五）异想天开。

（六）时光穿越。

（七）选择良师益友。

（八）利用纸与笔。

（九）记录事件。

（十）坚持写作。

（十一）批判性思维。

（十二）类比与迁移。

（十三）生活中的运算。

（十四）换位思考。

（十五）观察与思考。

（十六）坚持与信心。

（十七）追求特色。

（十八）认识自我。

（十九）确定目标。

（二十）注重选择。

关注创造力就是突破自己！

学 习 力

21世纪最重要的是人才,关注人才就必须关注学习力。

学习力是指一个人或一个组织学习的动力、毅力和能力的综合体现。学习力是把知识资源转化为知识资本的能力。学习力包括学习动力、学习毅力和学习能力三要素。学习动力是指自觉的内在驱动力,主要包括学习需要、学习情感和学习兴趣。学习毅力即学习意志,是指自觉地确定学习目标并支配其行为克服困难,实现预定学习目标的状态,它是学习力的保持因素。学习能力是指由学习动力、学习毅力直接驱动而产生的接受新知识、新信息并用所接受的知识和信息分析问题、认识问题、解决问题的能力,主要包括感知力、记忆力、思维力、想象力等,它是学习力的基础因素。

个人学习力,不仅包括他的知识总量,即个人学习内容的宽广程度,也包含他的知识质量,即学习者的综合素质、学习效率、学习品质,还包括他的学习变量,即学习进程与接受和扩充知识的能力,在这里更看重的是知识增量,即学习成果的创新程度以及学习者把知识转化为价值的程度。社会日新月异,知识不断增长,学习成为人一生的追求,学会学习、坚持学习、终身学习才能保持个人竞争力。

关于学习品质,从外到内关注学习动机。学习动机是指激励并维持学生追求某一目标的学习行为和动力倾向。培养和激励学生学习动机的举措包括:

(一)教学吸引。

(二)兴趣激发。

(三)评价反馈。

(四)奖励惩罚。

(五)竞争合作。

(六)归因指导。

关于学习品质,需要从内到外关注学习心理。心理现象主要包括心理过程与个性心理。心理过程是心理活动的动态过程,是人脑能动反映客观事物不同方面及其关系的过程,它包括认识、情感、意志等活动过程。从以下关注点分析学习过程中的表现状态:

(一)认识过程主要指感觉、知觉、记忆、思维、想象。

(二)情感过程。

(三)意志过程。

个性心理主要包括倾向性、特征、自我意识。

(一)倾向性:需要、动机、兴趣、理想、世界观。

(二)特征:能力、气质、性格。

（三）自我意识。

学习策略是指学习者为了提高学习效果与效率，有意识、有目的地设计促使学习目标达成最优化的实施方案。学习策略将学习者的因素与知识联系起来，寻求科学的最佳途径，从而使学习达到最大化成效。

学习策略分类如下：

（一）认知策略：复述策略（重复、抄写、记录、标记）；内化策略（想象、口述、总结、笔记、类比、答疑）；概括策略（选择要点、列出提纲、图表分析）。

（二）元认知策略：计划策略（设置目标、浏览、设疑）；监控策略（自我检查、集中注意、监控领会）；调节策略（调整计划、重新开始、复查、考试）。

（三）资源管理策略：时间管理（时间表、目标）；环境管理（选择地点）；努力管理（努力程度、调整心境、自我谈话、坚持不懈、自我强化）；外界帮助（教师、同伴、家长、亲人）。

关注学习力就是提高自己！

生涯规划

高中生涯规划步骤：

（一）规划生涯。

（二）目标意义。

（三）落实行动。

高中生涯规划内容：

（一）认识自我。包括性格、兴趣、健康、学业、习惯、理想。

（二）人际关系。包括亲人、朋友、教师、异性、父母、社会。

（三）专业职业。包括理想、兴趣、特长、认识、发展、设计。

（四）自我管理。包括时间、习惯、卫生、理财、健康、休闲。

（五）正视挫折。包括学业、健康、特长、交往、时间、压力。

（六）学会学习。包括思想、方法、时间、健康、恒心、信心。

（七）体验社会。包括参与、感悟、合作、分享、选择、法律。

（八）人生规划。包括理想、家庭、个人、学业、健康、兴趣。

生活习惯

习惯养成的流程：

（一）热爱生活。

（二）有效机制。

（三）及时改进。

对待生活要遵循的生活态度：

（一）发现美。

（二）有选择。

（三）要坚持。

（四）常反思。

（五）重健康。

生命价值

热爱生命的表现：

（一）尊重生命。

（二）珍惜生命。

（三）认识生命。

对待生命要遵循的道德原则：

（一）人生目标。

（二）自豪感。

（三）耐心。

（四）坚韧。

（五）具有洞察力。

课程系统

学科	方向1	方向2	侧重点
语文	演讲与口才	校本课程	领导力
英语	口语与听力	校本课程	领导力
数学	如何解题	一题多解、变式训练、思维导图	学习力
物理	实验与探究	校本课程	创造力
化学	实验与探究	校本课程	创造力
生物	实验与探究	生命探究	生命
政治	法制、经济学、社区	生涯规划	生涯
历史	中西文化、象棋	校本课程	人生观
地理	红山文化	世界各地旅游	世界观
音乐	名曲欣赏	名曲欣赏、乐队	面向当代
体育	大众体育	校队	面向未来
美术	美学欣赏	中西美学、人物肖像素描	面向世界

续表

学科	方向1	方向2	侧重点
心理	心理学	教育心理学	生活
书法	毛笔书法	毛笔书法、书法欣赏	面向当代
计算机	实用基础	办公软件、几何画板	面向当代

主题：全面育人与课程。

入口：以学科分类的课程体系。

载体：学科知识。

媒介：杂志、视频、书籍、电视等素材来源。

形式：讲授与实践结合（课程），读书与观看结合（读书），自主与合作结合（社团）。

出口：结题形式多样，如成果交流、学术交流、选择式考试、必修考试等。

读书系统

总方向	分方向	关键点	参考书	相关学科
三力	领导力	唐诗与宋词	《唐诗三百首》《人间词话》	语文、英语
		演讲与口才	《演讲与口才》	语文、英语
	学习力	如何解题	校本课程	数学
		心理学	《心理学》	心理学
	创造力	实验与探究	校本课程	物理、化学、生物
三生	生活	习惯	《习惯的力量》	地理
	生涯	生涯规划	《生涯规划》	政治
	生命	生命简史	《生命简史》	生物
三观	人生观	中西文化、象棋、红山文化	校本课程	历史
	价值观	社区、法制	校本课程	政治
	世界观	经济学	《经济学》	政治

续表

总方向	分方向	关键点	参考书	相关学科
三向	面向当代	艺术、计算机、书法	音乐教材	音乐
	面向世界	美学	美术教材	美术
	面向未来	体育	体育教材	体育

主题：人的发展与读书。

入口：以价值分类的阅读行动。

载体：学科知识。

媒介：杂志、视频、书籍、电视等素材来源。

形式：讲授与实践结合（课程），读书与观看结合（读书），自主与合作结合（社团）。

出口：结题形式多样，如成果交流、学术交流、选择式考试、必修考试等。

社团系统

序号	社团	分类	方向	学科
1	演讲与口才		领导力	语文、英语
2	口语与听力		领导力	语文、英语
3	唐诗与宋词		领导力	语文
4	如何解题	一题多解	学习力	数学
5	如何解题	变式训练	学习力	数学
6	如何解题	思维导图	学习力	数学
7	实验与探究		创造力	物理
8	实验与探究		创造力	化学
9	实验与探究		创造力	生物
10	法制		价值观	政治
11	经济学		世界观	政治
12	社区		价值观	政治
13	中西文化		人生观	历史
14	象棋		人生观	历史
15	红山文化		人生观	历史

续表

序号	社团	分类	方向	学科
16	世界各地旅游		世界观	地理
17	名曲欣赏		面向当代	音乐
18	大众体育		面向未来	体育
19	美学欣赏	中西美学	面向世界	美术
20	美学欣赏	人物肖像素描	面向世界	美术
21	心理学	教育心理学	学习力	心理学
22	毛笔书法	毛笔书法	面向当代	书法
23	毛笔书法	书法欣赏	面向当代	书法
24	计算机实用基础	办公软件	面向当代	计算机
25	计算机实用基础	几何画板	面向当代	计算机
26	生活习惯		生活	地理
27	生涯规划		生涯	政治
28	生命探究		生命	生物
29	乐队		面向当代	音乐
30	球类、校队		面向未来	体育

主题：多元智能与社团。

入口：以课程分类的社团活动。

载体：学科知识。

媒介：杂志、视频、书籍、电视等素材来源。

形式：讲授与实践结合（课程），读书与观看结合（读书），自主与合作结合（社团）。

出口：结题形式多样，如成果交流、学术交流、选择式考试、必修考试等。

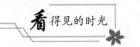
教育大视野

聚焦教育，每个人都能从不同的角度侃侃而谈。从国家战略层面的角度来分析教育，这就是教育的大视野。大视野，大观察，教育观察从宏观入手，主要研究人、社会、学习、知识。概言之："谁在哪干什么？"谁指向人，哪指向社会，干指向学习，什么指向知识。教育具有时代性，最好的教育就是"人—社会—学习—知识"的优化构建，同时实施流程的整体性与一致性的达成效果反映教育的质量。

关于人——

人的成长与变化贯穿人的发展始终。

关于人关注的大视野首推人的智能理论的发展。

美国心理学家霍华德·加德纳提出人类至少存在8种智能。

（一）语言智能：对声音、节奏、单词的意思与语言的不同功能敏感性较强。

（二）逻辑—数学智能：运用数学、推理与假设的能力较强。

（三）空间智能：能以三维空间的方式思考，准确地感觉视觉空间，并把感知的空间印象加以表现。对色彩、线条、形状、空间构造有敏锐感知。

（四）肢体—动觉智能：能巧妙运用身体表达想法与感觉，能灵活运用双手进行生产或创造。

（五）音乐智能：有觉察、辨别、欣赏、表达、创作音乐的能力。

（六）人际智能：人际交往能力突出，善于觉察他人情绪、动机、情感、意向、需要等认知行为。

（七）内省智能：自我管理与构建能力，具备约束与规划、反思与改进的能力。

（八）自然观察智能：对生物分辨能力强，对自然关注度高。

教育要因材施教，最终达成人尽其才。多元智能理念为我们培养人才开阔了新视野。

关于社会——

社会关系价值与人生，现行社会从国家、省市、地方三级体系构建社会组织。快速发展的社会带来以下问题：

（一）民族与文化差异。

（二）环境。

（三）价值观与道德观。

（四）家庭。

（五）信息化。

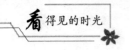

（六）网络化。

（七）权利。

（八）法制。

（九）人生观。

（十）全球化。

关于学习——

关于学习关注的大视野首推学习理论的发展。

学习是由经验引起的行为与思维的持续变化。学习理论主要涉及学习主体、个人经验、具体操作、思维变化、行为变化、学习作用、学习价值等方面的研究与发现。

学习理论的研究与发展：

主要学习理论流派	学习理论的发展	教育理念
早期行为主义学习理论	学习是经验与联想	勤能补拙 天道酬勤
刺激—反应行为主义学习理论	学习是刺激—反应的强化	第一、二信号系统
S-R联结		
竞争与合作		
自我管理		
社会认知行为主义学习理论	学习分为参与性学习与替代性学习	观察学习
早期认知主义学习理论	学习是学习者内部心理结构的形成和改组	顿悟
符号认知主义学习理论	学习不是简单的S-R联结，而是S-O-R过程，结果形成"认知地图"。学习是自我强化、替代强化等多种强化的结果	认知学习、内部强化

续表

主要学习理论流派	学习理论的发展	教育理念
结构认知主义学习理论	认知表征理论：动作性表征、映象性表征、符号性表征	知识结构、直觉思维、发现学习
同化认知主义学习理论	有意义学习：上位学习、下位学习、合作学习	接受学习、讲授教学
信息加工认知主义学习理论	学习八阶段：动机、了解、获得、保持、回忆、概括、作业、反馈	指导学习
建构主义学习理论	学习是学习者意义的构建，学习是社会互动与协商。知识是在主、客体相互作用的活动之中构建起来的，主客体相互作用的活动是一切知识产生的源泉	情境教学、支架式教学、最近发展区
人本主义学习理论	学习是寻求潜力的充分发挥。促进学生学习的关键在于促进者与学习者之间的人际关系，即心理因素：真诚、尊重、平等	全人教育 以学生为中心

1992年美国心理学会教育心理学专业工作组发表文章《学习者中心的心理学原则：学校重构与改革指导纲要》，1997年加以修改。该纲要体现了建构主义理论对学习与动机规律的共识。

学习者中心的心理学原则：认知与元认知因素。

（一）学习过程的性质。当学习是一个从信息和经历中主动构建意义的过程时，对于复杂课程的学习是最有效的。

（二）学习过程的目标。成功的学习者在外界的帮助以及教学指

导下, 随着时间的推移, 能够创造出有意义的、连贯一致的知识表征。

（三）知识的构建。成功的学习者能够以有意义的方式将新信息与已有的知识联系起来。

（四）策略性思维。成功的学习者能够创造和应用一整套思维和推理策略来达成复杂的学习目标。

（五）对思维的反思。用于选择和监控心理加工过程的高级策略, 促进创造性和批判性思维。

（六）学习情境。学习受到文化、技术和教学实践等环境因素的影响。

（七）动机与情绪影响学习。学什么, 学多少, 这都受到学习动机的影响, 反过来, 学习动机又受个体情绪状态、信念、兴趣与目标以及思维习惯的影响。

（八）学习的内部动机。学习者的创造性、高级思维以及好奇心等都有助于产生学习动机, 如果学习任务具有新异性, 难度适中, 与学习者的个人兴趣有关, 并且能够让学习者自主选择和控制, 那么这种学习任务就能激发学习的内部动机。

（九）动机对努力的影响。复杂的知识与技能的获得需要学习者的不断努力和有指导的练习, 没有学习动机, 也不可能有付出努力的意愿, 除非有外部压力。

（十）发展对学习的影响。在个体发展过程中, 有各种因素促进或阻碍个体的发展。只有综合考虑个体在身体、智力、情感和社会等方面的不同发展特征时, 学习才是最有效的。

（十一）社会对学习的影响。社会交往、人际关系以及与他人的沟通等都影响学习。

（十二）学习中的个别差异。由于先前的经验以及遗传因素的影响,学习者具有不同的学习策略、学习方法以及学习潜能。

（十三）学习与多样性。当考虑到学习者在语言、文化以及社会文化背景等方面的差异时,学习才是最有效的。

（十四）标准与评估。确立恰当的、具有挑战性的目标,评估学习者以及学习过程,包括诊断性评估、过程性评估和结果性评估等,这些都是完整的学习过程所不可缺少的部分。

以上原则"人—社会—学习—知识"分类如下:

从人的角度:（七）、（八）、（九）、（十）、（十二）、（十三）。

从社会的角度:（六）、（十一）、（十四）。

从学习的发展角度:（一）、（二）、（四）、（五）。

从知识的发展角度:（三）。

在建构主义理论对学习产生深远影响的同时,美国哲学家马斯洛的人本主义哲学也对学习理论产生了重要影响。人本主义哲学帮助人们充分了解自己,帮助人们调动一切积极因素以实现最完美的自我,帮助人们创造最美好的人生境界。

（一）需要层次。

人拥有5个层次的意动的需要:生理的需要、安全的需要、爱与归属的需要、尊重的需要和自我实现的需要。每当一种需要满足之后,另一种需要便会取而代之。另外,人类还存在认知与理解的需要、审美的需要,后两者需要贯穿于前5个层次的需要系统。

（二）自我实现。

自我实现价值的人是人类中最好的典范，自我实现价值的人优秀、健康、坚强、创造力强、高尚、睿智。自我实现的特点是人类努力的方向。

（三）高峰体验。

当一个人处于高峰体验状态时，他处于生命健康最辉煌的时刻，此时对于处在高峰体验的人的眼中，世界与众不同，个人的潜能最容易发挥。经历高峰体验的人心态更加平和，知足而感恩，充满爱与责任。

（四）潜能发挥。

每个人潜能无限，人生应当持续不断地充分挖掘自己的潜能，实现人生最高境界。

（五）优心态管理。

组织内部的每个人成长与创造力的发挥影响组织的产品与服务的质量，从而影响组织的长远发展，培养组织成员的良好心态以实现个人价值的最优化是管理的最高境界。

人本主义哲学为人的发展与现代管理提供了有力的理论支持，从需要层次、自我实现、高峰体验、潜能发挥、优心态管理几个方面上看，我们都可以借鉴并应用于教育，从而有力地深化教育改革。

关于知识——

知识关注的大视野首推知识的价值。

知识是人对事物属性与联系的能动反映，是通过人与客观事物的相互作用而形成的。人在与外界相互作用的现实活动中，获得来

自客体的各种信息，并用一定的方式对这些信息进行加工和组织，形成对事物的理解，从而形成知识。

知识分类标准不一：直接知识与间接知识；理性知识与感性知识；主观知识与客观知识；显性知识与隐性知识；陈述性知识与程序性知识等。

人们获得知识的基本方式：

（一）基于权威的知识。

（二）基于经验的知识。

（三）基于推理的知识。

（四）基于神示的知识。

（五）基于直觉的知识。

关注知识分类并研究不同类别知识的特点，有针对性地加以学习，效果自然事半功倍。

恒·悟

领导力、创造力、学习力

自信与谦逊是天平的两端，过于自信会目空一切，走向封闭，不能看到他人的长处，走向自傲。过于谦逊就会缺乏创新，往往不能独当一面。

谈及智慧，其实是良好品性的修养过程。当一个人的内心丰盈，做喜欢而有意义的事，坚持做自己，坚持完善自己，让他人、社会因自己而受益，且经得起时间的考验，本身就不失为智慧人生。

个性与共性的妥协，贫穷与富有的刺激，孤独与喧嚣的选择，成功与失败的衡量，渴望与失望的挑战，理解与沟通的封闭，这一切让人茫然，摆脱这一切烦恼的关键是丰盈自己的内心，而丰盈内心的最好方法就是读书，有选择地读，并且读出自己的方向。

每一次峰回路转之时，也是柳暗花明之时，逆境是境界再提高

的契机。

领导力在于你的表达与组织，源于你的自信与忍耐。培养领导力从演讲、管理、学习、性格等方面入手。

灵感往往一闪而过，将其捕捉并促成现实需要头脑清醒，不满足于现状，重塑个性空间。培养创造力就是思考与创新。

学习力就是选择不断丰富自己的道路及走法。

生活、生涯、生命

生活成就每一个有心人。用心生活，最美的存在一定在自己的内心。将心用在观察与思考，用在尝试与实践，用在合作与习惯，用在长处与短处。正所谓：信心、恒心、良心、爱心、耐心、决心，心心相印。

生活是主流，每一个人都应积极地正视生活，其实生活的对立是生死，从生死的角度看生活，我们会对生活刮目相看。

自卑与勇气，是生活的两极。梦与家，是生活的两境。

社会改良是个慢过程。人性有弱点，缺乏良知的人以糖衣炮弹击中了小人，所以小人被迫为其埋单。正视良知的人不会与此接近，更不会这样做。所以，人性不改，小人存在。社会上的一切事物，要么是小人的木偶表演，要么是向小人的挑战表演。否则，社会秩序井然和谐，人类大可无为而生，共享幸福。所以，战争永远不可避免，和平一直在路上。

生命属于自己。深刻认识自己，坚持做自己，让生命成为一首悦动的歌。

生命中的羁绊时时存在，社会赋予的名、利、权，人际关系中的

亲情、友情、爱情，凡此种种，差异、沟通、嫉妒及个人自身的自私、虚荣、困惑、压抑构成了社会网，网住了世间奔波的世俗。

生命的起止都是回到原点，从原点出发，无忧无虑，无知无识，一切从零开始。生命终止时回到原点，有忧有虑，有知有识，一切清零。生命是零守恒。苦乐相伴，尝尽多少苦体会多少乐，因此，生命是一场喧嚣，一切繁华终会曲尽人散。

生命很短，做自己喜欢的事。价值是可以商榷的，这取决于个人的境界，个性是一个人存在的真实。

生命的有限投入世俗的无限，只要你有欲望，社会永远牵着你不停地行走，直到你走不动。所以，智者以平静、冷静的态度对待世界，并重新规划自己的人生，反思自己，找到自己，做回自己，回到有意义的正轨，实现真正的自我。否则，只是看客、过客。

人难免会犯错误，错误无绝对，不同时间、不同地点、不同环境、不同种群，错误不一而论。关键是对待错误的人如何处理不能改变的错误行为。对待错误：尽量弥补、吸取教训、诚意正心、改正行为、感恩回报。正因为人人都会犯错误，自己也不例外，所以，宽容应该成为良好品质之一。

行，取决于习惯。品，取决于健康。知，取决于科学。习惯、健康、科学是人外在表现的最高标准。让优秀成为习惯，让健康成为品质，让科学成为追求。

人生观、世界观、价值观

保持良好心态，建立乐观的人生态度。生活是一面镜子，你对生活笑，生活也对你笑。

不良心态源于烦恼，烦恼是不可能消亡的，但可以减少，也可以改变。

产生烦恼的根源又在于目标达成不理想，此时，需要对目标愿景重新评估，需要对实施方案重新省察，要么改变，要么坚定信心重新上路。

希望永远是未来不远处的明灯，人类不停脚下的步伐就在于希望的指引。为了达到目的，我们一定要善借外力。说什么生活不止是生活，还有诗和远方，不过是朦胧的欺骗，最好的往往是当下，诗和远方，遥遥无期。如果说为了一首诗和一个期待的远方，那也是现在的你种下了希望的根，你所做的只是把根留住。

永远微笑，不让忧伤影响你周围的人，否则，给他人带来不快的同时，自己的生活也关闭了许多窗。

成功与失败是事物的表面现象，没有绝对的成功，也没有绝对的失败，所以，成功时淡定，失败也从容。唯一需要做的就是自问良知："我尽力否，可有遗憾？"遗憾存在，总结经验，丰富阅历，让遗憾成为成功的基石。失败是无数个逗号，成功是无数个逗号之后的句号。

没有破茧成蝶的困苦与挣扎，永远不可能有重生。所以，平常人永远体会不到冠军的滋味。

年轻时，凡事总有冲动，血液沸腾，欲望像团火，世界的主打色是红色。中年时，明白了年少的痴狂，头脑与心境总想面朝大海，世界的主打色是蓝色。年老时，心有余而力不足，犹如天边的晚霞，世界的主打色是黄色。回顾一生，正如流星，少年多少渴望，中年多少

淡定,老年多少从容。红、蓝、黄,三原色,人生的本色。

面向世界、面向未来、面向当代

文字承载历史,书籍传递文化。读书本身就是继承与发扬,继往开来,再续新篇。读书分精读与略读,叶圣陶先生对语文学习见解颇多,跟大师学语文,生字生词生句,好字好词好句,结构布局,文题寓意,古今释义,中外之别,令人别开生面。所谓读书,学思合一,思行合一,学行合一,即"行、品、知"合一。

世界的光明在于看见并得到欣赏,欣赏源于评价。评价从目标、实施、成果、总结、评价5部分呈现。目标主要是价值取向。实施主要是质量,特别是质与量的生态。成果主要是特色,做到个性,做到深刻,做到坚持。总结主要在于信息,互联时代生活将呈现另一个虚拟世界。评价在于全人教育,横向看是德智体美落实于实践的全景式参与,纵向看是终身学习与发展。教育评价由学生他评、教师互评、学校进行发展性评价与创新性评价。

面向教育就要面向挫折,人生充满苦难,正视苦难就要克服挫折,所以一部人生史就是一部苦难史,一部教育史就是一部挫折史。

欲望,一个条件,两把尺子,条件是健康,尺子是身体与心灵。痛苦与无聊充斥其间。

时空,是时间与空间的栖居。时间指向无止境的未来,茫然不可知;空间是生存的竞争、认同感,他人的看法成了个人发展恶性循环的推手,极难摆脱。

心境之不同、素质之差别、社会之变化、人才之发展、生命之遭遇，这些是人类思想郁闷的根本。

身体是生命投入过程长短的标准。

渴望、欲望、失望，是人类成长的三个阶段。

只有走出来，让生命回归，身体与心灵相契合，人才成为人。

活在当下，不是享乐，不是委曲求全。价值尺度不一，导致人的行为不一。社会不乏投机与钻营，小人因此得逞。然而，人性的缺憾与过失终将呈现于未来，人性的弱点导致社会更大的不公平。

叔本华说："人生的过程就像钟摆一样，在痛苦与无聊间不停摆动。"实际上，二者就是人生最后阶段的两种成分，一种是追忆，一种是挽留。

人的内心充实决定于其思想的坚定，思想是可以改变的，受客观环境影响，受大脑存储记忆影响。思想有时短暂，犹如火花闪现。如果我们不善于捕捉，将其定格或放大，火花熄灭思想随之消亡。保留并发扬其思想价值的最好形式是记录其思想，适时推而广之，接受实践的检验。

人是虚伪的，因此也虚荣，虚荣的背后就是人性的弱点。人性的弱点存在越少，存在越真实，然而真实做人必然受到平庸之人的嫉妒，受到权力的制约，因此生活也受到牵扯。无奈、孤独、郁闷一齐袭来，摆脱的最好办法就是强化自己的内心，生活被迫提高境界。所以，智者更智，庸者更庸。世俗永远摆脱不了俗不可耐的现实，毕竟，凡人是大多数，思想者是少数。

将寓言故事落实到课程，人性更深刻。

人的自卑、虚荣、嫉妒、自私、犹豫是人性的五大弱点，生命不

可复制、不可重来，所以，人生永远存在缺憾。

寻找生活的自我意义关系一个人生存支点的构建。

犹如青春令人留恋，孤独是把双刃剑，一方面入世深受他人观念影响，孤独扰乱了内心，让人讨厌。而真正有思想之时，孤独是最难得的，时间的支配率决定生活质量的质，毕竟，孤独是一道宁静的风景，错过了，就不知何时再看见。

创作的灵感，一方面来源于实践的情境感悟，一方面来源于文字著作的灵魂碰撞，从实践中与生活对话，从文字中与思想者对话。

健全的人格从教育开始。德智体美课程扎根实践，从而完成认识世界、完善自我、实现个性成人。当生命接近尾声，德智体美世界的构建仍是晚年生活的幸福写照。德：坚守道义；智：头脑灵活；体：坚持运动；美：欣赏艺术。

二、修身养性 齐家治国

感悟与自信，实践人生。

修身养性：读书、旅游、饮食。齐家治国：《论语》《红楼梦》《三国演义》《孙子兵法》。

纵观中国古代史，春秋战国时期学术思想繁荣一时，《论语》奠定了儒家思想的统治地位。《孙子兵法》更是古代战争的精华总结。汉、唐、宋影响国人至深。汉之礼，唐之诗，宋之词，诗以《唐诗三百首》荟萃最广，词以王国维《人间词话》成就最高。明朝罗贯中所著《三国演义》为国学典范。清代小说以《红楼梦》享誉文坛。古人云："修身、齐家、治国、平天下。"我个人认为修身参悟《论语》，齐家参悟《红楼梦》，治国参悟《三国演义》，平天下参悟《孙子兵法》。

天时地利人和是制胜关键。作为教师，天时就是学科特长，地利就是学校土壤，人和就是人生态度。

《论语》与人才培养

　　《论语》，近人多称经书。汉儒将古书分为"六艺"——《诗》《书》《礼》《乐》《易》《春秋》，次则名"记""传"，解释或补注诸经，《论语》即属此类。六朝隋唐以来研究日盛，自宋儒从《礼记》中抽出《大学》《中庸》与《论语》《孟子》称为"四书"。明清两代八股命题皆出"四书"。儿童入私塾必学《论语》。于是《论语》成为中华民族精神文化的源泉之一。《汉书·艺文志》云："《论语》者，孔子应弟子时人及弟子相与言而接闻于夫子之语也。当时弟子各有所记。夫子既卒，门人相与辑而论纂，故谓之《论语》。"书中涉及人格修养、社会伦理、政治、哲理、因材施教、与弟子探讨之言、自述语、弟子记孔子之语等。

　　我个人认为读《论语》应注意以下问题：

　　（一）批判学习，特别是书中诸多文字为孔子弟子所记。

（二）借鉴学习，经典学习其一二便对人生有诸多益处。

（三）读诵结合。

（四）读写结合。

教育是培养人才的系统工程。培养人才的关键有二：培养什么样的人才？如何培养人才？《论语》为我们解决了这两个问题。

培养什么样的人才？关键是行的标准，《论语》中一字以道之——真。其实就是君子之道，孔子的一生就是人才的榜样示范。我们从君子的角度可以解读为做人的标准。有关君子方面的论述如下：

1. 人不知而不愠，不亦君子乎？——学而篇

2. 君子务本，本立而道生。——学而篇

3. 君子食无求饱，居无求安，敏于事而慎于言，就有道而正焉，可谓好学也已。——学而篇

4. 视其所以，观其所由，察其所安。——为政篇

5. 君子不器。——为政篇

6. 君子周而不比，小人比而不周。——为政篇

7. 富与贵，是人之所欲也；不以其道，得之不处也。贫与贱，是人之恶也；不以其道得之，不去也。君子去仁，恶乎成名？君子无终食之间违仁，造次必于是，颠沛必于是。——里仁篇

8. 君子之于天下也，无适也，无莫也，义之与比。——里仁篇

9. 君子怀德，小人怀土；君子怀刑，小人怀惠。——里仁篇

10. 君子喻于义，小人喻于利。——里仁篇

11. 君子欲讷于言而敏于行。——里仁篇

12. 有君子之道四焉，其行己也恭，其事上也敬，其养民也惠，其

使民也义。——公治长篇

13. 君子博学于文，约之以礼，亦可以弗畔矣夫。——雍也篇

14. 三人行，必有我师焉。择其善者而从之，其不善者而改之。——述而篇

15. 君子坦荡荡，小人长戚戚。——述而篇

16. 己所不欲，勿施于人。——颜渊篇

17. 君子成人之美，不成人之恶。小人反是。——颜渊篇

18. 其身正，不令而行；其身不正，虽令不从。——子路篇

19. 无欲速，无见小利。欲速则不达，见小利则大事不成。——子路篇

20. 君子和而不同，小人同而不和。——子路篇

21. 君子易事而难说也。说之不以道，不说也；及其使人也，器之。小人难事而易说也。说之虽不以道，说也；及其使人也，求备焉。——子路篇

22. 君子泰而不骄，小人骄而不泰。——子路篇

23. 君子上达，小人下达。——宪问篇

24. 君子耻其言而过其行。——宪问篇

25. 君子义以为质，礼以行之，孙以出之，信以成之，君子哉！——卫灵公篇

26. 君子病无能焉，不病人之不己知也。——卫灵公篇

27. 君子求诸己，小人求诸人。——卫灵公篇

28. 君子矜而不争，群而不党。——卫灵公篇

29. 君子不以言举人，不以人废言。——卫灵公篇

30. 君子不可小知而可大受也。小人不可大受而可小知也。——卫灵公篇

31. 君子贞而不谅。——卫灵公篇

32. 人无远虑，必有近忧。——卫灵公篇

33. 君子有三戒：少之时，血气未定，戒之在色；及其壮也，血气方刚，戒之在斗；及其老也，血气既衰，戒之在得。——季氏篇

34. 君子有三畏：畏天命，畏大人，畏圣人之言。小人不知天命而不畏也。狎大人。侮圣人之言。——季氏篇

35. 君子有九思：视思明，听思聪，色思温，貌思恭，言思忠，事思敬，疑思问，忿思难，见得思义。——季氏篇

如何培养人才？关键是品的标准，《论语》中一字以道之——仁。仁乃孔子道义之本，有关仁方面的论述如下：

1. 孝弟也者，其为仁之本与！——学而篇

2. 巧言令色，鲜矣仁！——学而篇

3. 人而不仁如礼何！人而不仁如乐何！——八佾篇

4. 里，仁为美。择不处仁，焉得知！——里仁篇

5. 不仁者不可以久处约，不可以长处乐。仁者安仁，知者利仁。——里仁篇

6. 唯仁者能好人，能恶人。——里仁篇

7. 苟志于仁矣，无恶也。——里仁篇

8. 人之过也，各于其党。观过，斯知仁矣。——里仁篇

9. 仁者先难而后获，可谓仁矣。——雍也篇

10. 知者乐水，仁者乐山。知者动，仁者静。知者乐，仁者寿。——

雍也篇

11. 夫仁者, 己欲立而立人, 己欲达而达人。能近取譬, 可谓仁之方也已。——雍也篇

12. 知者不惑, 仁者不忧, 勇者不惧。——子罕篇

13. 克己复礼为仁。一日克己复礼, 天下归仁焉。为仁由己, 而由人乎哉? 非礼勿视, 非礼勿听, 非礼勿言, 非礼勿动。——颜渊篇

14. 刚、毅、木、讷近仁。——子路篇

15. 有德者必有言, 有言者不必有德。仁者必有勇, 勇者不必有仁。——宪问篇

16. 工欲善其事, 必先利其器。居是邦也, 事其大夫之贤者, 友其士之仁者。——卫灵公篇

17. 当仁不让于师。——卫灵公篇

如何培养人才? 关键是知的标准,《论语》中一字以道之——学。孔子一生致学, 教育思想深厚。有关学方面的论述如下:

1. 学而时习之, 不亦说乎? ——学而篇

2. 温故而知新, 可以为师矣。——为政篇

3. 学而不思则罔, 思而不学则殆。——为政篇

4. 知之为知之, 不知为不知, 是知也。——为政篇

5. 敏而好学, 不耻下问。——公冶长篇

6. 知之者, 不如好之者。好之者, 不如乐之者。——雍也篇

7. 默而识之, 学而不厌, 诲人不倦, 何有于我哉! ——述而篇

8. 德之不修, 学之不讲, 闻义不能徙, 不善不能改, 是吾忧也。——述而篇

9. 子以四教：文、行、忠、信。——述而篇

10. 笃信好学，守死善道。——泰伯篇

11. 学如不及，犹恐失之。——泰伯篇

12. 古之学者为己，今之学者为人。——宪问篇

13. 吾尝终日不食，终夜不寝，以思，无益，不如学也。——卫灵公篇

14. 君子谋道不谋食。耕也，馁在其中矣；学也，禄在其中矣。君子忧道不忧贫。——卫灵公篇

15. 有教无类。——卫灵公篇

16. 生而知之者，上也；学而知之者，次也；困而学之，又其次也；困而不学，民，斯为下矣。——季氏篇

17. 好仁不好学，其蔽也愚；好知不好学，其蔽也荡；好信不好学，其蔽也贼；好直不好学，其蔽也绞；好勇不好学，其蔽也乱；好刚不好学，其蔽也狂。——阳货篇

18. 不知命，无以为君子也；不知礼，无以立也；不知言，无以知人也。——尧曰篇

从年级角度，从三年高中设计理念出发，构建"行—品—知"系统工程，实际上就是《论语》为我们解读的"真—仁—学"模式的构建。从学校角度，从"明德敏学，兴才盛世"的理念出发，也是"品—知—行"模式的构建，我们也可以从《论语》中找到答案。

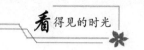

战争与和平

　　阅读《红楼梦》，如通览中国古代和平时期之景象，多少女人显本色。

　　《红楼梦》主要看点如下：①情境寓意。书中描写了古代封建社会的世俗境况，描写了家族的盛衰，描写了人物的命运，构造了一个又一个梦境，让读者时刻感觉在梦中，感觉作者就在你的耳边想对你说些什么。"梦"是中国人的希望，梦想引领人生，因为有梦，国人的心灵得以休憩，当本书给我们造梦的同时也给了我们无尽的人生思考。②女人描写。如果说《三国演义》主要人物是男人，乱世战争中显男儿本色。显然《红楼梦》恰恰相反，女人众多，性格与命运各异，和平时期生活常态中见女子风情。③文字特色。且不说文字暗喻之精，且不说文字运用之活，且不说书中诗句运用之妙，只说书中描写的生活场面，从国家、社会、家族，生活常识、生活起居等方方面

面, 涉及范围之广, 生活见识之多, 足以让我们大开眼界, 文字运用十分娴熟。不与其他作品相比, 就只谈本书前八十回与后续四十回就能明显地看出曹雪芹文字功夫之深, 特别是在诗词水平上的体现。

阅读《三国演义》, 如近观中国古代战争之场面, 多少男儿写春秋。

《三国演义》主要看点如下: ①战争分析。三国上演了无数战斗, 不乏经典战役, 从战争起源至战争影响, 结合三十六计与孙子兵法, 加深了我们对古代战争的理解。②时机把握。"天时、地利、人和"在三国演义中占据了十分重要的地位, 成就了无数的历史经典, 让我们对三国荡气回肠的发展历史感叹不已, 从而启迪我们的人生, 机遇时刻在我们身边, 关键是如何把握。③男人描写。看三国掉眼泪, 正因为三国人物栩栩如生, 融入了平凡人的美好憧憬, 使读者与书中人物同呼吸共命运, 所以当历史发展到一定时期, 人们不禁感叹人生。正所谓乱世出英雄, 三国的历史成就了多少英雄, 让我们扼腕叹息, 无奈落花流水春去也, 古今多少事, 都付笑谈中。《三国演义》开篇:"话说天下大势, 分久必合, 合久必分。"点明了历史的走势, 我非常欣赏。正如人生也是聚散离合一样, 丰富了人生内涵。开篇之词:"滚滚长江东逝水, 浪花淘尽英雄。是非成败转头空: 青山依旧在, 几度夕阳红。白发渔樵江渚上, 惯看秋月春风。一壶浊酒喜相逢: 古今多少事, 都付笑谈中。"恰如其分地点明了轰轰烈烈的战争之后, 历史终将无情地继续向前, 所谓人类如一朵朵浪花终将被历史淹没, 我们只是历史长河中的匆匆过客。当我们明白这点后, 或许会更加珍视历史, 热爱生命, 做好自己的生涯规划, 做生活的

主人。喜欢书法的朋友都特别喜欢书写此词，特别是喜爱阅读三国历史的朋友，当然我就是其中的一位。书法艺术、历史学、文学、美学、伦理学、管理学、社会学等许多学科都从《三国演义》中受益匪浅。另外读《三国演义》也要读《三国志》，还历史以真实，找到文学产生的途径对我们的创作会产生深远的影响。

"修身、齐家、治国、平天下"经典论述

修身篇首推韩愈的《师说》。

师　说

韩　愈

古之学者必有师。师者，所以传道、受业、解惑也。人非生而知之者，孰能无惑？惑而不从师，其为惑也，终不解矣。生乎吾前，其闻道也固先乎吾，吾从而师之；生乎吾后，其闻道也亦先乎吾，吾从而师之。吾师道也，夫庸知其年之先后生于吾乎？是故无贵无贱，无长无少，道之所存，师之所存也。

嗟乎！师道之不传也久矣！欲人之无惑也难矣！古之圣人，其出人也远矣，犹且从师而问焉；今之众人，其下圣人也亦远矣，而耻学

于师。是故圣益圣，愚益愚。圣人之所以为圣，愚人之所以为愚，其皆出于此乎?爱其子，择师而教之；于其身也，则耻师焉，惑矣。彼童子之师，授之书而习其句读者也，非吾所谓传其道、解其惑者也。句读之不知，惑之不解，或师焉，或不焉，小学而大遗，吾未见其明也。巫医、乐师、百工之人，不耻相师。士大夫之族，曰"师"、曰"弟子"云者，则群聚而笑之。问之，则曰："彼与彼年相若也，道相似也。"位卑则足羞，官盛则近谀。呜呼! 师道之不复可知矣! 巫医、乐师、百工之人，君子不齿，今其智乃反不能及，其可怪也欤!

圣人无常师。孔子师郯子、苌弘、师襄、老聃。郯子之徒，其贤不及孔子。孔子曰："三人行，则必有我师。"是故弟子不必不如师，师不必贤于弟子。闻道有先后，术业有专攻，如是而已。

李氏子蟠，年十七，好古文，六艺经传皆通习之，不拘于时，学于余。余嘉其能行古道，作《师说》以贻之。

齐家篇首推刘禹锡的《陋室铭》。

陋室铭

刘禹锡

山不在高，有仙则名；水不在深，有龙则灵。斯是陋室，惟吾德馨。苔痕上阶绿，草色入帘青。谈笑有鸿儒，往来无白丁。可以调素琴，阅金经。无丝竹之乱耳，无案牍之劳形。南阳诸葛庐，西蜀子云亭，孔子云："何陋之有?"

治国篇首推诸葛亮的《出师表》。

出师表

诸葛亮

先帝创业未半而中道崩殂，今天下三分，益州疲敝，此诚危急存亡之秋也！然侍卫之臣不懈于内，忠志之士忘身于外者，盖追先帝之殊遇，欲报之于陛下也。诚宜开张圣听，以光先帝遗德，恢弘志士之气，不宜妄自菲薄，引喻失义，以塞忠谏之路也。

宫中府中，俱为一体，陟罚臧否，不宜异同。若有作奸犯科及为忠善者，宜付有司论其刑赏，以昭陛下平明之理。不宜偏私，使内外异法也。

侍中、侍郎郭攸之、费祎、董允等，此皆良实，志虑忠纯，是以先帝简拔以遗陛下。愚以为宫中之事，事无大小，悉以咨之，然后施行，必能裨补缺漏，有所广益。将军向宠，性行淑均，晓畅军事，试用于昔日，先帝称之曰"能"，是以众议举宠为督。愚以为营中之事，事无大小，悉以咨之，必能使行阵和睦，优劣得所。

亲贤臣，远小人，此先汉所以兴隆也；亲小人，远贤臣，此后汉所以倾颓也。先帝在时，每与臣论此事，未尝不叹息痛恨于桓、灵也！侍中、尚书、长史、参军，此悉贞亮死节之臣，愿陛下亲之信之，则汉室之隆，可计日而待也。

臣本布衣，躬耕于南阳，苟全性命于乱世，不求闻达于诸侯。先帝不以臣卑鄙，猥自枉屈，三顾臣于草庐之中，咨臣以当世之事，由是感

激，遂许先帝以驱驰。后值倾覆，受任于败军之际，奉命于危难之间，尔来二十有一年矣。先帝知臣谨慎，故临崩寄臣以大事也。受命以来，夙夜忧叹，恐托付不效，以伤先帝之明；故五月渡泸，深入不毛。今南方已定，兵甲已足，当奖率三军，北定中原；庶竭驽钝，攘除奸凶，兴复汉室，还于旧都。此臣所以报先帝而忠陛下之职分也。至于斟酌损益，进尽忠言，则攸之、祎、允之任也。

愿陛下托臣以讨贼兴复之效，不效，则治臣之罪，以告先帝之灵。若无兴德之言，则责攸之、祎、允等之慢，以彰其咎。陛下亦宜自谋，以咨诹善道，察纳雅言，深追先帝遗诏。臣不胜受恩感激！

今当远离，临表涕零，不知所言。

平天下篇首推苏洵的《六国论》。

六国论

苏　洵

六国破灭，非兵不利，战不善，弊在赂秦。赂秦而力亏，破灭之道也。或曰：六国互丧，率赂秦耶？曰：不赂者以赂者丧，盖失强援，不能独完。故曰：弊在赂秦也。

秦以攻取之外，小则获邑，大则得城。较秦之所得，与战胜而得者，其实百倍；诸侯之所亡，与战败而亡者，其实亦百倍。则秦之所大欲，诸侯之所大患，固不在战矣。思厥先祖父，暴霜露，斩荆棘，以有尺寸之地。子孙视之不甚惜，举以予人，如弃草芥。今日割五城，明日

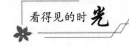

割十城，然后得一夕安寝。起视四境，而秦兵又至矣。然则诸侯之地有限，暴秦之欲无厌，奉之弥繁，侵之愈急。故不战而强弱胜负已判矣。至于颠覆，理固宜然。古人云："以地事秦，犹抱薪救火，薪不尽，火不灭。"此言得之。

齐人未尝赂秦，终继五国迁灭，何哉？与嬴而不助五国也。五国既丧，齐亦不免矣。燕赵之君，始有远略，能守其土，义不赂秦。是故燕虽小国而后亡，斯用兵之效也。至丹以荆卿为计，始速祸焉。赵尝五战于秦，二败而三胜。后秦击赵者再，李牧连却。洎牧以谗诛，邯郸为郡，惜其用武而不终也。且燕赵处秦革灭殆尽之际，可谓智力孤危，战败而亡，诚不得已。向使三国各爱其地，齐人勿附于秦，刺客不行，良将犹在，则胜负之数，存亡之理，当与秦相较，或未易量。

呜呼！以赂秦之地，封天下之谋臣，以事秦之心，礼天下之奇才，并力西向，则吾恐秦人食之不得下咽也。悲夫！有如此之势，而为秦人积威之所劫，日削月割，以趋于亡。为国者无使为积威之所劫哉！夫六国与秦皆诸侯，其势弱于秦，而犹有可以不赂而胜之之势。苟以天下之大，而从六国破亡之故事，是又在六国下矣。

青春成长的定律：心淡定，行笃定

2015年1月3日，湖南南雅中学初一新生王宁开学时的发言稿一时间在网络传播开来，当时我正在广东惠阳度假，微信中发现此文，心中特别感叹王宁这个女孩子内心的纯净，字里行间也反映了其父母对她的良好教育，我想说，当这样学生的老师是幸福的，她也是老师渴望的学生。就其发言，我说一说我的想法。

社会变化快，我们的努力换来的回报时早时晚，有时会让我们来不及反应。王宁说：

"今天能站在这里，纯属偶然。为什么说偶然呢，因为，学校是个人才济济的地方，164班是一个优秀的集体。我个人认为，班级前二十几名的同学，时机适宜，谁考班上第一名都有可能。妈妈对我说：考了第一名，不要有压力，这一次已证明了你有考第一名的实力。以后，出现名次上下浮动都很正常，以平常心对待。"由此可见，

成功到来的时候，王宁的头脑比较冷静，但母亲的担心表露无遗，第一名对学生的心态影响是多方面的。对待名次的变化，学生的适应与处理能力十分关键。

学习的过程经历太多的考试，有考试往往就会伴随分数，分数要与付出客观分析。小学只要学习态度好，王宁考试考多少分都不会受父母责怪，王宁的经验是：像考试一样认真做作业，像做作业一样轻松考试。初中只要考出真实水平，不在分数，肯定与实际相符的成绩，反思与实际不相符的错误，王宁是这样做的。

对待物质，王宁父母的理念是：在当今充满诱惑的时代，孩子不缺钱、不缺爱，到外面走弯路的概率就要小很多。听起来有一定的道理，最关键的还是分寸的把握与意志品质的培养。当今父母为了孩子不惜一切代价投入子女培养的做法有失科学，与其无限制地投入，不如让子女从小树立正确的人生观，在金钱与爱的给予上要讲究理智。控制合理的度十分必要，物质来得太容易，孩子对自己的物品不珍惜，不珍惜的表现往往是乱放东西，自理能力差。

享受生活，这也是王宁的生活理念。生命是个过程，成长是个经历，珍惜每一天就是对生命最好的回报。特别欣慰的是现在的父母大多都能让子女见识外面的世界，通过多种亲子活动锻炼子女的各方面能力，但我们也看到，快节奏的生活有时打破了父母与子女的沟通，好多孩子与隔代长辈生活在一起，宠爱过多、随意性过强导致成长过程中的诸多问题也不容忽视。

"阅读经典，是学好语文的关键，也是理解人生的重要途径。经典之所以成为经典，必定有它的卓越之处。……在不知不觉中融

入了阅读者的生命。建议大家不要让孩子读那种快餐书籍，比如各种杂志、童话故事、如何快速成功等，要读经典的世界名著。可能刚开始读，会找不着感觉，但读上两三本，就会找到节奏。"王宁的话是值得每个学生反思的。的确，阅读使人的精神得以成长，在知识的海洋里，我们更能感受到活着的意义。

看看王宁关于粗心的认识："粗心，就是能力差，学得不扎实的表现！任何时候，都不要说是因为粗心没考好。细心、沉稳、脚踏实地是必备的能力。"

另外，"培养孩子的能力家长要放手、赏识孩子、扶持自信、呵护自尊、必然性与偶然性"等话题也十分有意义。

针对王宁出色的演讲提出的上述诸多观点，我十分赞赏，这充分反映了王宁的父母对子女的精心呵护与培养，王宁的健康成长也证明了教育的成功，从中我们也要反思教育。我想对青少年提出一个观点，就是青春期成长的定律：心淡定，行笃定。

关于"心淡定"，关键点如下：

（一）沟通。了解是第一步，倾听与对话对于成长中的孩子影响深远。

（二）纯真。女儿二年级的圣诞节夜晚，我在她枕边放了一个圣诞礼物，看到早晨女儿收到礼物时纯真的笑脸，我心中充满感动。可是晚上放学回家的时候，她问我是不是真有圣诞老人，她坚持是圣诞老人给了她礼物，因为我告诉她是圣诞老人送的礼物，同学说那是假的，为此她在班级与同学争论了好一阵。我为女儿的纯真而感到欣慰，让孩子多保留一天纯真，童年就多一分美好。

（三）兴趣。兴趣往往与好奇心联系在一起，兴趣源于认识，所以兴趣的培养也需要一个过程。孩子成长有个过程，有时兴趣不能根据一时兴起而判断。比如学琴，小时候不一定太有兴趣，但坚持下来，特别是学习、生活趋于稳定之时，就会逐渐有兴趣。爱好与兴趣的出发点往往是小时候的启蒙。

（四）体验。足球对于女孩子来说，大多数不喜欢，可我的女儿由于短跑速度较快，体育老师选她进入校足球队，一个月下来，她对足球的理解从无到有，从没什么兴趣到天天想着训练，时常问我与足球相关的知识，同时也关注世界足坛动态。我想体验给了她对足球的认识。对于一个人来说，世界未知的东西多于已知，体验过后才知其中滋味。

（五）平等。一个人的一生最渴望的是被人承认与尊重，父母也好，教师也罢，都要平等交往，民主沟通是解决问题、维系内心世界纯净的最佳方式。

（六）诚实。诚实是一个人内心强大的原动力，虚伪是一个人内心彷徨的主因。

从以上方面入手，加强自身学习，就能渐入佳境，做到"心淡定"。

关于"行笃定"，关键点如下：

（一）认真。认真是一种态度，热爱是一种情感。认真是追求真理的品质，行动过程的观察点之一就是认真，认真的作风直接决定行动的成败。

（二）运动。对于成长中的孩子，健康无疑是最重要的，健康要

素中最重要的是饮食与运动。

（三）自理。孩子终究要长大，自理是早晚要经历的事，诸如安全、习惯、节约、对世界的认识等。对于孩子对自理的理解与自理能力的培养需要持续关注。

（四）选择。教育要从人的一生来考虑，为将来做好规划，科学选择，不盲从社会，并逐步引导孩子深谙选择背后的道理，从而为将来自我选择奠定认知基础。

（五）读书。读书习惯是人一生的坚守。

（六）分享。大多数家庭仅有一个孩子，从小培养分享意识，对于促进与他人交往，形成良好的人际关系十分有益，这是幸福的关键因素。

从以上方面落实行动，坚持并成为习惯，最终"行笃定"之收获必成。

由王宁的演讲，反思中国教育，特别是想到我的女儿，于是写了上面的话。

人活着不仅仅是被感动

"他的四周寂静下来,你的心完全沉没。除了母爱你一无所有,但也要横下心和命运抗争。16年陪读,你是他的同桌,你做他的耳朵,让他听见这世界的轻盈,也听见无声的爱。"48岁的陶艳波,辞职陪着失去听说能力的儿子一起上学,12年苦读,儿子如愿考上了大学。这是2014年感动中国人物之一的颁奖词。

昨天,2014年感动中国人物颁奖典礼,不知又有多少人被感动。我对此有些看法。朋友说:今年儿子要上学,必须为其做准备。看了陶艳波的故事后,感觉做其他事就像学习拼音与做10以内加减法,那都不是事了。自己还为自己加加油,可见典礼之实效。当信念与生命同等重要,当理念与现实同样步调,社会才是我们理想的社会,做到这一点要国人敢于站出来向奸恶之人挑战。做好人,有责任,敢担当,思行合一。否则永远被感动无行动,活着也是社会的包袱。朋友

学陶艳波，可悲！感动是心灵，行动无定论，别人那样照顾孩子，你也那样，孩子很可怜。如果让我主持节目，我最想主持的节目一定是《睿智中国人》。睿智不仅仅是科学家的事，不仅仅是天才的事。朋友说：你在强调行动的重要性，可惜事与愿违，诸如晚会的宣传等都在引领人们更新观念，理念先行，所以先有教化才会有行动。善的东西说出来好听，做出来也直戳泪点。但要十年几十年去默默地做一件于国于民有利而不利于己的事，太难了。先启蒙心智，启蒙人性，就会有别人来行动。可见一个熟读国学的教师对社会的态度。90后北京大学才女刘媛媛的演讲打动了无数人，她说：我不是来适应社会的，我是来改变社会的！年轻人有年轻人的理想，这是积极的想法。朋友与我都不年轻了，应当更有睿智的理念与做法，正如教书匠与教育家不一样。我们每个人在社会上的价值体现都不一样，陶艳波、刘媛媛也不一样。生命有限，活出自我。中国的父母最应该做什么？中国的教师最应该做什么？我对自己的女儿从来不辅导，尽管我是数学教师。她知道爸爸很厉害、很优秀，所以以我为荣，自然对数学高看一眼，这样她就可以骄傲地说："我爸爸是教数学的。"我从不辅导她早学课程，她问我问题的时候，我也总是旁敲侧击，类比、迁移地进行启发与开导。我对人生有早期的规划，女儿也知道，所以她对父母的认识是超前的，而不是依靠性的。我想做到的是：30年以后再回首，曾经的理念与行动仍值得推敲与借鉴，这样的父母是合格的家长。我们要将孩子当作一个人来培养，而不仅仅是当作孩子来培养。

　　我强调的是思想与行动的高度统一。国人有两种：①天天有想法就是行动差。老了更倚老卖老地说，不听老人言吃亏在眼前。②天天行动无想法，碌碌而无为。一个人真有理念高度并且做出来了，这是国人性格之方向。感动之所以感动：理念与行动的高度统一。10个感动中国人物个个如此。鲁迅当年弃医从文缘于国人无理念，麻木不仁。如今国人有理念，在朋友圈发微信，赞真、善、美，扬仁、义、诚，现实呢？活着还是累，因为总有人干扰正义！总有人不甘心与百姓平起平坐，所以改革仍要继续。

我佩服王国维的人生三境界："古今之成大事业、大学问者，必经过三种之境界。'昨夜西风凋碧树，独上高楼，望尽天涯路'，此第一境也；'衣带渐宽终不悔，为伊消得人憔悴'，此第二境也；'众里寻他千百度，蓦然回首，那人却在灯火阑珊处'，此第三境也。"

佛教中人生的三大境界：看山是山，看水是水；看山不是山，看水不是水；看山还是山，看水还是水。

为中华崛起而读书！天下兴亡，匹夫有责！子在川上曰：逝者如斯夫，不舍昼夜。周恩来、顾炎武、孔子的三句话组合起来也不失为人生的三境界。

我的观点：自我、真我、忘我。现在国人很多都活在自我之中。电影《泰坦尼克号》主人公JACK与ROSE乘船之前各自活在自我的世界里，当遇到彼此才发现真正的自己，由此产生真情。真情在灾难面前无所畏惧，忘我之境始成，故感人之大成！

还是那句话：人活着不仅仅是被感动！你也可以感动别人和感动社会，至少可以参与到感动的大潮中。当我们真正这样做的时候，至少感动了自己！你说呢？

女人要自立

　　作家池莉写了一篇文章《一丈之内》，文中对女人平凡生活的不经意变化做了很深刻的剖析，提出女人丈夫的品质对于女人人生蜕变的意义。

　　我们从池莉的文章中分享几个观点。

　　观点一：女人有女人的弱点。

　　池莉："关于我自己，有一点我始终很清楚，这就是：我出身于一个十分普通的家庭。在这种与中国成千上万个家庭雷同的普通家庭里，我长成了一个混同于成千上万个中国人之中分辨不出的普通小女子。于是便有着普通小女子的许多弱点和做法。比如，好胜心极强；比如，虚荣心极强；比如，过于敏感或者准确一点说应该是小心眼；比如，常有理，凡事总认为自己对、别人不对，因而又派生出嘴尖和嘴碎的毛病。嘴尖是指说话刻薄，嘴碎是说好讲道理好讲话。当

然,还有许多属于女人的缺陷,比如,自我感觉良好(特指那种女性的感觉);比如,不喜欢比自己漂亮的女人并且还不肯直说;比如,在极为细小的事物上也难免计较个人得失,等等。"

观点二:少女终将变成女人意味着什么?

池莉:"当你由少女渐渐成为女人了,你不再是孩子了,你便有了责任和义务。你要与这个社会中的其他人相处,与大家共做一件事,或者一块儿开会,你周围遍布熟人、同事、朋友。如果在这个阶段你还有许多的弱点和做派,那就很可怕了。你会伤害别人也会伤害自己,你会让别人不舒服最终你也不舒服。这时候无论你是漂亮还是不漂亮,无论你有成就还是没有成就,总之你都是一个极不可爱的女人。一个女人极不可爱比什么都糟糕。"

观点三:一丈之内,女人背后如影随形的是她的丈夫。选择的同时决定了人生的方向。

池莉:"想来真不可思议,不知道为什么在我们挑选丈夫的时候总是掉入爱情的陷阱,或者更愚蠢地掉进世俗的陷阱:门当户对,郎才女貌等等。还有最最可笑的陷阱,那就是时髦,社会上哪一种男人时兴就挑哪一种。实际上以上种种标准都与我们对丈夫的根本需要离题万里,因为爱情、门第、才能及财富都不能证明一个男人的品质。"

观点四:婚姻是双方的磨合与妥协。

池莉:"日子就这么过着过着,我慢慢觉察到了自己的变化,我没什么小心眼了,我不怎么唠叨了,我的自我感觉不那么始终良好了,我不再注意别人对我如何了,我在变坦率、变磊落、变真实、变

质朴，我在有意识地修炼自己。有一日我忽然明白这一切变化都是丈夫的影响，是无数次争吵的结果。因为有争吵，我想我是在抗拒，要女人革自己的命简直不可能。但丈夫的影响是挡不住的，两个人朝夕相处，共枕同床，耳鬓厮磨，同锅吃饭，他的力量巨大而绵密，是一种渗透式的。一对夫妻，不管世俗的标准认为谁强谁弱，男女本身的性质决不会更改，月亮的光辉就是因为有了太阳的照射。"

观点五：婚姻是一场梦，岁月不经意间夺走了女人的容颜，而容颜是女人最在意的标志之一。

池莉："结局是很久很久以后才知道的。当我与丈夫共同生活了将近10年，有一日我忽然明白其实我从前并不认识我丈夫。原来我是在瞎蒙，瞎蒙了一个丈夫，这种醒悟着实让人大吃一惊。"

女孩儿、少女、女人、妻子、母亲，女人的一生是最值得尊重的，池莉的文章让我们反思女人的价值选择，特别是伴侣的意义。家庭意味着女人的舞台，女人一生的成长关乎不同家庭的幸福。在当今社会，女性的压力不容小觑。我们关注女性，希望女性永远充满光芒，这种光芒会照亮全世界。另一方面，社会充满太多诱惑，当感性战胜理智，面对物欲横流失控之时，女性一定要自立。女人最爱美，美有多种不同的内在表现，有意义的存在本身就是美。女人的自立是女人永远的生存保障。女人的自立不必苛求如何强大，社会没有也不会强加于女人过多的负担，女人的自立只要是建立在家庭之上，合理规划个人价值取向，幸福就在蓦然回首之间。

男人当自强

什么样的男人是理想的男人? 女人在思考, 男人在思考, 社会也在思考。

我对理想男人有个人的认识标准。男人是社会的脊梁, 男人是社会的真实写照, 一个男人要在激情与意志间坚定前行, 在理想与处世间坚持奋斗, 在为学修身间坚守。

充满激情, 一如既往地保护女人和尊重女人。一个男人是家人的依靠, 是男人就要尽义务为爱你的人和你所爱的人拼搏。为实现理想勇于付出, 心中有梦, 为梦而追。

意志坚定, 做事果敢, 利利索索、痛痛快快, 千万不要扭扭捏捏、婆婆妈妈。说话算话, 说做就做。经得起磨难、受得了打击, 只要生命还在, 一切还能再来。重承诺、讲信用。

男人的脸上写着奋斗, 凭本事吃饭, 凭良心工作, 有自己的一技

之长，有责任感，无论是对事业还是对家庭，无论是对父母妻儿还是对朋友兄弟，都要担当起自己的职责。自私自利的不是好男人，推脱逃避的不是男人！男人要有正义感。真正的男人不是适应社会而是改变社会。

一个真正的男人，一直坚持在自己的理想与处世间寻求突破。

男人最重要的是内涵，男人的成长需要经历自身认识的挣扎。相貌是否帅？身高是否高？身体是否强？才华是否突出？赚钱是否多？办事是否成熟？这一切的衡量考验着男人的内心承受力。所以，男人一定要学习，向社会学，向他人学，向书中学，知识与修养是男人强大的永恒动力。

男人是社会的强者，男人不强，社会还依靠什么强大？男人是山，能撑起一片天。所以，男人当自强。

第一次滑雪

生活在教育中发生，教育在生活中发现。生活与教育是人生的两面，彼此对应，可以说生活处处是教育，教育时时在生活。不妨以生活中第一次滑雪的经历与感受对应谈及教育的实践与思考。

生活版

滑雪运动是运动员把滑雪板装在靴底上，在雪地上进行速度、跳跃和降落的运动。高山滑雪由滑降、小回转和大回转组成。高山滑雪是人们成站立姿态，手持滑雪杖，足踏滑雪板在雪面上滑行的运动。"立""板""雪""滑"是滑雪运动的关键要素。

滑雪运动发展到今天，项目不断在增多，领域不断在扩展。竞技滑雪具有鲜明的竞争性、专项性，相关条件要求严格，非一般人所

能具备和适应。旅游滑雪是出于娱乐、健身的目的,受人为因素制约很少,男女老幼均可在雪场上轻松、愉快地滑行,享受滑雪运动的无穷乐趣。由于高山滑雪具有惊险、优美、自如、动感强烈、富于刺激、魅力无穷的特点,故高山滑雪被人们视为滑雪运动的精华和象征,更是旅游滑雪的首选和主体项目。通常情况下,评估人们滑雪技术水平的高低,多以高山滑雪为尺子。

高山滑雪的竞赛项目有:滑降、超级大回转、大回转、回转、全能等。高山滑雪的技术种类很多,如不同的滑降技术,多变的转弯技术,应急的加速、减速、停止技术,惊险的跳跃技术及特殊技术等。一般初学者应根据自身的体育素质、年龄、滑雪基础、场地条件,可投入的时间等因素,选取滑雪入门的最优方案。初学者切忌:求急、随意、莽撞,因滑雪运动是在滑动中操纵技术,重心不易控制,易形成错误动作,故在入门的第一天起,就应在专业技术人员的严格指导下,在姿势、要领、动作方面做到正确无误,一旦走错方向,极难纠正,空留遗憾。

滑雪应注意的事项:

(一)工欲善其事,必先利其器。选择合适的头盔、滑雪装、滑雪靴、滑雪板、滑雪杖、滑雪眼镜等装备。

(二)天时,地利,人和。应仔细了解滑雪场地的高度、宽度、长度、坡度以及走向。由于高山滑雪是一项处于高速运动中的体育项目,看来很远的地方一眨眼就到了眼前,滑雪者不事先了解雪道的状况,滑行中一旦出现意外情况,根本就来不及做出反应。

(三)知己知彼,百战不殆。要根据自己的水平选择适合的雪道,切不可过高估计自己的水平而贸然行事,要循序渐进,最好能请一名滑雪教练。

(四)眼观六路,耳听八方;聚精会神,专心致志。在结伴滑行时,相互间一定要拉开距离,切不可为追赶同伴而急速滑降,那样很容易摔倒或与他人相撞,初学者很容易发生这种事故。在中途休息时要停在雪道的边上,不能停在陡坡下,并注意从上面滑下来的滑雪者。

(五)哪里跌倒了哪里爬起来,失败与成功如影随形。滑行中如果失控跌倒,应迅速降低重心,向后坐,不要胡乱挣扎,可抬起四肢,屈身,任其向下滑动。要避免头朝下,更要绝对避免翻滚。

(六)上山容易下山难。高山滑雪由上往下滑,由下往上通过相关设备牵引。道理容易实践难。

(七)行百里者半九十。高山滑雪其乐无穷,每一次进步都有惊喜,同时也需要大量体力,不能满足一点点的惊喜,更不能体力不支强迫而为。应循序渐进,稳扎稳打,享受过程,淡化结果,最美的风景永远在路上。

滑雪的基本要领:

Step 1:滑行。两脚平行站立,利用手腕力量将两滑雪杖向后推动,使身体和两滑雪板同时向前滑行前进。身体重心不可置后,否则身体后倾,导致后坐跌倒。

Step 2:变向。以滑雪板前端为圆心,将欲转变方向内侧之滑雪板向欲转换方向分开成"V"字形,再将外侧滑雪板靠拢过来。

Step 3:跌倒。以侧身着地最为安全,即以脚外侧、腰下侧着

地，同时举起滑雪杖并用力将两脚伸直，以防不必要受伤。

Step 4：急停。倒"V"字形将力的重心至于板前部分减速，适时调整重心，单脚侧滑，侧向滑板，加大摩擦，停止滑行。

Step 5：登行。由相关设备牵引，从山下到山上，途中观察其他人的动作，反思自己的不足，同时，在牵引的过程中体会身体重心的变化，特别是身体与地面保持垂直，否则容易跌倒。

教育版

高中教育是青少年将青春时光放在学校，在课堂进行交流、对话、合作和探究的教育。高中教育由高一、高二和高三组成。高中教育是学生养成良好习惯，培养高尚品德，追求科学知识的系统教育。德、智、体、美是高中教育的关键要素。

高中教育发展到当今，课程不断在增多，领域不断在扩展。竞赛具有鲜明的竞争性、专项性，相关条件要求严格，非一般人所能具备和适应。普通学习是出于兴趣、成才的目的，受人为因素制约程度很轻，男女同学均可在课堂上轻松、愉快地学习，享受高中学习的无穷乐趣。由于高中学习具有探索、挑战、自我、课程丰富、富于刺激、魅力无穷的特点，故高中学习被人们视为人生成长的标志和关键，更是人生成长的阶梯和重要过程。通常情况下，评估人生成长经历的关键，多以高中教育为尺子。

高中教育的学习课程有：语文、数学、英语、理综、文综等。高中教育的学习方法很多，如不同的学科内容，多变的思想方法，每天的上课、读书、合作交流，忙碌的社团活动及生活安排等。一般高中生应根据自身的身体素质、性别、学科基础、场地条件，可投入的时间等因素，选取高中入学的最优方案。高中生切忌：求急、随意、莽撞，因高中学习离不开生活中的时间管理，意志不易控制，易形成思维障碍，故在入学的第一天起，就应在专业规划教师的严格指导下，在习惯、思维、方法方面做到正确无误，一旦走错方向，极难纠正，空留遗憾。

应注意的相关事项：

（一）工欲善其事，必先利其器。选择合适的教材、工具书、改错本、笔记本、作业本、学习用品等装备。

（二）天时，地利，人和。应仔细了解学习的难度、进度、思想、方法以及目标。由于高中教育是一项处于紧张学习中的生活实践，看似很长的一段时间一眨眼就到了毕业，学习者不事先了解课程的状况，学习中一旦出现意外情况，就来不及做出反应。

（三）知己知彼，百战不殆。要根据自己的水平选择适合的课程，切不可过高估计自己的水平而贸然行事，要循序渐进，最好能请一名指导教师。

（四）眼观六路，耳听八方；聚精会神，专心致志。在合作学习时，相互间一定要保持交流，切不可为追赶同伴而急速学习，那样很容易断层或与他人失联，初学者很容易发生这种现象。在学习过程中要劳逸结合，不能大起大落，并注意学习借鉴别人的优点。

（五）哪里跌倒了哪里爬起来，失败与成功如影随形。学习中如果失控会导致速度过快，应迅速降低速度，回头看看，不要随意

放弃,可请教同伴、老师,继续学习下去。要避免装明白,更要避免怠学。

(六)上山容易下山难。高中学习应做到由厚到薄、由薄到厚,通过相关训练实现目标。退步容易进步难。

(七)行百里者半九十。高中学习困难重重,每一次进步都有惊喜,同时也需要大量体力,不能满足一点点的惊喜,更不能体力不支强迫而为。应循序渐进,稳扎稳打,享受过程,淡化结果,最美的风景永远在路上。

学习的基本要领:

Step 1:耳听。上课端正态度,积极与老师互动,积极与同伴交流。精神不可溜号,否则思维断序,导致效果欠佳。

Step 2:口说。从自我经验出发,将自己的想法充分表达,向同伴征求最优答案,再反思自己学习上的不足。

Step 3:眼读。以教材为主,以板书为辅,发现问题本质,同时关注学习过程中的每一个细节,以防不必要遗漏。

Step 4:手写。标记教材中的重点,记录教材外的补充内容,按教师要求快速演算。

Step 5:脑思。从学习过程中发现的问题出发,从课内到课外,梳理流程,加强重点与难点的强化学习,反思自己的不足,同时,在学习过程中体会举一反三的变化,特别是理论与实践相结合,否则容易脱节。

为教育而生活,为生活而教育,滑雪如此,凡事皆然,洞察其中,知行合一,这就是生活的本质,这就是教育的真谛。

祸不单行

    思考总是很多，落笔总是很难，或许要求很高，最好的永远在路上，因为终点根本不存在，如果说有也是新的起点。其实写作就是这样，让自己先坐下来，强迫自己写，写作与思想同步，"过了这个村，没这个店"，此一时彼一时，当时不写，后来写的已不是从前的真实。当开了个头，文字就有了源头之水，哪怕再修改，毕竟容易多了。万事开头难，的确如此。这不，读过那么多文学作品，又热爱文学，特别想写一篇小说，不知从何选材。

    最近发生的事：

    《红城晚报》登载一条新闻，出租车路撞女孩儿。女孩儿竟然是个残疾人，少了一只胳膊，这下舆论哗然，纷纷谴责出租车司机。一时间，大街小巷，茶余饭后，人们各抒己见，个个抱打不平。

    是不是我遇见的那个？

两天前，我早晨打出租车离开家门的时候，天空飘着零星的雪花。早上六点，天还没大亮，路上很少有行人。今天出差，特意起了个大早。司机师傅年近五十，有点憔悴，没说多余的，到火车站！车子启动，一切都还是没睡醒的样子，静谧，安逸。

很快，车子行驶到晨星路兴业小区附近时，从树后突然出现了一个小孩儿，直奔车子而来，司机一个急刹车，连我都顺势向前张了下去，天哪！小孩儿趴到车前盖子上，慢慢地又滑下去了，不好，车祸！就在此时，一个成人，穿貂皮的贵妇人走过，好像没发生什么事情一样，又走了，身后，一只小狗一甩一甩地跟着。司机赶紧下车，我一看，没完，时间紧，撤吧，三步并作两步，开溜了。

难道真是我遇见的那个？没错，应该是。我的心七上八下。可我分明看到的是小孩儿主动冲上来的，贵妇人也看到了。人们还是把谴责的枪口对准了司机。

第二天，晚报又有了新进展，司机的身份公布了，老黄，钢铁厂下岗职工。看看报道，真是祸不单行。三个月前，老黄从工作几十年的车间下岗了，效益不好，大幅裁员，年近五十的老黄原来在单位开过车，没办法，租了个车想弄点收入，毕竟孩子都高三了，老伴还躺在床上，半身瘫痪，十多年了，可没承想，孩子两个月前在学校的教学楼上跳了下去。天都塌下来了。一个月来，白发人送黑发人，本来处理完后事，出来工作吧，没承想，又遇上了车祸呀，可分明是孩子主动跑上来的，怎么这么倒霉呀！祸不单行。老王解释了，说明自己不是全责，可没证人呀，警方告之广大市民，有知情者可联系警方。我一想，只有贵妇人和我，那天没有旁人看见。我，我去作证？人们

把同情的目光投向了老黄，原来前阵子跳楼的学生是他儿子呀，太惨了，太惨了，怎么都赶上一个人了。

第三天，早晨起来还是昏沉沉的，我昨晚又喝多了。晚报对事件的报道又有了新进展，被撞小孩儿原来是个10岁的小女孩儿，照片上的小女孩儿衣衫褴褛，目光游离，好像在找什么。医院在确认小女孩儿没什么大碍的情况下，警方带小女孩儿来到了她的住所，一开始小女孩儿什么也不说，做了好多思想工作后小女孩儿才开了口，小女孩儿住在棚户区的一处破烂小屋中，她的母亲十分凶狠，一见小女孩儿就破口大骂。警方让她出示女孩儿的身份证明，母亲搪塞说不清。于是警方介入了更深入的调查工作中。

事情好像越来越复杂了。人们的话题又转到亲历者，谁见到了，司机说有个乘客看到后走了，一个贵妇人看到后走了，他们都到哪儿去了？

我如坐针毡。去？算了。到底去不去？可我终究还是没去。

晚报号召大家发扬雷锋精神，帮助老黄抑或小女孩儿。老黄也好，小女孩儿也罢，他们为什么会落得这样呢？他们谁更可怜呢？

上班开车路过车祸地点，我不自由地慢了下来，心里不知啥滋味，我鄙视我自己，这是我吗？一直口口声声自称自己是个好人，我是人吗？人们已经行动起来了，在小女孩儿的身世没有调查清楚之前，小女孩儿已经被特殊安置，准备上学，小女孩儿也承认自己的鲁莽行为。对于自己的成长及身世小女孩儿也记不得，不知是什么时候开始了这样的生活。"碰瓷"这种事情已经发生过好多次了，每次都是车主私了买单，掏钱走人，有时只有20元，生命与金钱如何等价？

是时候做点什么了，车子继续前行，突然，后视镜里出现了那个既熟悉又陌生的身影，贵妇人，是的，身后还有一只狗，一甩一甩的……

故事该结束了，算是一篇小说吧，权当是对自己的安慰，毕竟，我把我的人生感悟渗入其中了。多年以后，重读此文，或许为此青涩的文字脸红，但这就是成长，谁没有曾经的幼稚呢？

驿 站

驿站是中国古代供传递官府文书和军事情报的人或来往官员途中食宿、换马的场所。本来是场所，却因人的流动、物的流通、事的传递、情的寄托烘托了时代的繁华与落寞。驿站源于古代，后来的会馆、办事处其实就是驿站的衍变。今天的连锁模式、互联模式其实是驿站的思维模式。

时代在发展，原始的驿站早已成为历史，可我总想找回驿站，曾经诗意的驿站。

唐代诗人杜牧曾作过"长安回望绣成堆，山顶千门次第开。一骑红尘妃子笑，无人知是荔枝来"的诗句。这首脍炙人口的诗歌，讽刺唐玄宗为了爱吃鲜荔枝的杨贵妃，动用国家驿站运输系统，不惜国家财政的血本，从南方运送荔枝到长安。江山中的驿站、帝王家的美人，承载了多少老百姓的智慧与辛劳。

阳关，位于河西走廊的敦煌市西南70公里南湖乡"古董滩"上。阳关，为汉王朝防御西北游牧民族入侵的重要关隘，也是丝绸之路上中原通往西域及中亚等地的重要门户，凭水为隘，据川当险。阳关古塞建在荒漠之中。考古学家研究发现，阳关占有"一夫当关，万人莫开"之险要地势。唐朝诗人王维在《送元二使安西》中写道："渭城朝雨浥轻尘，客舍青青柳色新。劝君更尽一杯酒，西出阳关无故人。"

玉门关，俗称小方盘城，位于甘肃敦煌市西北90公里处。相传西汉时西域和田的美玉，经此关口进入中原，因此而得名。唐朝诗人王之涣的《凉州词》："黄河远上白云间，一片孤城万仞山。羌笛何须怨杨柳，春风不度玉门关。"诗中那悲壮苍凉的情绪，引发我们对这座古老关塞的向往。

阳关和玉门关，一个在南，一个在北，名扬中外，情系古今。二者都是丝绸之路的重要关隘，是丝绸之路上敦煌段的主要军事重地和途经驿站，是通往西域和连接欧亚的重要门户。出敦煌后必须走两个关口中的一个，在离开两关以后就进入了茫茫戈壁大漠。

如今，历史的驿站已成为我们的记忆驿站，寄托情怀，缅怀幽思。

今天，城市公园记录城市居民休闲生活的真实情况，公园也是新时代的驿站。累了，多去公园走走。

生命是一段旅程，生命驿站因人而异，见证时光，连接记忆。将情怀倾入时光的杯中，人生就是带着一种情怀的时光旅行，驿站是心灵的港湾，摇曳着慢时光。其实人的一生又何尝不是时光长河中的一个短暂驿站。

2015年春节，我游在广东，2016年我玩在哈尔滨，一五一六，一南一北，读万卷书，行万里路，我，一直在路上。教育局在东，赤峰二中在西，局内局外，一东一西，让我视野开阔，受益匪浅，境界提升，正是：一五一六游南北，局内局外学东西。横批：允执厥中。此番感悟，让我想到"东南西北中"。一生足迹，驿站无数。

2016年春节，我去哈尔滨途中路过通辽，赋诗一首《冬与夏》：

与通辽火车站擦肩而过

在去往哈尔滨的路上

携妻带女

迎着冬日的阳光

二十二年前的夏天

别，有忧愁

独自一人

奔向那人生的深处

冬与夏

一转眼

不见春秋

写满春秋

除夕的烟花璀璨多姿，心中的世界宁静辽阔，我在宁静的世界里感受繁华的人间，好比聋哑人，一切的喧嚣仿佛不在，"看山还是山，看水还是水"的境界，正如"心如明镜台"，不如"此时无声胜有声"。世间凡动，终归宁静。

三、或静或动 或舍或得

经历与超越决定人生。

或静或动：运动、思考、体验。或舍或得：名、利、权。

读书与旅游是人生必做的事。古人云："读万卷书，行万里路。"今天对我们的行动最好的诠释就是多读书，勤旅游。读书要多记笔记，终将成为有感有想有创作的人。旅游要收集好各地门票，景点门票记录了当年景点的特色，成为年代最好的记忆。

名：名的背后是虚荣。虚荣是一种有着巨大潜力的动机，它是人们内心深处最重要的欲望。虚荣使人不断膨胀，越有名越虚荣，人最终会失去自我而变得疯狂。利：利的背后是贪婪与竞争。贪婪是对财富控制权的欲望和动机，无论拥有多少财富，总是希望获得更多，因而逐利之人永远不满足，表现为贪婪之象。贪婪的背后是竞争的心理在起作用，竞争说明逐利之人具有不安全感，表现对占有欲的贪婪。权：权力欲是一种比名、利更重要的动机，权力欲施加于好的方面则促进社会进步，否则滥用权力的人热衷于施加痛苦而不是使人快乐。

唐诗宋词欣赏

唐诗宋词是中国古代文学史上的两颗璀璨的明珠。谈起二者，人们常按浪漫与现实分类，或按豪放与婉约分类，再就是以作者区分。唐诗就其内容而言，我们可以找几个突出的主题，每个主题都有经典的作品传世，经典是我们一生的精神向往。

1. 长江与黄河。

登鹳雀楼

王之焕

白日依山尽，黄河入海流。

欲穷千里目，更上一层楼。

2. 离愁与闺怨。

望月怀远

张九龄

海上生明月，天涯共此时。情人怨遥夜，竟夕起相思。

灭烛怜光满，披衣觉露滋。不堪盈手赠，还寝梦佳期。

3. 军旅与爱国。

凉州词

王　翰

葡萄美酒夜光杯，欲饮琵琶马上催。

醉卧沙场君莫笑，古来征战几人回？

4. 爱情与友情。

无　题

李商隐

相见时难别亦难，东风无力百花残。

春蚕到死丝方尽，蜡炬成灰泪始干。

晓镜但愁云鬓改，夜吟应觉月光寒。

蓬山此去无多路，青鸟殷勤为探看。

5. 托物言志，感慨人生。

望　岳

杜　甫

岱宗夫如何？齐鲁青未了。造化钟神秀，阴阳割昏晓。

荡胸生层云，决眦入归鸟。会当凌绝顶，一览众山小。

6. 借景生情, 反映生活。

山居秋暝

王 维

空山新雨后, 天气晚来秋。明月松间照, 清泉石上流。

竹喧归浣女, 莲动下渔舟。随意春芳歇, 王孙自可留。

唐诗与酒

进入酒的世界,体味酒的精神。人生活在不同的环境中,感受的世界也千差万别,从来到世界的第一天起,每一天世界的呈现都给人以不同的变化,人的一生就是不断体会世界变化的过程。世界分好多种,意义也不同,酒的世界只有喝了酒的人才能懂得,醉时有所感,醒时有所悟。酒中有哲学,酒中有文化,酒中有生活,让我们从唐诗中选择经典诗句体现另外一个世界。

(一)酒中有哲学。

月下独酌四首

李 白

其一

花间一壶酒,独酌无相亲。

举杯邀明月,对影成三人。

月既不解饮，影徒随我身。

暂伴月将影，行乐须及春。

我歌月徘徊，我舞影零乱。

醒时同交欢，醉后各分散。

永结无情游，相期邈云汉。

其二

天若不爱酒，酒星不在天。

地若不爱酒，地应无酒泉。

天地既爱酒，爱酒不愧天。

已闻清比圣，复道浊如贤。

贤圣既已饮，何必求神仙。

三杯通大道，一斗合自然。

但得酒中趣，勿为醒者传。

其三

三月咸阳城，千花昼如锦。

谁能春独愁，对此径须饮。

穷通与修短，造化夙所禀。

一樽齐死生，万事固难审。

醉后失天地，兀然就孤枕。

不知有吾身，此乐最为甚。

其四

穷愁千万端，美酒三百杯。

愁多酒虽少，酒倾愁不来。

所以知酒圣，酒酣心自开。

辞粟卧首阳，屡空饥颜回。

当代不乐饮，虚名安用哉。

蟹螯即金液，糟丘是蓬莱。

且须饮美酒，乘月醉高台。

将进酒

李　白

君不见黄河之水天上来，奔流到海不复回。

君不见高堂明镜悲白发，朝如青丝暮成雪。

人生得意须尽欢，莫使金樽空对月。

天生我材必有用，千金散尽还复来。

烹羊宰牛且为乐，会须一饮三百杯。

岑夫子，丹丘生，将进酒，杯莫停。

与君歌一曲，请君为我倾耳听。

钟鼓馔玉不足贵，但愿长醉不复醒。

古来圣贤皆寂寞，惟有饮者留其名。

陈王昔时宴平乐，斗酒十千恣欢谑。

主人何为言少钱，径须沽取对君酌。

五花马，千金裘，呼儿将出换美酒，与尔同销万古愁。

（二）酒中有文化。

把酒问月

李　白

青天有月来几时？我今停杯一问之。

人攀明月不可得，月行却与人相随。

皎如飞镜临丹阙，绿烟灭尽清辉发。

但见宵从海上来，宁知晓向云间没。

白兔捣药秋复春，嫦娥孤栖与谁邻？

今人不见古时月，今月曾经照古人。

古人今人若流水，共看明月皆如此。

唯愿当歌对酒时，月光长照金樽里。

（三）酒中有生活。

饮中八仙歌

杜　甫

知章骑马似乘船，眼花落井水底眠。

汝阳三斗始朝天，道逢麹车口流涎，恨不移封向酒泉。

左相日兴费万钱，饮如长鲸吸百川，衔杯乐圣称避贤。

宗之潇洒美少年，举觞白眼望青天，皎如玉树临风前。

苏晋长斋绣佛前，醉中往往爱逃禅。

李白一斗诗百篇，长安市上酒家眠。

天子呼来不上船，自称臣是酒中仙。

张旭三杯草圣传，脱帽露顶王公前，挥毫落纸如云烟。

焦遂五斗方卓然，高谈雄辩惊四筵。

《饮中八仙歌》是杜甫描写唐朝秘书监贺知章、汝阳王李琎、左相李适之、郎中崔宗之、侍郎苏晋、翰林供奉李白、长史张旭、处士焦遂八人欢聚饮酒形态之诗。八人醉态活灵活现，神态各异，生动有趣。作者生动地为我们刻画了八个恃酒狂放、笑傲世俗、俯视古

今的名士，向我们展现了一幅生机盎然的唐代名士纵情诗酒的风情画。

送元二使安西

王 维

渭城朝雨浥轻尘，客舍青青柳色新。

劝君更进一杯酒，西出阳关无故人。

宋词与酒

宋词将情感融入景色中，借景生情，楼台庭宇里，风花雪月中，天地山水间，酒似一把无形的时光刻刀，抑扬顿挫间表达了人生的诸多感悟。对词的理解因人而异，就像酒要会品味一样，多余的语言都是苍白的，因为词本身就是最深刻的表达。欣赏词，就不要画蛇添足，只需一次次地品味，如果一定要加点东西的话，那就加入你的人生。

雨霖铃

柳 永

寒蝉凄切，对长亭晚，骤雨初歇。都门帐饮无绪，留恋处，兰舟催发。执手相看泪眼，竟无语凝噎。念去去，千里烟波，暮霭沉沉楚天阔。

多情自古伤离别，更哪堪冷落清秋节。今宵酒醒何处？杨柳岸、晓

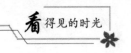

风残月。此去经年,应是良辰好景虚设。便纵有千种风情,更与何人说!

苏幕遮

范仲淹

碧云天,黄叶地,秋色连波,波上寒烟翠。山映斜阳天接水,芳草无情,更在斜阳外。

黯乡魂,追思旅,夜夜除非,好梦留人睡。明月楼高休独倚,酒入愁肠,化作相思泪。

浣溪沙

晏　殊

一曲新词酒一杯,去年天气旧亭台。夕阳西下几时回?

无可奈何花落去,似曾相识燕归来。小园香径独徘徊。

木兰花

宋　祁

东城渐觉风光好,縠皱波纹迎客棹。

绿杨烟外晓寒轻,红杏枝头春意闹。

浮生长恨欢娱少,肯爱千金轻一笑。

为君持酒劝斜阳,且向花间留晚照。

浪淘沙

欧阳修

把酒祝东风,且共从容。垂杨紫陌洛东城,总是当时携手处,游遍芳丛。

聚散苦匆匆,此恨无穷。今年花胜去年红,可惜明年花更好,知与谁同?

蝶恋花

晏几道

醉别西楼醒不记,春梦秋云,聚散真容易。斜阳半窗还少睡,画屏闲展吴山翠。

衣上酒痕诗里字,点点行行,总是凄凉意。红烛自怜无好计,夜寒空替人垂泪。

水调歌头

苏 轼

丙辰中秋,欢饮达旦,大醉,作此篇,兼怀子由。

明月几时有,把酒问青天。不知天上宫阙,今夕是何年?我欲乘风归去,又恐琼楼玉宇,高处不胜寒。起舞弄清影,何似在人间?

转朱阁,低绮户,照无眠。不应有恨,何事长向别时圆?人有悲欢离合,月有阴晴圆缺,此事古难全。但愿人长久,千里共婵娟。

醉花阴

李清照

薄雾浓云愁永昼,瑞脑消金兽。佳节又重阳,玉枕纱橱,半夜凉之初透。

东篱把酒黄昏后,有暗香盈袖。莫道不消魂,帘卷西风,人比黄花瘦。

声声慢

李清照

寻寻觅觅,冷冷清清,凄凄惨惨戚戚。乍暖还寒时候,最难将

息。三杯两盏淡酒，怎敌他晚来风急？雁过也，正伤心，却是旧时相识。

满地黄花堆积。憔悴损，如今有谁堪摘？守着窗儿，独自怎生得黑？梧桐更兼细雨，到黄昏、点点滴滴。这次第、怎一个愁字了得。

学点逻辑学

英国哲学家罗素说："一切哲学问题经过分析都是语言问题，而语言问题归根结底就是逻辑问题。"逻辑学的主题是清晰高效的思考。下面从此角度分析我们的工作与学习的意义。

人们工作或学习的意义其实就是从客观事物到真相的探究过程。具体路线如下：

（一）从客观事物到观念。

观念是客观事物的主观反映。正确的观念如实地反映其对象的客观秩序；反之，错误的观念是对客观世界的歪曲表达。观念是人类认知的工具，但观念绝非最终目的，观念是人与客观世界的桥梁，正确的观念使桥梁坚不可摧。确认观念正确与否的方法是透过现象看到本质。观念能感知的来源是独立于人脑意识的客观事物，客观本质是观念的本源，从客观事物到观念需要我们持续地提

高注意力, 从各方面不断观察, 去伪存真, 以求最大限度地接近现实。

(二) 从观念到语言。

人类认知主要由三部分组成: 一是客观存在的事物, 二是事物在大脑中的反映, 三是语言。对客观事物的认知不可能人人接触, 人类的全部历史也不可能由一个人亲自体验。观念的表达传递着人类的文明。为了准确清晰表达, 语言必不可少。语言表达是有偏差的, 语言揭示的是主观事物而不是客观事实。

(三) 从语言到事实。

由语言确认客观事物的表达是有严格意义的, 目的是想利用语言工具确定事实。事物或事件的事实通过陈述的语言表述出来, 这就产生了逻辑学, 逻辑本身就是发现真相并将其从谬误中分离出来的学问, 陈述语言必须是可以做出真假判断的命题。运用逻辑语言表述的事物或事件最终构成主观事实, 主观事实与客观事实不能同一而论。

(四) 从事实到真相。

真相是我们努力的意义所在。真相有两种基本形态, 一是本体真相, 二是逻辑真相。本体真相是指关乎存在的真相, 依据事实而判断。逻辑真相关乎命题的真理性, 它是我们的思维与语言共同呈现的事实。逻辑真相的真假既取决于现实情况基础上建立的本体真相, 又取决于语言逻辑基础上建立的逻辑真相。

以上环节分析了工作与学习的流程, 四个环节的构建好比人的一生, 一个人的成长又何尝不是如此? 第一步: 初到人世, 认识与感知世界 (从客观事物到观念); 第二步: 结合自己的经验学习学科语言 (从

观念到语言）；第三步：学以致用（从语言到事实）；第四步：世事洞察（从事实到真相）。

从客观事物到真相，我们可以发现语言的作用。语言是符号，现实其实是符号化的社会。为了追求真相的意义，我们必须学习逻辑学推理，毕竟符号的构建必须遵循规律与法则方能严谨而科学。逻辑学有四个主要原理：同一律讲究独一无二；排中律讲究非此即彼；因果律讲究存在联系；矛盾律讲究同一事物不能同时出现相反的命题，也是同一律的延伸。

根据逻辑学原理，我们可以展开逻辑推理。正确推理无疑是第一位的，然而学习推理中可能出现的错误对我们来说具有双重意义：一方面使我们对正确推理加深理解，让我们的神经更为敏感，从而更加坚定我们遵循正确的路径不断前行；另一方面，当我们面对错误推理时，它将保护我们不受误导。逻辑推理的意义是对我们不能亲自感受的客观世界加以正确认识。

逻辑推理的核心是论证的运用。最常见的论证有断言、类比论证、归纳论证、条件论证、全称与特称、三段论等。高中数学涉及部分逻辑学，如简易逻辑知识、命题、归纳与演绎、综合与分析、反证法等。

微信时代带给人们快餐文化，理性有时变得太可有可无，试看下例：

猪的计算公式 ①

人=吃饭+睡觉+上班+玩②

猪=吃饭+睡觉③

代入: 人=猪+上班+玩④

即: 人–玩＝猪+上班⑤

结论: 不懂玩的人=会上班的猪⑥

让我们学点逻辑, 指出错误。

①构不成命题, 概念模糊。计算涉及物质的量, 质与量诸如爱、正义、公平、诚实等是不能互换的。同时也简化了人的概念, 人又何止如此? 此处以客观为主语混淆概念。

②虚假假设。人符合矛盾律: 人＝吃饭+睡觉+上班+玩; 人也可以不这样, 根据全称命题的否定是特称使命, 上班与玩缺一者也是人, 等式不成立。

③联系内涵不一。"吃饭+睡觉"体现在人的表现, 也体现在猪的表现, 而二者不一致, 猪的达成是人完成的, 况且"吃饭+睡觉"不仅仅是人与猪, 故不能代入。

④主观意识。推理以客观为依据, 提出观点者明显带有主观色彩, 产生认知偏差, 误导他人。

⑤偷换概念。"人–玩"不代表不懂玩的人, "猪+上班"不代表会上班的猪。

⑥民主谬误。把大众心中认为有一定道理的观念作为普遍真相。

加强逻辑学习, 培养批判性思维是现代思维发展的趋势。现代思维让我们形成意见、做出判断、做出决定、形成结论。同时, 还存在着另一种思维——批判性思维: 它批判前一种思维, 让前述思考过程接受理性评估。可以说, 批判性思维是对思维展开的思维, 我

们进行批判性思维是为了考量自己或他人的思维是否符合逻辑、是否符合科学标准。在现实生活中,我们要关注与批判性思维相关的技能:判断信息能力,证据充足性,数据的真实性,客观性分析,理性与感性的掌控,论证的逻辑分析,证据的来源考据,方法的选择,相关性分析等。

让我们合理思维,让我们合乎逻辑地生活。

人生境界

人生境界指人在生活中的心境及相应状态下内在的精神修养达到的水平。人生境界关系人生的发展，人生境界决定人生的质量，人生境界是不断变化的，人生境界需要人的自我修行，人生境界因人而异，人生境界反映了人生的价值取向，人生境界是生命中永恒的追求。境界决定生活层次，境界决定生活质量。

学校的哲学，从某种意义上说，就是人的境界问题。学校需要视野，自然要有大境界。教师要有幸福，境界就是幸福的阶梯。学生要有未来，学校的目的就是提升学生的境界。社会的哲学也同样如此。

理念引领境界。佛家去欲归正，追求圆满。参悟禅机本身就是寻找理念的过程。大凡境界，必有意而思之，否则即为随波逐流而不被察觉。理念有如灯塔，让努力变得更加真实。

　　思想决定境界。道家强调自然，追求返璞归真。对于真理的追寻一直是社会进步的风向标，层次提升的过程就是境界提升的过程。思想有如钥匙，开启境界之门。

　　存在体现境界。儒家以德构建人生境界，提倡积极入世。人与社会的关系决定人的生存实质，在物质与精神之间挣扎，境界成为人必不可少的价值取向。存在有如境界的影子，时刻关注着境界的内涵。

　　英国哲学家培根说："读史使人明智，读诗使人灵秀，数学使人周密，科学使人深刻，伦理学使人庄重，逻辑修辞之学使人善辩。"每门科学与艺术的理解与造诣都是境界的极点，人的境界就是众多极点的最值。好比群山之巅，好比木秀于林，境界的提升绝非一点之观，境界是人对待世界的整体认识与体验。生活中经常反思境界问题，从环境中体验境界不同，从认知中感悟境界不同，从时光中品味境界不同。境界就像一幅人生画卷，让我们看到自己成长的意义。

兄　弟

　　台湾作家余华在其作品《兄弟》中讲述了江南小镇两兄弟李光头和宋钢，重新组合成的家庭在"文革"劫难中的崩溃过程。"文革"中精神狂热、本能压抑和命运惨烈的现实演变成伦理颠覆、浮躁纵欲和众生万象的时代背景，使得兄弟两人的生活在裂变中裂变，他们的悲喜在爆发中爆发，他们的命运在恩怨交集中自食其果。兄弟二人一生的纠结在于情。

　　唐朝玄武门之变中李世民与李建成兄弟二人的皇权之争，清朝雍正之子的皇位选择，曹丕的七步诗，无一例外地指出了围绕兄弟主题的是权。

　　《三国演义》中桃园三结义，刘、关、张三兄弟，诸葛亮与诸葛瑾，兄弟的主题是义。

　　金庸作品《射雕英雄传》中郭靖与杨康，兄弟的主题是名；黄药

师与杨过，兄弟的主题是道。

电视剧《亮剑》中李云龙与楚云飞是兄弟也是对手，兄弟的主题是才。因互相尊重与敬佩而惺惺相惜。

农村中兄弟二人为土地与家产打架，城市中兄弟为遗产打官司，兄弟的主题是利。经济导致人们内心极度惶恐，利字当头，唯利是图。

渴望兄弟与渴望红颜一样，世界充满了男人与女人，每个人的内心都想找一个栖息地，真心相对，相伴一生。好兄弟正如李白所言："桃花潭水深千尺，不及汪伦送我情。"我的亲兄弟让我见证了他的成长，高三求学时期因不满嫉妒他的同学的再三骚扰而动手打人，为了几百块钱的医药费而自责不已，暑假非要打工赚钱。8岁时在家无人照顾，父母将其锁在家中，谁知回家看到他倒地不醒，原来他在家中无聊，自己将酒壶中的白酒喝了几盅，不知道自己为什么不省人事。早些年想把他过继给大爷家，可火车上的他怎么也不肯离开母亲一步。长大后我向他借钱，他二话没说，即刻应允。我想此生有此可爱兄弟足矣。或许上天有意，兄弟的工作与军事科研有关，当然是军才了；而我当了一名教师，自然是民才了。

特别羡慕童话作家郑渊洁父子，儿子叫父亲为大哥，拓宽了兄弟的境界。我的2008届学生尤宗涵是双胞胎兄弟中的哥哥，类似这样的兄弟不止一次地出现在我的教学生命里。我的同事孙广仁是双胞胎兄弟中的弟弟，有一次广仁同事误将来单位的广仁之兄当作广仁，上去边踢边打闹，大哥不言不语，若是广仁早就笑骂不断了。可见兄弟二人的长相何其相似而性格又多么不同。战场上的兄弟一起

奔向胜利, 团队中的兄弟一起奔向成功, 四海之内皆兄弟也。

不相信神灵, 心中却充满神灵。所谓神灵, 就是每个人心中对生命的祈盼, 就像生命的火种一样点亮了人生的道路, 引导我们勇敢地走下去。兄弟是上天的眷顾, 兄弟是历史的机遇, 兄弟情谊升华了男人世界的情感, 男人的世界里不能没有兄弟。至真至善的兄弟情谊是人一生的财富, 有如生命的火种伴我们一路前行。

看完电影《重返20岁》后, 我对一生中经历的人有了新的感悟: 人生至美不是永远拥有现实, 而是永远拥有共同的回忆。匆匆的那些年, 我们曾经走过, 这比什么都重要。

难忘2014

2014年，赤峰二中建校90周年，我毕业20年，从教20年。特别的一年里，我拼尽了我的全力，在教育教学工作岗位上积极探索。时光能见证一切，若问如何做教育，我会说："真人真事真教育。"2014年我经历的一切就是我自己的真实写照。

"自主、合作、探究"成为当下教育的热点。"自主"问过去，"合作"做当下，"探究"思未来。

教育要向过去问经。教育是发展的事业，多少教育人的实践与探索给了我们太多的思考，从如此丰富的海洋中汲取营养，我们本身就是成长。一个终身学习的人一定会如饥似渴地学习，不舍昼夜地寻找。

教育要向当下去做，教育讲究做中学。孔子说："过而不改，是为过也。"教育不是怕出错，是怕出了错不及时改正。现代教育理念

讲究培养学生批判性思维，教育中的错误也不失为反思的案例。人难免犯错误，进步就需要创新，创新就需要尝试，尝试难免犯错误，甚至是失败。只要教育者与被教育者以真诚的态度和真实的行动来对待教育事业，真教育可成。

教育要向未来思辨，教育的对象不是一个人、不是一代人，从事教育工作的时间越长，面对的教育对象涉及的群体就会越复杂，边做边思考，探究教育的真谛，以教育面对的对象为主体，遵循教育规律，成就人的光辉事业。

从平凡教育的角度来认识教育，一句话：真人真事真教育！

2014年我做了以下几件事：

（一）戒了一阵酒。

戒酒明志，倾尽心血，全身心投入高考备考。

（二）走了一次远足。

统筹设计高三年级师生22公里远足，吹响了高考冲刺的号角。

（三）写了一本书。

《人生从此扎根》以20年教育实践献礼赤峰二中建校90周年。

（四）改了一回毕业典礼。

创新丰富毕业典礼内容："十年之约，约定百年母校"。《赤峰日报》专版报道。

（五）压了一年高考英语作文题。

百分之百压中英语作文，千人受益。

（六）教了一个数学单科状元。

所教学生麻磊以142分荣获赤峰市理科数学单科状元。

（七）带了一届学生。

以人格理念、热情、能力为依托，打造和谐团队，二中三年，人生三十年。

（八）出了一点成绩。

2014届学生在生源状况不是近些年来最好的情况下，荣获理科总分自治区状元，文科实考分赤峰市状元。600分以上人数、重点率、本科率等各项指标创近些年来赤峰二中最高。

2014年我有许多感悟。其实，有时候不想做个好人，好人难做。何况这时代的发展告诉我们，好坏的界限在临界点处最难分辨，好时坏是好，坏时好亦坏。转念一想，既然选择了方向，接下来要做的只有坚持。这一年，我与我的团队收获了成功，总结成功最主要的原因如下：

（一）意志。带头人首先要有坚强的意志力、一路向前的决心、谁也挡不住向前的脚步。忽视小人语，最多把它当作动力。

（二）理念。成长是教育的关键，抓住成长的意义，教育就有了方向。实力创造奇迹，多年的心血与努力注定收获喜悦。科学创新且符合教育规律的言与行是工作的基石，我的个人教育理念主要有两条：人生·工作=人格理念×热情×能力，教学·管理=情怀×尊重×学习。

（三）团队。对老师好，不止一天地持续与坚持，工作的目的也是实现人的幸福。

（四）恒·悟。三年如一日，日日如三年。

（五）教育是进步的事业。付出就会有回报，教育需要理想信念

支持，教育需要有浪漫情怀，教育需要扎实的工作。教育工作紧紧围绕学生而展开，符合学生发展的就是最好的教育。

在教育生涯中，教师要坚持阅读与写作，坚持反思与总结，厚重的文化积淀从一点一滴开始，否则在教育的道路上，没有积淀的教师只能算是个过客。举两个最典型的例子，2011年新高一学生入学，学生对学校报有怀疑态度，加上社会上有各种流言蜚语，针对这种情况，我就学生的习惯制定了本届学生必须遵守的八项规定，规定直接指向时下学生的习惯要害，后来学生给我起了个外号，叫"张八条"，不管怎样，学生的好习惯得以养成。紧接着我又召开了家长会，给家长们讲三年的规划与设想，家长们认同了，我们开始了有信心的行动。后来，党中央颁布了中央八项规定，我调侃说，我的八条是在党中央八项规定之前呢。当时社会反响特别好，记得我与校长在宁夏考察时，校长特意以"张八条"的签名填写了意见单。三年的时光很快结束，2014年5月31日，我们进行了年级学生的毕业典礼，我特意创新了典礼形式，加入了"十年之约"的环节，提前让每一名学生写了十年规划与十年愿景。典礼上公开封存，相约十年后聚首时再开启。想到十年之约，学生们充满了对未来的向往。几天后的高考，英语书面表达题正好与我的十年之约契合，学生们太熟悉了，后来的成绩表明，全年级学生的英语成绩超全市过关分36分，实属奇迹！

请看2014年全国二卷英语作文试题：

第二节　书面表达 (25分)

一家英语报社向中学生征文，主题是《十年后的我》，请根据下列要求和你的想象完成短文。

1. 家庭

2. 工作

3. 业余生活

注意：①字数100字左右；②可以适当增加细节，以使行文连贯；③开头语已为你写好。

I often imagine what my life will be like in the future.

_____

_____

从"张八条"开始，到压中英语作文题为止，再回首三年中的每一步，我与团队成员们内心充满感动与自豪。后来我与教育局局长谈起此事，局长说压中作文题的事也没法宣传呀，我说我的本意也不想宣传，只是有一点教育感觉。当你持续不断地感悟教育的时候，永远不会偏离教育的方向。如果再结合行动，你所做的往往就是教育的真谛，偶然也是必然。一名教师如果在教育过程中没有这种感觉再现的体悟，那他就领悟不到教育的乐趣与意义。

2014年我的人生开始转折。从1997年的初露锋芒，2002年达到教学顶峰，2005年达到班主任顶峰，2006年达到工作顶峰，后来曾一度迷茫，2010年至2014年又在管理方面达到事业顶峰。2014年我又转换角色，从繁重的工作岗位调整下来，我开始总结与反思我的教育历程。由于多年的操劳，我放弃了许多该做的事，慢慢的，我开始发现身边有更多重要的事，如陪伴家人等，家庭才开始成为我生活中的主题。父母的住房要解决，开始注意个人的身体健康问题，与

女儿的旅游要纳入行动，多读书，多行路。一路走来，每个人当工作走到峰顶之时，或多或少都有彷徨，我自当不例外。于是，我开始整理生活，人生的脚步需要停留，等待也是一种修行。修行从心态调整入手，电视剧《马向阳下乡记》将我拉回到多年不看的电视机面前。马向阳，一个毫无农村生活和工作经历的商务局市场科科长，业务能手，单身爸爸，一纸调令，转眼就成了省重点扶贫对象大槐树村的"第一书记"。从城市里的公务员到村官，从城市到农村。马向阳时时处处感受到自己的格格不入，但是最终他以坚忍的耐力给大槐树村创造着一个又一个惊喜。我从中体会一个人从熟悉的岗位到陌生的岗位的转型，再想想我当初从教学到管理的转型，当时有好多人也说我不会当领导，我硬是走过来了，而且成功了，马向阳的经历给了我很大的触动。同时播放的电视剧《大秦帝国》的改革故事也让我深有感悟。2700年前，华夏民族进入了凡有血气、皆有争心的大争之世，谦谦上古贵族君子风的春秋时代落下帷幕，攻掠征伐、尸横遍野的战国时代隆重登场。时为西北边陲小国的秦国饱受六国摧残挞伐，而今已在灭国边缘。秦献公身死战场，年纪轻轻的仲公子渠梁在危难时刻即位，他深藏屈辱，在六国夹攻下苟延残喘，发誓变法崛起。秦孝公渠梁广招天下贤能之士，天不亡秦，曾在魏国并不得志的商鞅辗转来到秦国，并凭借一身才学和对天下局势的清醒认识得到秦孝公重用。商鞅在秦国掀起了影响深远且饱受争议的变法，一代强秦由此崛起。从两个电视剧中，我认识到对待工作有两点特别重要：一是转型，二是创新，这是工作能否达到最佳境界的必经之路。

　　书籍是我最好的朋友，终于有了读书的时间，我如饥似渴地阅读。由于是在教务处工作，我又反思学校教务工作及学校的构建问题，视野更加开阔。游泳是我的爱好，至今仍记得每一次与从北京学会游泳的女儿一起游泳时的感动。又开始打网球，终于有时间陪陪女儿，下下棋，喝喝茶，给朋友的孩子补补课，生活呈现另一番景象。多年的工作让我也有内疚感，忽略了身边爱我的人及我爱的人，所以我在《人生从此扎根》中特意指出，本书献给爱我的人及我爱的人。

我失去了什么

早上与老婆缠绵了一会儿就起床了。

之后，送女儿去打乒乓球，顺便在体育场跑了几圈，边跑边想，现在地球没什么死角了，连体育场内部也不知被谁批准的，一大早停车收费。一想到早些年，从一根冰棍2分钱到如今的停车费5元，从小对买车连想都不敢想到开车已若干年，前尘往事恍如昨日，可我的内心仍涌动莫名的忧伤，怅然若失。

跑步过后，人也精神了很多，回到家，拿出好几天未洗的衣服洗了起来，电视中放着《回声嘹亮》新年版，有些歌还能跟着哼，尽管不会唱。快过年了，将昨天买回来的带鱼收拾一下，也不知道东海产的带鱼有没有受日本核辐射的污染？早些年，只顾着吃，有什么吃什么；这年头，什么都有，却什么都不太敢吃。小时候楼房是眼中的空中花园，现如今也住进了楼房，没有了花园之感，有时在楼上往外

看，往往联想到"鸽子窝"，想飞的感觉还真有。

时间这个快，赶紧把昨天买的韭菜摘出来，"鸽子窝"搁不住。韭菜是我的最爱，孩子不回来，老婆又加班，正好炒韭菜放麻椒，喜欢吃麻辣味，控制自己少吃却也吃了不少，人呀，欲望是罪恶之源！伴随欲望的是自私、虚荣、空虚、无聊，人生岂能不痛苦？

下午刚到班上，原来单位的同事就来找我，问我现在是不是离婚了？她那有个好姑娘想介绍给我。我四十多岁的人了，听了不知是喜还是忧？哭笑不得是不是这个感觉？打开电脑，读报、填写备忘录、梳理工作流程，小忙一会儿，还得烧上水，多喝水、多睡眠是我的养生之道，当然还要多读书、多运动。电话接了好几个，原来单位的领导打电话说，去年的高考奖马上下发了，把我的奖金拿走一万，我问为什么？答：领导干部不能拿最多。放下电话，我就想，我是领导干部吗？同学会、朋友会、哥们会，明天又有局了。这个电话刚打完，母亲的电话又来了，劝我少喝酒，我满口答应，顺便告诉我，老家表弟快结婚了，我记下了，届时必须到！我们一家六口人，如今全在外地，我是留守中年人。

夕阳无限好，晚上少吃点，喝杯自泡的蚂蚁酒。前天说好的，原来补习的高三学生再让我点拨一下，高三快考试了，我今晚再辛苦一下。

夜晚的家乡既熟悉又陌生，晚上车少了，往回赶的心情不急也不躁，早已习惯了堵车，这时反而更淡定。

躺在床上，丝毫没在睡意，翻开床边的《墨子》，心灵的窗户随之打开，实话实说，相比孔子，我对墨子更佩服。很晚了，突然接到

朋友的电话，临近年关，小区又发生抢劫伤人事件了。拿起手机就没马上放下，顺便翻看一下微信，我基本不参与聊天，只是随便看看而已，这年头，有多少人离开了手机会发生失联？网络拉近了世界的距离，拉开了人与人之间的距离。

困了，关上灯，想想这一天，多么充实，可总是有种莫名的不安，这是不是我的真实存在？白日、放歌、纵酒……忽然想到杜甫的"白日放歌须纵酒，青春作伴好还乡"，恍然大悟：白日、放歌、纵酒仍在，唯独失去了青春！

"婚姻是爱情的坟墓，生活是青春的坟墓"。

不敢再打开灯到镜前端详自己的容颜，赶紧睡觉。

幸好还有梦。

戒酒宣言

没有在青春爱过的男人不是真正的男儿，没有在黑夜哭过的男人不是真正的男儿，没有在人生醉过的男人不是真正的男儿。爱过才知情深，哭过才知意浓，醉过才知伤重。人总有七情六欲，因此也必有百感交集，一人承受，苦字当头，于是，忧愁成了一种思考常态。"问君能有几多愁？恰似一江春水向东流""抽刀断水水更流，举杯消愁愁更愁"。

酒是风，时而清淡，时而狂暴，浪漫与典雅共存，温柔与刚烈俱在；酒是花，花开四季，香满人生，热情、奔放、鲜艳、独特；酒是雪，宁静、理智、纯净、安详；酒是月，深邃、渴望、向往、憧憬。酒是态度。酒激发了人们的批判精神，表达了人们追求理想的愿望。酒激发人们的创造力，艺术的世界里不乏酒的沉淀。酒激发人们的想象力。酒是选择，时间，地点，酒类，人物，物是人非，觥筹交错，一句

话，一杯酒，送入愁肠，换就情长。酒是解放，亲朋团聚，节日欢庆，公私应酬，聚散离合，哪一样都是生活的补充，又是生活的升华。酒是灵魂，一部中华文明的发展史就是酒的发展史。中国最早出土的甲骨文中有"酒"字，《诗经》中有酒的诗歌，出土的文物中发现了酒器，酒器的发现证明了酒的存在，金银器、玉器、陶器、瓷器、玻璃器，各式各样，异彩纷呈。中国酿酒不会晚于距今6000年的新石器时代中晚期。农耕文明促进了酒的发展，水酒、果酒、烧酒层出不穷，逐步发展到今天最常见的啤酒、葡萄酒、白酒。中国是文明古国、礼仪之邦，饮酒讲究儒家礼制，突出合乐同欢精神；饮酒讲究道家自然，饮酒解放精神束缚，忘却烦恼，超然世外；饮酒讲究佛家缘分与顿悟，四大皆空，荣辱皆忘。"三杯通大道，一斗合自然。但得醉中趣，勿为醒者传。"无论物质文化与精神文化，酒都是灵魂。

我们总在风花雪月的岁月里，持一种态度，选择一种方式，追求着个性的解放，追逐着思想的灵魂。

一次酒宴就是人生盛宴的缩影，世态炎凉，人间百态，五味杂陈。一次酒宴就是社会教育的缩影，无酒不成席。酒正如文化，酒会聚人，文化成就人。酒成就了一个人的江湖。悲悯的侠义豪情，超然的非凡武功，儿女情长，皓月当空，英雄气概，九天揽月。酒见证了一个人的孤独，"今宵酒醒何处？杨柳岸、晓风残月。"当我们经历一个醉酒的恣意后，更喜欢进入公园的慢时光，坐在摇椅上慢慢地摇，欣赏落日，去功利，去尘俗，去浮华，找一块湿地是最好的需求，让身心得以栖息。酒后的人，不想接近城市的快节奏。但凡大城市的繁华之所，往往是外来人熙熙攘攘，比如上海的"城隍庙"，洛阳

的"清明上河园"。酒前与酒后，有如入世与出世。

　　酒是把双刃剑，伤身，乱性，废时，误事。酒在让生活变得千疮百孔的同时，一次次让人接近死亡，醉了，累了，躺下了，周围一片寂静，人生苦短，这样匆匆究竟为了什么？到底值不值？从没有像酒醉这样乏力，不想起来，不想工作，不想未来，死也不是太可怕了，终究就是一段旅程，哪累了就哪歇了。当我们一次次经历死亡以后，人生还有什么不释然？前半生是选择，后半生是放下。人生的规律符合正态分布，人生的规律符合质量守恒定律，人生就是不断地经历——经过、过错、超过，日复一日，年复一年。也曾黯然流泪，也曾独自神伤，也曾对酒当歌，也曾把酒言欢，无酒不成宴，无酒不成人。酒像影子一样，一句话也不说，无怨无悔，陪伴前程，不离不弃。失意时有酒装得下世界，得意时有酒看得见未来，"劝君更进一杯酒""一片冰心在玉壶"。

　　人生的酒太浓，我不能永远沉醉，从前是品味，人过中年，需要拿出生命的后半程来回味。一路走来，见过的景，交过的人，处过的事，喝过的酒，成就岁月的我。逝者如斯夫，时光难返，人生还需重来。2015年我的人生主题就是读书与行路。读书，提高境界，增强认知。行路，见识教育，拓宽视野，酒陪了我一程又一程，结识了更多的教育人士，见识了多地的教育状况。正如酒一样，身处一个世界，心外又一个世界。学校也如此，校内一个社会，校外又一个社会。2016年我的人生主题是运动与立言。运动，让生命动起来。立言，《左传·襄公二十四年》记载春秋时鲁国大夫叔孙豹称"立德""立功""立言"为"三不朽"。王阳明是三不朽圣人，受此启发，我想完

成自己"专业—事业—价值"三部曲的个人感悟与总结。无论是运动，还是立言，酒都成了我的牵挂。年轻时酒给了我生命的高度，当自己不再年轻，身体不胜酒力，戒酒便提到日程。

"精微致学，简约寻道""身动心静，恒本悟真"。此中有真意，谁解其中味？历经百折千回，终于明白自己的价值与方向，苦难是人生，苦乐总相对，没有苦何来乐？没有有为何来无为？人生的这杯酒，我醉得一塌糊涂，心甘情愿，无怨无悔，如醉如痴。酒对得起我，我对得起酒。既然选择戒酒，天边的地平线或许永远消失，但我依然无悔，留给酒的世界一个完美的转身。无论事业还是恋人，没有一样能够陪伴一生，生命有长短，来去有先后，不同的人或事最多也是彼此生命的部分重合。为了爱我的人和我爱的人，选择情非得已，未来还在不远处等着我，或许是一种痛，但愿此痛可待成追忆。

突然的戒酒，难言的惋惜，然而人生终会有聚散，因为曾经的倾情举杯，我们早已相知，无须再酒，无须表达，心中早已永远有个你。因为醉过，所以无憾。

坐怀除夕，漫点文字，摇壶待曙光，把酒话桑麻，遥祝天涯海角的朋友们珍惜有缘人，爱护至亲人，年开日月长，心阔天地宽。真诚地道一声："过年好！干杯！"

顺便说一下，我杯中的是茶不是酒，并以此茶向我45年的人生与25年的酒史致敬！

教育与生活

从生活中发现教育，从教育的视角品味生活。

最近，央视《挑战不可能》有位盲女令人既佩服又惊讶！她能通过回音判断物体的特征。由于从小失明，奶奶照顾她的生活，可是奶奶每次都让她自己去公园，没办法，她在不断地抱怨奶奶的岁月中逐渐学会了隔音辨物，直到有一天，奶奶临去世前对她说："这么多年，你每一次去公园，我都在后面不远处跟着你。"那一刻，感动伴随着已掌握的特长刻入了她的人生。教育应该这样：在成长的过程中收获感动，更难能可贵的是，我们成为独立的自己，可以迎接每一天的朝阳。感动是面向当下的教育，一技之长是面向未来的教育，缺乏前者是没有把教育当作生活，缺乏后者是没有把生活当成教育。

之所以出现记忆奇人等"最强大脑"高手，源于心静。在这些

具有特长的人中，大脑呈现出另一个世界，没有喧嚣，没有感性，却不乏深度思维，充满睿智和理性。"非淡泊无以明志，非宁静无以致远"，大脑奇人，此语明证。教育就是合理、科学地开发大脑的过程，淡泊与宁静乃教育的本真境界，这也是大脑开发的生态标准。

早晨开车，有个标识温度计的图案不断闪烁，估计是车的温度太低，女儿让我上网查一查，我说图案怎么打入呀？她说，你可以查阅车内温度显示的图案呀。五年级的女儿着实给我上了一课。记忆、思维、判断是教育的三种外在表现形式，感觉、理智、选择是生活的三种外在表现形式，一一对应，相得益彰。

子在川上曰：逝者如斯夫！

一个人存在世间的证明就是记忆。记忆的载体是大脑，关系教育；记忆的对象是时光，关系生活。失去了记忆等于失去了思想与岁月，失去了记忆等于失去了教育与生活。同事说："发现你的孩子"，我说："教育怕快"；学生说："老师也怕老"，我说："生活怕快"；父母说："考上一所好大学"，我说："教育太快"；知己说："我想修佛心"，我说："生活太快"。于是，社会上有想法却没时间的人很多，没有时间有想法却无法实践。从事教育不懂生活的人很多，不懂生活做教育缺乏标准。

失忆是一种颠覆！

《重返20岁》讲述了一位年近70岁的老奶奶不可思议地变身为20岁妙龄少女后，以全新身份回到日常生活中，并帮助自己的孙子创办了乐队，从而引发了一系列啼笑皆非的故事：她重拾音乐梦想，并再次邂逅爱情。最终，老奶奶还是自愿地选择了回到老年。思想还

在，时光不再，教育的价值最终走向生活的终点。

《被偷走的那五年》讲述了女主角因一场车祸失去了五年的记忆而与前夫所引发的一系列故事。女主角一场车祸醒来后发现，自己深爱的老公已经与自己离婚，并且有了新的女朋友，自己曾经最好的闺蜜竟然与自己闹翻，公司同事也都对她敬而远之，而自己的记忆停留在"五年前"和老公度蜜月的阶段。原来，她忘记了过去五年间所发生的一切，失去了生命中最重要的爱情和友情。为了重新找回自己失去的幸福，她暂居前夫家，一步步寻找这五年生活的点滴线索，开始了一场寻找丢失的五年间自己的旅程。时光还在，思想不再，生活的价值最终走向教育的起点。

但凡穿越，总在过去；但凡幻想，总在未来。因为明天迟早会来，人们就习惯了不急不忙的生活节奏。尽管古人说："生于忧患，死于安乐。"可是过去一去不复返，所以生活的唏嘘倾向于过去，殊不知：当我们追忆过去的时光之时，正在失去现在，而现在正好是未来的曾经。所以，海伦·凯勒希望三天光明，其实人类也是三天的存在：昨天、今天、明天。海伦是个盲人，三天的光明实在是奢望，可你分明能够体会她内心的纯净与真诚，而我们看得见时光的人苟活于世却蒙蔽了双眼，自惭形秽，究其根本，海伦是一生渴望三天，我们是三天渴望一生。

我们就像追风筝的人，教育与生活是风筝的两翼。脚踏实地，仰望天空，命运呈现七彩的斑斓。

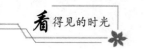

时光哲学

让历史告诉未来，让未来见证历史。时光里的人生哲学——看得见的时光。生活时时发生，教育时时发现。梦想照进现实——时光的价值。

过：过错、经历、超越，人生的三个台阶。

渴望：人的内在需求，活着的原动力。

需要：因为有梦，所以执著。

欣赏：如果世界只有你自己，没法想象人生的美好，你能否做另外一个鲁滨孙？

尊重：人要解决人与自己、人与人、人与地球的关系，尊重是基本法则。

意义：时间与空间呈现人类的进程，人人渴望幸福，物质条件逐渐好转的时候，人们也常说感觉不到幸福，这是身在福中不知福，为什么？因为物质贫乏时代，人们因物质的小小变化而感觉幸福；物质优越时代，人们对物质产生麻木，谈幸福往往倾向于幸福感，也就是倾向于心灵的感受，而这只有在欣赏与尊重的背景下才能实现，在渴望与被渴望的作用下才能发挥，在生活与教育的环境里才能存在，这一切都是在时光里寻找价值与意义。

最终，我们只有记忆相伴，随着时光的流逝，记忆也逐渐模糊，渐行渐远，于是，万念俱灰，一切皆空。而人类的存在，就如繁花散尽的短暂，曾经的绚烂有如幸福的陪伴。我们的生命就在最美的烟花绽放下一路前行。

每一个做教育的人，都是有教育情怀的人，走进教育的园地，就要情笃一生。不论从事什么职业，人人教育与被教育，这是未来社会之希冀。

学校每日发现学生一天的生活，每月欣赏教师一个月的生活，每年完善学校一年的工作，前有榜样，后有家，工作有弹性、有韧性、有质性、有感性、有理性，自然也有了生命力，社会也是学校。

教育就是培育人的强大内心。只有打开学生心灵的窗户，真理才会像阳光一样洒满学生的心房，否则教育失效，无法交流意味着无法让空气流通，呼吸都成了问题。

教育唤醒成长，成长渴望教育。

生活发现教育，昨天发现今天；教育品味生活，今天品味明天。

将《哈佛家训》的要义解析为"三力、三生、三观、三向"，这是我的教育思想，中西文化融合是教育的主流方向。

人才最关键，不重视人才，工作可能常规依旧，无法达到质变。

改革表现于改变,改变的发生表现于质变与量变。人才是社会的渴望,社会用不用你,是社会的问题。你能否可用,是你自己的问题,这是正常现象。社会用不用你成了自己的问题,你能否可用成了社会的问题,这是不正常现象。关于社会与人才,历史呈现无数答案。

人生在世,名利争逐,发现人、欣赏人、完善人正是建立在此基础上的价值引领。走过就是真实,路过就是缘分,记忆就是永恒。

世界是多维的,工作、健康、读书、运动、旅游、艺术、性爱、酒色、心灵是个人的维度。爱情、亲情、友情是人与人的维度。战争、和平、生态、环保是社会的维度。

忙于工作,忙于流年,找到生命的支点,找到生活的意义,请做好自己的生涯规划,做自己必先设计自己。

读书就是读出一种味道,读出一种思想,读出一个方向,进而读懂世界,读懂一个人。好文章如多棱镜,视角不一,色彩不一,同一篇文字触动不同人的不同感受,产生不同的感染力,这就是文章的价值。

个人博客,记录自己的成长;教育随笔,建立灵动的教育生活。

想要幸福,那就让苦痛束缚来得更多一些吧,幸福的深度等于苦痛的深度,正如爱得越深恨得越深,有多少爱就有多少恨。

混沌犹如梦中,清醒置身梦外。从梦外幽思梦中,犹如世外凝视世内。世间是个炼狱场,功名利禄,爱恨情仇,欲火中烧,纵欲丛生。世间是个搅拌机,法律、规则、道德、工作、家庭、爱情,千丝万缕,五味杂陈。

闭上眼,由于想象,脑海呈现无数个世界;睁开眼,看得见一个真实的世界。由于思维，世界走向多维。我们一生就是从有限到无限，从无限到有限，岁月留给你的终究不过是有限的心动与无限的遗憾。

"命中注定"？一个人经历的事情多了，难免发出这样的疑问。世间到底有多少因果关系？关于"命"，我一直想在《易经》中体味；关于"中"，我一直想在《中庸》中寻找；关于"注"，我一直想的就是一个词"存在"的哲学解释；关于"定"，我一直想的就是人的价值。"命中注定"没有这样字字解释的，我只是拓展。但凡事与理，相信与不相信的积极意义与消极意义始终存在。一个成语道出了一个意义，也可以展开人性的讨论，进而上升到教育高度，建立心课程体系，教育时时刻刻发生。其实德育工作应当用心在此处着力，而不是空洞的口号。因此，一部字典、成语词典都是心课程的源教材。教育改革的方向应该是教育的深刻性，改变肤浅的形式，拓展教育的内涵，看到背后的意义。

我想建立"张民才教育时空"。

以下是我的时空存在：

过；恒·悟；行·品·知；德·智·体·美；人生·价值·专业；发现·欣赏·完善；品牌·创新·幸福；梦·家；自学·互学·共学；模块·单元·章节；课程·社团·读书；人生·工作结果=人格理念×热情×能力；教学·管理=情怀×尊重×学习；三力；三生；三观；三向；一学；日·月·年；时光哲学。

且行且思且学，打开世界的窗户其实就是选择看世界的视角，视角正确，相信每个人都能看得见，看得见时光。

比如用数学的思维学语文，我甚至想学习语文，达到我教数学的境界，当然这源于我的热爱。比如2015年我的人生是那么的深沉，于是写下了《人生感悟之2015》：

> 入世知真传，出世识妙道。
>
> 显时智者赞，隐时痴人笑。
>
> 风月醉情怀，江湖逞英气。
>
> 善恶皆是业，是非终有果。
>
> 菩提树下思，涅槃浴中行。
>
> 跳出三界外，不在五行中。

又比如我想数一下2016年的基础教育：

拇指、食指、中指、无名指、小指一一数来。拇指：立德树人，代表"人"，以评促教。教育要更新理念，科学评价。食指：提高质量，代表"知识"，聚焦课堂。教育要观察研究，与时俱进。中指：信息共享，代表"生长"、学科建设。教育要倡导交流，分享成果。无名指：特色发展，代表"社会"，优化课程。教育要目标导向，服务社会。小指：全人教育，代表"学习"，依法治校。教育要绿色生态，健康学习。

人生需要规划！两年、三年或五年？我2015年游遍广东，2016年游遍哈尔滨，二十年学校教学，两年教育局工作，受益匪浅，于是自己写了一副励志对联：一五一六游南北，局里局外学东西，横批：允执其中。

人生在于谋事！八步走人生：

（一）确定目标（选择）。

（二）建立流程（习惯）。

（三）坚持学习（读书）。

（四）持续实施（恒心）。

（五）实践创新（感悟）。

（六）及时总结（积累）。

（七）培养特色（个性）。

（八）科学评价（系统）。

有时我也想，等到退休的时候学素描，学了立体几何的人对几何体总有理解吧。凡此种种，世间总也有忙不完的事。只要是你的特长并且是你非常感兴趣的事都是发力点、生长点。人生，以自己喜欢的方式，做自己喜欢的事。只要喜欢，什么时候都不晚；只要有悟性，肯用功，结果都不重要了。

在时光里穿梭，每个人最关键的点是找到存在，给自己一个家，创建一个属于自己的空间，养成阅读习惯，记录真实感悟，培养个性生活，做人有原则，谋事有规划，言出必行，知行合一，相信变化，简约人生，我们永远也追不上时光，但我们让人生的每次驻留都有意义，这就是存在——我们自己的时光哲学。

学校三部曲

一、民主、法制、科学

二、才、财、材

三、文明的原点、成长的支点、幸福的起点

逝者如斯夫，不舍昼夜！——孔子（中国）

一、民主、法制、科学

民主是决策的关键，法制是执行的标准，科学是监督的保证。学校从管理、评价、改革几个方面寻求自己的特色，不断走内涵发展之路。

学校管理模式构建

传统的学校管理框架：

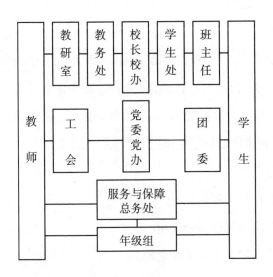

当代的网络化、系统化管理方案：

	党团办	安监办	治理办	课程办	教学办	教师办	学生办	信息办	资源办
高一年级	党团办成员一	安监办成员一	治理办成员一	课程办成员一	教学办成员一	教师办成员一	学生办成员一	信息办成员一	资源办成员一
高二年级	党团办成员二	安监办成员二	治理办成员二	课程办成员二	教学办成员二	教师办成员二	学生办成员二	信息办成员二	资源办成员二
高三年级	党团办成员三	安监办成员三	治理办成员三	课程办成员三	教学办成员三	教师办成员三	学生办成员三	信息办成员三	资源办成员三

从空间角度看，构建网络化管理体系。横向：年级管理主线；纵向：科室管理主线。

从时间角度看，构建系统化培养体系。横向：学年时间主线；纵向：年级时间主线。

学校实行全员参与管理，年级实行民主责任管理，科室实行岗位责任管理。

各科室职能分工简述：

党团办

思想引领：学校积极贯彻落实党的教育方针，坚持立德树人，将德、智、体、美有机结合，注重因材施教，加强课程建设，面向全体学生，促进学生全面发展，提高学生服务国家、服务人民的社会责任感，勇于探索的创新精神和善于解决问题的能力。

民主监督：

1. 实行校长负责制。

2. 发挥党团保证监督作用。

3. 教职工民主参与学校治理。

安监办

（一）建立安全管理机制。

1. 明确学校安全工作定位。

2. 执行国家安全工作法规。

3. 落实安全机构工作职责。

4. 制订安全工作整体规划。

5. 构建校内校外联动机制。

（二）制订学校安全工作的规章制度。

1. 制订安全管理制度。

2. 制订安全管理流程。

3. 制订突发事件应急预案。

（三）落实学校常规安全教育。

1. 规范安全教育内容纲要。

2. 保障安全教育实施渠道。

3. 建立安全教育保障机制。

（四）加强学校常规安全管理。

1. 维护学校设施。

2. 完善学校安全监控系统。

3. 加强学校周边综合治理。

4. 建立学校安全档案管理。

（五）保障学校安全事故处理。

1. 科学分析安全事故。

2. 依法处理安全事故。

治理办

（一）依法办学。

1. 坚持办学方向, 树立全面科学的教育质量观。

2. 注重制度建设和学校章程建设。

3. 规范办学行为, 依法治校。

（二）自主管理。

1. 制订目标规划。树立责任意识, 落实岗位责任制, 制定长远规划与近期目标。

2. 落实发展规划。以教师为个体, 实行全员治理, 建立以每一名教师为标志的治理网络。

3. 加强特色创建。

（三）社会参与。

1. 家长参与: 合作、监督。

2. 社区参与: 互动、共享。

课程办

课程管理:

1. 制订课程规划。

2. 加强课程开发。

3. 跟踪课程实施。

4. 落实课程评价。

教学办

教学管理:

1. 规范教学常规。

2. 实施教学改革。

3. 加强教学研究。

4. 实施教学评价。建立三维目标评价,实施以人为本,构建知识体系,注重教学艺术。

教师办

(一)职业道德。

1. 加强师德教育与规范。

2. 优化师德考评与改进。

3. 实施师德监督与奖惩。

4. 注重师德行为与实效。保障教师依法从教,爱岗敬业,关爱学生,严谨治学,为人师表,廉洁从教,终身学习。

(二)专业发展。

1. 规范教师专业发展要求。

2. 制订教师专业发展规划。

3. 支持教师职业自我实现。

4. 优化教师样本研修机制。

(三)教师绩效考核。

1. 考核原则与导向。

2. 考核指标与分解。

3. 考核程序与方法。

4. 考核结果与改进。

(四)教师权益保障。

1. 教师参与管理。

2. 工资福利公平。

3. 支持专业发展。

学生办

（一）加强学生品德教育。

1. 品德教育内容。

2. 品德教育实施途径。树立社会主义核心价值观,包括对人、对己、对社会、对国家。关注课堂内外、课程内外、校园内外、班级内外。

（二）促进学生体质健康发展。

1. 学生体质健康教育内容。

2. 学生体质健康教育实施途径：运动时间,多种形式,个性发展。

（三）加强学生心理健康教育。

1. 学生心理健康教育内容。

2. 学生心理健康教育实施途径与品德教育相结合。

（四）加强学生学业状况管理。

1. 学习时间。

2. 课业质量。

3. 学习压力与负担。

信息办

1. 推进信息化课程。

2. 支持教师信息化教学。

3. 学校网站建设。

4. 学校网络建设。

5. 数字校园建设。

6. 数字化办公。

7. 学校宣传。

8. 数据处理。

资源办

（一）合理配置资源。

1. 公共教学场所与专用教室建设。

2. 教学仪器与设备。

3. 图书配置与更新。

4. 信息化设备配置。

（二）科学管理与利用资源。

1. 建立制度。

2. 规范管理。

3. 节约高效。

（三）加强资源开发与利用。

1. 支持就地取材。

2. 开发校外资源。

（四）合理使用经费。

1. 规范收费。

2. 合理使用经费。

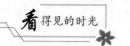

学校横向评价体系

一级指标	二级指标	评估要素	评估方法
学校治理	依法治校	章程	制订实施
		发展规划	制订实施
	制度建校	"决策—执行—监督—评价"体系	工作计划、工作总结
		制度汇编	制订实施、成果展示
	文化立校	学校文化	积淀、凝聚、精华、特色
		课程领导力	实施效果
课程建设	课程体系	课程设置、规划方案、精品课程、实践课程	制订实施、成果展示
	学分管理	课程管理	制订实施、成果展示
	质量评价	课程评价	评价方案
课堂改革	课例研究	教研	成果展示
	教学改革	学习方式、课改方案	成果展示
	课堂评价	课标、学生、学习	评价方案
教师发展	学科建设	学习共同体、专业规划、学科评价、学科课改	操作实践、成果展示
	读书、实践、写作	读书、教育、生活	工作方案、成果展示
	作业设计	以生为本、以学为本	成果展示

续表

一级指标	二级指标	评估要素	评估方法
学生成长	知	学业水平考试	成绩分析、增值评价
		基础年级联考	成绩分析、增值评价
		高考	各分数段人数、重点率、本科率
	品	导师制	建立、落实、指导
		成长档案	建立、落实、指导
		班级建设	学校、年级、班级德育体系方案的制订与落实
	行	体育健康	实地考察
		社团建设	实地考察
		社区实践	实地考察

学校纵向评价体系

分类	目标	项目	评价									
			常规与特色		过程与结果		管理与治理		创新与实践		反思与总结	
			常规	特色	过程	结果	管理	治理	创新	实践	反思	总结
学校	为什么培养	学校章程										
		课程建设										
	怎样培养	学校章程										
		课程建设										
	培养什么样的人	学校章程										
		课程建设										

续表

分类	目标	项目	评价									
			常规与特色		过程与结果		管理与治理		创新与实践		反思与总结	
			常规	特色	过程	结果	管理	治理	创新	实践	反思	总结
教师	1	教师共同体										
	2	师生共同体										
	3	学科建设										
	4	教学实践										
	5	校本课程										
	6	读书实践										
	7	名师工作室										
	8	学术委员会										
	9	区域名师										
	10	教育感动人物										

续表

分类	目标	项目	评价									
			常规与特色		过程与结果		管理与治理		创新与实践		反思与总结	
			常规	特色	过程	结果	管理	治理	创新	实践	反思	总结
学生	知	学业水平考试										
		基础年级联考										
		高考										
	品	导师制										
		成长档案										
		班级建设										
	行	体育健康										
		社团建设										
		社区实践										

高中教学质量综合评价方案

　　提高教学质量是基础教育的核心任务，是学校可持续发展的根本保证。教学质量的提高离不开教学质量评价。根据教育部《关于推进中小学教育质量综合评价改革的意见》特制订普通高中教学质量评价方案。

　　（一）指导思想：

　　大力推进课堂教学改革，全面提高教育质量。加强对普通高中教学过程及教学质量的评价，统筹协调，科学发展。

　　（二）评价目的：

　　评价的目的是诊断与改进。教学质量评价不是评价学校、不是评价教师、不是评价学生，而是评价教的方式、学的内涵，为教学改革提供监控依据。评价引起反思，反思带来改进，最终实现教学质量的健康发展。

（三）评价标准：

评价注重学生的全面发展。教学质量评价以课程标准的三维目标为基准。

（四）评价重点：

评价指向课程。课程是知识、学习、学生、社会的有机整合。评价因此指向知识、学习、学生、社会。学校逐步建立"教—学—评"一体化的评价，打造学生简约的学习生活环境。将教学评价作为过程监测进行指导性评价，在学习的过程中受教育者获得了充分的学习自主权，在教学中以自己的起点为基础，以需求和理想为导向来选择适合自己的学习活动，最终实现个性化的发展目的。

（五）评价原则：

1. 学生是教学质量的主体与载体，教学质量评价需要确定主体意识，从学生实际出发，结合学生个人潜能进行。

2. 教学质量评价贯穿学生发展过程，是增量非存量，是动态非静态。

3. 教学质量评价本真是对个体的成长和个性化发展进行回应，而非管理层面的工具。

4. 教学质量评价体现个人发展的增量，关注学生进步，而非学生绝对层级分类。

5. 教学质量评价的生成既取决于课堂之内，又取决于课堂之外。

6. 教学质量评价取决于学生与学校资源的互动，而非学校资源的投入。

（六）评价实施：

1. 从学校实际情况出发，充分调研分析学生基于经验的实际水平，设计符合本校学生的教学质量的评价体系，落实健康体检的各项绿色指标，指向学生发展的增值评价。

2. 教学质量评价体现过程与结果。过程评价的实行基于经验的健康体检，结果评价的实行基于经验的增值评价。

3. 评价从四个方面尝试：面向高考、面向学业、面向学习、面向学生。每一部分各项指标的衡量从文科与理科、总分与单科分、分数与人数、名次与人数等方面加以分析。

（1）面向高考：学生生源情况不同，学生培养难度不一，学校从实际出发都进行了有效的教育与教学改革。但最终将面临高考的选拔，因此学业联考成绩也参阅历年高考各项衡量指标以分析报告的形式呈现，为将来高考提供预测分析。主要以区域内近三年高考成绩分文理科按高分率、本科率、平均分、标准分等指标进行平均作为预估值，提出学校高考预测情况及以中考成绩应达到的预测标准，进而分析各校基于中考为指标的学业联考增值情况。

（2）面向学业：基础年级联考以中考成绩为原始数据，将相应科目分值总分达成一致，从标准分增值与名次人均增值体现增量变化，同时追踪区域内中考各段学生的各项指标。此分析从总分与各科分数两方面进行呈现。从文科与理科、总分与单科分、分数与人数、名次与人数等方面提供分析报告。

（3）面向学习：加强试题质量设计。以各学科试题质量分析为突破口，整体上分析全市各学科试题情况，局部上分析试题中反映

的突出问题并给予各校相应的提高建议，并从试题的三维目标上给予学科建设相关指导意见。试题分析不仅在分数上，更要在个别典型试题的答题分析中举例说明其中状况，直接指向学科的核心素养，唯有如此才能更好地为教学提供借鉴。

（4）面向学生：设计科学的学生问卷，在某学科考试前利用十分钟时间以问卷形式征求学生学科学习状况。问卷采用标准化客观试题结构，完全机器阅卷。问题主要从学习态度、方法、能力、动力、情感、价值观、学习环境、师生关系、学生关系等方面加以体现。试题指向明确，最终形成学生学习状态的分析报告，对学生的学习状态提出可行性建议与意见。

4.学校将评价指向班级与教师，进而指向学生的发展。

（七）评价呈现：

1.面向高考的预测分析。

2.面向学业的学业分析。

3.面向学习的试题分析。

4.面向学生的学情分析。

学校在科学的制度下运行，制度保障人的和谐发展，但制度是刚性的。学校是一个学习的地方，文化是学校的符号，文化是韧性的。社会进步与人类的发展需要人创造性的活动，人类在创造性的社会生产活动中最终形成文化自觉。教学质量评价的主体是人的发展，直接指向学生在学校的生存状态、认知发展、能力形成、情感体验等方面的经历。人是有主观能动性的，教学质量评价引导学生积极开展自我评价，学生通过自知、自省分析自我状态，优化学习状

况，形成个人文化自觉的表现行为，从而实现学生学习的价值。建立在制度与文化背景下的教学质量评价最终导向学生的自我评价，这是教学质量保障的走向。

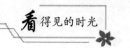
"以学生为中心"的教学质量评价量表

评价Ⅰ级指标	评价Ⅱ级指标	评价Ⅲ级指标	总序
一、教师教学质量 （4×4′=16′）	1.建立教学常规质量监控机制		1
	2.建立学校的课堂教学评价指标体系		2
	3.建立教师教学质量评价制度及运作程序		3
	4.建立教师行动研究制度，进行教学过程监控		4
二、学生学习质量 （4×13′=52′）	1.学业表现	1.知识	5
		2.方法	6
		3.成绩	7
		4.考试	8
	2.学习能力	1.思维	9
		2.分析	10

续表

评价Ⅰ级指标	评价Ⅱ级指标	评价Ⅲ级指标	总序
二、学生学习质量 （4×13′=52′）	2. 学习能力	3. 实践	11
		4. 创新	12
	3. 学习品质	1. 动力	13
		2. 态度	14
		3. 情感	15
		4. 合作	16
		5. 毅力	17
三、教学质量管理 （4×4′=16′）	1. 建立健全教学质量管理系统		18
	2. 制订科学的教学质量标准		19
	3. 建立常规教学质量监控制度		20
	4. 建立有效的教学质量分析与评价机制		21
四、教学质量保障条件 （4×4′=16′）	1. 健全教师管理制度		22
	2. 建立教师研培制度		23
	3. 健全教师考核评价制度		24
	4. 健全教学管理与服务体系		25
总分			

谈学校治理体系与治理能力的改革

十八届三中全会指出：全面深化改革的总目标是完善和发展中国特色的社会主义制度，推进国家治理体系和治理能力现代化。教育改革势在必行，学校治理体系与治理能力现代化成为教育改革的关键。

（一）学校治理存在的问题分析。

在当前以校长负责制为特征的学校内部管理机制，办学主权欠缺。有些学校的行政领导能上不能下，教师能进不能出，学生缺席学校管理，分配机制不健全，决策层在学术方面乏力，顶层设计缺乏战略性思考，执行层疲于应付，执行力不够，从科室到年级再到班级战线过长，部门协调不畅，科室功能弱化。监督与评价体系缺乏科学性，分配薪酬有待完善，教师的职业倦怠现象解决乏力。学生厌学现象存在，学生的创新能力与实践能力培养存在较大落差。学校

的特色办学与理念传承状况有待优化,课程建设有待开发,人才培养模式的定位与思考任重而道远。

(二)从善政走向善治,实现思想的解放。

自从有了国家及其政府以后,善政成为了人们所期望的理想政治管理模式。我国古代称善政为"仁政",相当于英语中的"good government",直译为"良好的政府"。在中国传统文化中,仁政或善政最主要的意义指官员清明、公道、廉洁,爱民如子,无私奉献。国外亦如此。在全球背景下,善政主要体现8个要素:民主、责任、服务、质量、效益、专业、透明、廉洁。为此,政府一直致力于倡导实施善政建设,善政在政治理想中长期独占鳌头,但从20世纪90年代以后善政受到世界各国的严重挑战,善治理论相应而生。善治是使公共利益最大化的社会管理过程。善治的本质特征,就是政府与公民对公共生活的合作管理,是政治国家与市民社会的一种新颖关系,是两者的最佳状态。善治的要素主要有10个:①合法性,它指的是社会秩序和权威被自觉认可和服从的性质和状态。②法治,即法律,是公共政治管理的最高准则,在法律面前人人平等。③透明性,它指的是政治信息公开性。④责任性,它指的是管理者应当对自己的行业负责。⑤回应,它指的是公共管理人员和管理机构必须对公民的要求做出及时和负责任的反应。⑥有效,指管理效率。⑦参与,指公民参与政治生活与其他社会生活。⑧稳定,指国内和平、居民安全及生活秩序、政策连贯性好等。⑨廉洁,指政府工作人员奉公守法,清正廉洁,不假公济私。⑩公正,指不同性别、种族、阶层、文化、信仰的公民在政治与经济方面的平等权。

从善政到善治的升华

善政要素	善治要素	从善政到善治的升华
责任	责任	相同
透明	透明	相同
廉洁	廉洁	相同
民主	合法性、法治、稳定	更加注重民主落实
服务	参与	更加强调合作协商
质量	回应	更加突出监督评价
效益	有效	更加关注生态文明
专业	公正	更加尊重生命价值

（三）学校组织、决策、执行、监督、评价的综合治理改革。

治理改革的侧重点如下：

1. 依法治校，民主治校。

学校章程的创建是学校深化内部治理改革的契机，是推进现代学校建设的方案与纲要。学校章程建设以法律为准绳，依法办学，规范办学。章程的创建过程是全民统一思想，学习法律法规的普法过程。主要以《教育法》《义务教育法》《教师法》《未成年保护法》《国家中长期教育改革和发展规划纲要（2010—2020）》为纲。学校章程建设要集思广益，群策群力，让教师与学生成为章程建设的主人。章程是保证学校特色办学的纲领。章程建设是学校实现民主治理的契机，充分发挥教代会、家长委员会、学生会的作用，整合校务委员会，实现依法治校。完善制度与程序，优化整合学校教育资源，加强学校政务分开，增加信息化透明度，还教育的天空以蔚蓝。

2. 责任目标，合同管理。

强化意识，双向选择。将目标愿景落实到文字层面，强化跟踪机制。

3. 管、办、评分离。

制定学校现代教育制度,明确指向政校分开,管办分离。政府是教育体系的构建者、教育公平的维护者、教育投入的保障者、学校运行和教育质量的监督者。教育局代表政府管理学校,校长与校务委员会办学校,评由校党委、学生会、家长委员会、教育督导办参与。

4. 项目管理。

行政与学术分离。学术委员会引领学校科研之风、学术之风、学问之风。课程建设与学科建设是学术委员会的主要职责与重要工作。

5. 扁平化管理。由管理等级制向网络化转化。解决科室与年级的矛盾。

6. 薪酬体系与治理评价。

7. 政务分开与信息透明。

8. 校长。

学校内部治理结构的完善对于校长来说是一个挑战。一个校长是不是一个勇于担当、一个具有足够视野、一个一身正气的校长,是不是能引领学校走向治理现代化,关键要实现校长角色的重新定位,思想上要过两关:首先是摆脱功利的诱惑,其次是解除官本位思想的束缚。行动上要过三关:首先是由学校管理者转变为决策人,为学校的发展确定学校章程、办学理念、发展方向,明确学校的特色要求,淡出管理,推动治理。这需要校长有学校的顶层设计,需要校长有发展的战略眼光。其次是保证依靠制度和程序推动治理现代化,淡出校长管理,用制度的运行模式推动民主治校与法治治校,

优化学校治理体系。再次是简政放权,促进教育公平,推进项目管理,谋求教育发展。校长当有所为,有所不为,将权力装进制度的笼子,静心专心做教育,回归校长的本色。

管理走向治理的案例解读:

管理学校如何成就教师?

目标:关注教师发展,实现教师价值,增强教师幸福感。

培养方案:

明确目标,分层培养。

1. 师徒结对为青年教师成长助力。加强备课、听课、评课,以及教案、作业、论文系列环节指导。

2. 搭建成长平台,为骨干教师发展助力。发挥骨干教师中坚力量,承担课题研究,承担教学任务,参加学术交流,参加课型交流。

3. 以名师带动整体发展。名师带徒弟,名师搞教改,发挥名师的引领与示范作用。

团队合作,凝心聚力。

1. 分解计划,独立思考。

2. 集体交流,达成共识。

3. 形成教案,导学课堂。

4. 自我调整,因材施教。

增强教师的幸福感。

1. 营造愉悦的工作氛围。

2. 创设和谐的人际关系。

3. 构建良好的学习生态。

主要弊端分析:

1. 管理目标由学校制订,行政色彩较浓,教师认同感较低。

2. 师徒合作涉及工作薪酬,无法体现教师价值,合作效果不理想。

3. 名师考核缺乏严格机制。

4. 骨干教师职业倦怠。

5. 集体备课落实不到位。

6. 教研出路与出口不明确。

7. 评价与监督不到位,学校行政干扰教师公平。

8. 办学理念与思想无法体现。

治理学校如何成就教师?

1. 顶层设计办学思想,引领学校特色发展。

2. 从制度入手,学校的工作是让正确的人做正确的事。行政与学术分离,学术安排将由教师做主,学术委员会整合教师意志。主动打破等级制管理,实行扁平化管理,落实制度与责任,使学校教师人人有岗位,有岗位必有合同,有合同必有责任,有责任必有评价,有评价必有薪酬,有薪酬必有监督。

3. 从程序入手,发挥教师主体地位。教职工代表大会行使民主权利。落实各项工作程序,完善学生自我管理及参与学校管理的程序。

4. 加强监督。发挥家长委员会、校党委的监督作用,发挥教育主管部门督导评估指导作用。

5. 项目管理。建立合理跟踪机制,落实成果实现。将教师与学

生发展的每一个关键节点细化为教育研究论点，点点有人做，点点有人研究。建立以目标导向为主的科研体系。

6. 合同管理。增强责任意识，逐步实现教师与工作平台的双向选择。

7. 专业通道。明确教师的责、权、利，让教师的发展永远在路上，且有路可走，能看到希望。

8. 教育公平。学校领导与教师要以一线为主阵地，以学生成长为教育根本，以课堂教学为学校根本，建立科学的薪酬体系，促进教育公平。

（四）学校、教师、学生的定位与思考。

学校治理体系与治理能力的改革主要是完善学校内部治理结构，调整学校教育生产关系，解放教育生产力，从而建立科学有效的治理体系，提升教育治理能力。学校、教师、学生作为教育主体，是教育的生产力之本。

教育部门加强以评价为导向的督导机制，引领教育形成良性循环。

学校、教师的最终评价主题也是体现学生的主体性。学校评价重点是章程与课程建设。教师评价重点是教师专业成长通道建设。学生评价重点是学、品、行的系统建设。学要突出学业水平考试、基础年级联考、高考的检测与评估。品要突出学生成长规划建设，主要侧重师生学习共同体（导师制）、成长档案、班级建设。行要突出学生实践，主要侧重体育健康、社团建设、社区实践。

评价体现常规与特色、过程与结果、管理与治理、创新与实践、反思与总结。在评价过程中主要分析学校治理体系与治理能力的现代化改革动向。换言之，改革是评价目标更好实现的最有力保障。

教育面对的是生命。生命离不开水、空气、阳光、土壤。教育要滋润学生的心灵好比给学生水一样，教育要崇尚自由好比给学生空气一样，教育要让学生快乐成长好比给学生阳光一样，教育要让学生个性发展好比给学生土壤一样。学校是学生追梦的地方，教师给了学生食品，健康的食品、生态的食品、安全的食品，丰富多彩，各式各样，长大以后回味学生时代，教育的过去是否经得起历史的考验？这是学校、教师与学生一生的体验与思考。

（五）整合、完善、优化学校"以学生为中心"的人才培养模式。

整合、完善、优化学校"以学生为中心"的人才培养模式，充分合理使用教育资源，逐渐形成学校特色。学校特色的创建是学校深化内部治理改革的突破口，是办学方向的深层次思考与升华。

学校特色建设的路径主要分为5种：①文化建设。根据学校办学条件及自身优势形成独特的学校文化，沉淀学校文化，推进学校内涵发展，紧扣学校办学思想，形成独特的学校风格与个性。②管理建设。学校管理的实质是促进学校自主发展，管理的理念要与时俱进，符合时代潮流，如今国家综合治理改革正为管理注入了新的发展机遇，管理走向治理是时代的必然。③教学建设。教学是学校的中心工作，教学要实现创新，实现教师与学生的发展与成长，教学特色是追求先进教学理念的结晶。④课程建设。课程建设从学生实际出发，满足学生个性发展，以课程为导向，发挥教育资源最大化效率是学校优化办学的关键抓手。⑤实践项目。各地各学校办学条

件、发展历史、教学水平等状况不均衡,发展优势项目与传统项目,整合教育资源,走创新实践的发展之路是教育发展的方向。

　　教育工作者要解决培养什么样的人与为什么培养、怎样培养的问题,这关系学生的未来,培养的结果导致学生成为什么样的人,从事什么样的工作。学校的一切改革一定是以学生为中心,让学校由管人向育人而转变,人才培养与时代息息相关,与时俱进,紧跟时代,育才兴邦,学校人才培养模式的思考与探索永远在路上。

　　总之,在政府放权的同时,学校也应加快完善学校内部治理,推进治理体系与治理能力现代化,从管理走向引领,从标准走向个性,从制度走向文化,从行政走向学术,从资源走向开放。一方面要激发教师的生命自觉,把各种教学自主权还给教师。另一方面,要激发学生的积极性,让学生主动参与学校事务。此外,要带动家长、社区一起参与学校的教育活动,同时积极配合教育督导部门,加强交流与学习,构建一个全方位的教育环境。

谈高中学校文化建设

学校文化是社会文化的一部分，是经过长期发展、积淀，进而升华形成全校师生的教育实践活动方式及所创造的成果的总和。学校作为传播文化的主阵地，大力加强文化建设是学校工作的核心要义。加强普通高中文化建设，提升学校的办学品位，创建特色学校，是学校发展的必由之路。

学校文化建设的主要特点：

（一）育人价值。

教育是个系统工程，加强学校文化建设，让学生在浓厚的文化氛围中求学，时刻受到文化的熏陶，真正将教育价值落到实处。

（二）引领价值。

学校是个文化阵地，学校处处皆文化，文化价值彰显学校的特征。发挥学校文化的引领价值有利于提高学校的办学品位，办有生

命力的学校。

（三）传承价值。

学校的发展靠文化来传承。校史文化是学校独特个性的特色反映，是学校文化得以传承的精神财富，是学校成员铭记传统、弘扬文化、凝聚人心、奋发图强的精神纽带。一所学校只有从历史的角度审视办学历程，挖掘并分析历史内涵，把握时代节奏，继承学校的优秀遗产，不断创新，在继承中创新，在创新中发展，才能走出学校特色。

（四）发展价值。

一所学校的教师与学生是相对固定的，同时教师与学生作为学校主体又是不断发展与成长的，学校文化是学校发展的生命线。

（五）精神价值。

学校是教师与学生的精神家园，是师生终生汲取营养的发源地。教师的价值在这里实现，学生的思想在这里启蒙，对于教师的人生幸福与学生的健康发展具有无法衡量的精神作用。

学校文化建设的主要类型：

学校文化建设主要分为3类：物质文化、管理文化、精神文化。学校文化是教育的生命体征：物质文化是教育的存在形式，是学校文化的载体；管理文化是教育的运行方式，是学校文化的血液；精神文化是教育的方向航标，是学校文化的灵魂。

物质文化是载体。

物质文化是在特定的空间内对教师与学生的物质生活对象和物质生活内容进行重构、建设和完善文化设计的过程，物质文化具有以下特征：

（一）标识性。校园文化在代表建筑物、校园绿化建设等方面的设计与表现是学校的独特风景。

（二）差异性。鉴于学校的发展状况不同，学校在信息化校园建设、情境学习场地建设、学科教研中心、多功能教室等物质文化场所的投入也不同，物质文化存在差异性。

（三）教育性。物质文化独特的真实性潜移默化地感染着教师与学生进行自我教育。环境影响人、激励人，良好的物质文化建设就是对学生无声的心灵教育。

（四）精神性。学校精神将学校引向内涵发展的轨道上。学校精神也需要在校园硬件上留痕，从而更有效地将学校精神文化传播下去。

（五）体验性。教育也是生活，师生体验教学活动，拓宽课堂，深化课程，使学生感悟学习。物质文化建设充分体现学生的体验精神、参与意识、尝试实践特点。

教育源于生活更离不开生活，学校是学生青春成长的乐园，物质文化潜移默化地影响着学生的思想。物质文化是学校文化真实的体现，能增强学生对学校的认同感。物质文化是学生对于学校记忆的符号特征，历届学生因为物质文化相同的符号将学校的文化薪火相传。

管理文化是血液。

管理文化主要体现在学校的制度文化与行为文化两个方面。

制度文化包括学校的管理制度、岗位职责、工作流程等。制度文

化制约学校各方面的行为规范,严格规范的工作制度有利于形成良好的工作秩序,提高工作的实效性。制度文化将教育法规、政策与学校的价值观进行整合,形成行为准则并渗透到学校工作的各个方面。学校的管理制度是全体员工进行教育活动必须遵守的规定和条例,是工作依据也是工作保障。为了优化制度建设,学校通过制度的制定让更多的教师与学生参与其中,发挥主人翁的责任意识并提升教师的思想水平与学生的管理意识,从而有效提升教师的自我约束能力与学生的自觉遵守制度的主动意识。从学校的发展出发,学校应及时修改或删除不符合学校文化精神的条款或内容,同时适时增加学校文化的新内涵与新思想,保持制度的鲜明特色与实效性。

　　行为文化是学校师生在教育实践过程中产生的活动文化,是学校作风、精神面貌、人际关系的动态表现,折射学校的精神与价值观。从教师角度看,行为文化包括教师应遵循的教育规律与教育教学科研活动。教师的思想道德水平、业务技能、精神面貌与精神境界是学校文化建设的重要组成部分,教师的言传与身教是教师行为文化的重要表现,直接影响学生的健康发展。从学生角度看,教育培养学生的全面发展,特别是健全人格的养成需要良好的行为习惯,学生的行为习惯决定其学习品质、个人修养、道德情操等综合素质。学校在管理文化中特别注重师生行为表现所体现的文化意义,不断探索师生评价以促进管理文化的提升。

　　学校管理渗透学校工作的各个层面,从学校治理结构、教师与学生管理、课程与教学管理、资源与安全管理等方面集思广益,以民主、法制、科学的理念建设学校文化。

精神文化是灵魂。

学校的精神文化主要体现在科学精神与人文精神。科学精神即学术之风，主要是指对真理的追寻。学术之风体现在校风、学风、教风、科研、课程、课堂等方面。人文精神也就是人文情怀，主要是指对人的发展。人文情怀体现在团队精神、人际关系、课堂氛围、班级建设、学校治理、评价导向等方面。

学校精神是全校师生在建设和发展过程中形成的群体意识和精神境界的总结。学校精神文化体现师生的价值选择与道德情操，并对其行为产生深刻影响。

学校文化建设的实施方案：

（一）整合学校资源，合理配置资源，加强学校物质文化建设，不断为学校的可持续发展提供支持。

挖掘校史精神，体现文化传承。（校史馆建设）

加强信息技术开发与利用，打造数字化校园。（数字化校园建设）

合理利用现有功能教室，不断提高教室利用率，不断提升教室使用价值。（课程中心、拓展课堂、教科研基地、名师工作室）

（二）加强学校管理，加强学校管理文化建设，不断提高教育教学水平。

加强学校安全管理。（学生安全体系）（制度文化）

加强学校治理改革。（学校章程建设）

加强学生管理。（德育、智育、体育、美育）（行为文化）

加强教师管理。（师德建设、专业发展、评价体系）

（三）深化课程与课堂改革，注重内涵发展，加强学校文化建设，不断提升办学品质。包括：

1. 课程文化；

2. 课堂文化；

3. 班级文化；

4. 学习氛围；

5. 团队精神；

6. 科学研究；

7. 特色文化。

学校文化建设是学校发展的永恒主题，学校文化建设是学校的生命意义之所在，教育为生命而存在。从学校文化建设入手，着力打造特色学校、精品学校，为教师的幸福发展与学生的成长奠基，这就是教育的真谛。

学校课程与领导力

学校的课程改革是教育改革的核心。本文旨在从课程、领导力、课程领导力、校长的课程领导力、课程领导力的实施5部分分析课程与领导力的关系，并从学校的角度说明学校实施课程领导力的具体方案。

第一部分：课程

在西方英语世界里，课程（Curriculum）一词最早见于英国教育家斯宾塞（H.Spencer）《什么知识最有价值？》（1859）一文中。它是从拉丁语"Currere"一词派生出来的，意为"跑道"（Race-course）。根据这个词源，最常见的课程定义是"学习的进程"（Course of study），简称学程。英国牛津字典、美国韦伯字典、《国际教育字典》（International Dictionary of Education）都是这样解释的。拉丁语"Currere"一词的名词形式指"跑道"，由此课程就是为不同学生设

计的不同轨道,从而引出了一种传统的课程体系。拉丁语"Currere"的动词形式指"奔跑",这样理解课程的着眼点就会放在个体认识的独特性和经验的自我构建上,就会得出一种完全不同的课程理论和实践。当今课程应理解为"人—跑道—奔跑—成长"的体系构建,突出以人为本的理念与生命价值的追求。

课程是学校教育的载体,反映了学校文化的个性,课程的品质决定着学校的教育质量。以课程改革为突破口,突破学校发展的瓶颈,创新学校课程,构建学校文化的新内涵。

根据学校文化价值的取向,从对课程内涵的理解入手,课程可以理解为学习者在学校里成长的阶梯、在此阶梯轨迹中如何成长、成长的收获三部分的总称。学校文化从物质与精神两方面设置课程。课程设置以科学逻辑进行组织,体现社会选择和社会意志,预设于学习者,先验于学习者,并与学习者需求互相协调。

第二部分: 领导力

领导力是领导者影响追随者实现目标的过程。领导力是一种社会工具,经过人类长期的精心设计,不断提炼与总结的策略研究,领导力的高低将对团队产生深刻影响乃至关系成败。领导力水平千差万别,领导力本质是影响他人的社会过程,所以领导者所受的社会制约因素将对领导力产生关键的作用。领导者的性格决定其领导风格,风格影响效率。性格对领导力的影响反映在个人特质、行为、胜任能力、专业知识与技能、经历等方面。领导者处于不同的情境之中其领导力也不同。

卓越领导者有共同的行为习惯:

（一）以身作则。

作为领导者被人尊重是最难能可贵的，因为尊重代表了认同。为了得到被领导者的尊重，领导者要找到自己的声音，明确自己的价值观，将个人的信念同团队的目标与理想进行融合。以身作则意味着领导者以实际行动践行自己的价值观。领导者通过个人的参与行动为自己赢得权利与尊重。从某种意义上说，被领导者首先追随领导者本人，然后才是事业。

（二）共启愿景。

梦想与愿景是改变未来的力量。领导者生活在未来，要具备较强的规划力，站得高看得远。人们只有为了共同的目标而努力，把激情与梦想化作热情，才能使凝聚力形成无穷的力量。

（三）挑战现状。

创新是改革的不竭动力，创新意味着领导者对现状的批判与反思，领导者要敢破敢立，不仅仅满足于现状，时刻走在时代的前沿。

（四）激励人心。

团队的成长靠的是智慧，智慧存在于人，人的发展不仅决定于对真理的探寻，而且决定于精神的成长，团队的成功目标也是为了人的发展做贡献，最终回归人的发展。领导过程也是生命的过程，为了人类的幸福，领导者要会运用激励机制成就团队精神，看到成员的变化并持续为其助力。

（五）使众人行。

一个人的力量有限，实现目标靠团队。领导者信任成员，发现人才，用好人才，让每个成员人尽其才，一个团队的成功也是每个成员

的成功。领导力不仅仅表现在个别人身上，其实领导力发生在每个人身上。

卓越领导力的优秀习惯与使命：

领导力	习惯	使命
思想力	以身作则	·个人理念、信念、价值观 ·言行一致
设计力	共启愿景	·愿景与方案 ·表达与分享
执行力	挑战现状	·机遇与挑战 ·挫折与创新
评价力	激励人心	·个体与共体 ·物质与精神
反思力	使众人行	·持续的发展 ·变化的规律

第三部分：课程领导力

课程领导是课程实践的一种方式，是统领课程开发、课程设计、课程实施和课程评价等活动的行动总称。学校是以校长、教师为主的课程领导共同体，通过课程资源整合与开发，通过课程的设计、实施、评价与管理，促进教师的发展与学生的成长，提升教学质量，构建学校文化。在此学校重构过程中表现出来的教育思想与教育哲学以及课程相关的实践与创新能力就是课程领导力。简而言之，课程领导力就是规划和实施课程的能力。课程领导力是深化课程改革的需要、学校内涵发展的需要、提升课程建设者与实施者专业发展的需要。

学校课程领导力关注相关要素，并形成学校领导力评价指标。

学校课程领导力评价指标：

一级指标	二级指标	观察点
课程思想力	思想、理念、哲学	以人为本、持续发展、全面发展、特色发展
	育人目标	办学目标和培养目标的一致性
	学校文化	民主、科学、法制
	凝聚力	学校团队精神
课程设计力	科学性	依法办学、时代前沿
	校本化	符合规律、立足实际
	课程的逻辑	有理有据
	课程的分解	分解动作、稳步推进
课程执行力	组织能力	团队建设、制度建设
	协调能力	信息沟通、交流合作
	专业能力	学科建设
	保障能力	资源保障、机制保障
课程评价力	评价策略	目标评价、多元评价、过程评价、发展评价
	质性评价	以人为本
	量性评价	客观信息
	提高能力	评价目的
课程反思力	课程价值	培养人、发展人、塑造人
	课程体系	国家课程、地方课程、校本课程有机整合
		基础课程、拓展课程、研究课程有机融合
	时间与空间	哲学的思考
	前沿与前瞻	创新与实践

第四部分：校长的课程领导力

校长是学校的人脉核心，课程是学校的命脉主体。校长对学校的领导核心是对人的领导，关键是对课程的领导。校长的领导力决定学校的发展，校长的课程领导力决定学校育人价值的内涵发展。

校长课程领导力是以校长为核心的领导团队对课程资源的开发与利用，学校构建过程中体现的是工作速度、效率、程度、水平。校长课程领导力的主体是校长及其团队，反映校长的特质作用，主要

表现校长在以下诸方面的能力：

（一）理念引领——解读力。

校长对教育、教学、课程、课程领导、课程资源、课程体系、课程开发、课程实施、课程创新、课程管理等有最广泛、最深刻、最长远、最睿智的解读，以校长的人格魅力影响学校课程改革。学会学习、全人教育、终身学习的理念符合当代教育的发展方向。

（二）顶层设计——规划力。

从课程规划入手，加强校长的课程规划力。从教育的发展角度，放眼世界。从教育的价值角度，关注生命。顶层设计学校的横纵管理坐标，从战略高度考虑学校整体与局部的协调关系。

（三）锐意进取——决策力。

决策力体现在机遇与挑战的选择上，决策力直接影响学校的方向，对于统一思想、凝聚团队起至关重要的作用。校长在决策中冷静思考并勇于承担，彰显校长的魄力，反映校长的视野。

（四）与时俱进——开发力。

课程不是一成不变的，为了学校的持续发展，课程开发力是个永恒的课题。

（五）深入课堂——指导力。

校长应该是专家型、学者型、研究型、创新型的教师化身。作为学术引领和专业发展带头人，校长必须具备学术批判精神和专业指导能力，组织教师研究学术、研修专业、评价课程、创新课程。

（六）建章立制——推进力。

建立科学的课程体系，不断持续地落实于行动，保障课程建设的良好发展是校长的应尽责任。

（七）团队合作——激励力。

课程实施是教师创造性的团队协作过程。发挥教师团队的主观能动性，打造学习型团队建设是课程建设的关键，校长的激励是团队合作关键中的关键。

（八）整体提升——创造力。

培养学生的创新与实践能力是课程建设的主要目标之一，时代是变化的，人是发展的，校长要发挥创造力，不断提升课程的教育价值。同时校长应将创新人才培养作为学校教育培养的主要方向。

（九）加强治理——凝聚力。

学校是一个和谐的生态体，校长应主动反思学校治理结构，为打造和谐校园而努力。

（十）文化价值——发展力。

学校是一个充满文化的地方，校长应反思学校物质文化与精神文化内涵，为学校可持续发展提供不竭动力。

作为校长，要提高对课程的领导力，必须做好以下几项基本工作：树立科学的教育观、课程观，做整合开发和高效利用课程资源的领头雁，做正确执行国家教育方针和课程方案的带头人，做有效开发和高效实施选修课程及校本课程的主心骨，做创造性实施课程的用心人。

课程领导力与校长课程领导力比较：

课程领导力	校长课程领导力	观察点
课程思想力	解读力	理念引领
	规划力	顶层设计

续表

课程领导力	校长课程领导力	观察点
课程设计力	决策力	锐意进取
	开发力	与时俱进
课程执行力	指导力	深入课堂
	推进力	建章立制
课程评价力	激励力	团队合作
	创造力	整体提升
课程反思力	凝聚力	加强治理
	发展力	文化价值

第五部分: 课程领导力实施

工作目标: 从实际出发, 把实践研究向特色发展、向精品努力。

工作思路:

(一)重构学校治理, 打造学校特色。

(二)从正序考虑建立流程: 课程资源、课程设计、课程实施、课程评价; 从反序考虑实现目标: 课程改进、课程评价、课程实施、课程设计。

(三)建立现代化学校。

(四)行动重点: 课程方案、学科建设、课程评价、课程管理。

(五)行动方式: 项目研究。

工作流程:

(一)整合课程资源, 挖掘课程思想力。

课程资源主要指在实施课程计划过程中, 利用可利用的校内教师、学生、设施和高校资源(指导教授、实验室、图书馆等)、学生家长资源、校友资源, 以及其他社会资源。课程开发是探寻一切有可能进入课程，能够与教育教学活动联系起来的资源。课程资源的利用，是充分挖掘被开发出来的课程资源的教育教学价值。课程领导力是建立在课程开发与利用的基础之上的。

（二）加强课程设计，提升课程设计力。

根据党的教育方针，从学校实际出发，集思广益，从课程的本质构建学校课程体系。

（三）指导课程实施，加强课程执行力。

协调各种关系，打造高效团队，深入实施课程建设。

（四）跟踪课程评价，完善课程评价力。

从课程目标上体现评价价值，从评价价值上落实课程目标，体现课程的连续性、整体性。

（五）注重课程改进，提高课程反思力。

课程是变化的。提高课程反思力，不断改进课程，使课程真正起到教育价值。

学校课程从设计、实施、评价、管理等方面处处体现领导力的实施，只有从课程与领导力的关系入手，将课程与领导力完美地结合起来，才能将课程落到实处，可以说课程领导力是课程实施的保障。学校从课程领导力的构建入手，深化学校内部治理改革，打造以学校特色为主的课程体系，通过课程领导力的实施，最终实现学校的跨越式发展。

谈高中课堂教学改革

　　课堂是教学改革的发源地、教学革命的诞生地。从常规课堂到特色课堂是一个充满挑战、充满创造、充满个性、充满民主的尝试历程。

　　常规课堂的反思引起课堂发生探索。

　　常规课堂分为三部分：第一部分课前，主要完成备课与教案；第二部分课中，主要完成上课与答疑；第三部分课后，主要完成作业与反思。当前课堂主要以"目标·成就·评价"为主题进行构建，注重课堂效率，特别是将教学设计倒序思考。追求目标—成就—评价的整体性与连续性。学校主要的教学管理工作要突破两条线：从教师备课、上课、辅导、作业、考试等教学常规进行精细化管理，从学生预习、上课、复习、作业、考试等学习流程进行系统性梳理。

　　认识观的转变引导课堂发生革命。

（一）从认识到实践。

课程是指学校学生所应学习的学科总和及其进程与安排。广义的课程是指学校为实现培养目标而选择的教育内容及其进程的总和，它包括学校老师所教授的各门学科和有目的、有计划的教育活动。狭义的课程是指某一门学科。当课程被认识为知识并付诸实践时，一般特点在于：课程体系是以科学逻辑组织的；课程是社会选择和社会意志的体现；课程是既定的、先验的、静态的；课程是外在于学习者的，并且是凌驾于学习者之上的。鉴于此特点，课堂要多一些体验，让学生在课堂上身心灵动，有助于理论更好地应用于实践。

（二）从理念到社会。

学习即生活，生活需要理想与信念的支撑。教学需要设计，实施要有模式。教学有法，但教无定法，教学的每一个环节无不体现教师理念的印记，思想引领是教学的制高点。改革应从理念入手，让行动更有内涵。

（三）从静态到动态。

在西方英语世界里，课程一词最早是从拉丁语派生出来的。名词形式意为"跑道"。根据这个词源，最常见的课程定义是"学习的进程"，简称学程。动词形式是指"奔跑"，这样理解课程的着眼点就会放在个体认识的独特性和经验的自我构建上，就会得出一种完全不同的课程理论和实践。从静态到动态，引发一系列课程改革，这一认识的直接影响导致课堂发生变革。

（四）从共性到个性。

以学生为本，尊重学生，根据每一个学生的不同发展水平与智

力结构，还原学生的生命本色，唤醒学生的生命自觉，激发学生的生命张力，促进学生健康成长，让课堂教学充盈着生命意义，成为师生在生命交流互动中不断成长的探寻之旅。

（五）从法制到民主。

民主课堂提倡师生之间民主、平等、合作、融洽，教师走入学生中间，激活学生的学习动力，成为学生学习的合作者、引领者和组织者，建立教师与学生学习共同体，形成促进师生共同发展的教学关系。改变过去整齐划一的学生培养模式，淡化过分的纪律意识，淡化过分的师道尊严，让学生在宽松的学习氛围中开展学习。

对关注点的观察引导课堂发生改革：

（一）基于课程的改革。

优化课程结构，实施精品课程。从课程建设入手，优化课程结构，让学生减轻负担，让学习成为一种快乐。课程改革是学校文化构建的突破口，加强课程建设必然导致课堂发生变化。课程建设是学校特色的标志，也是课堂改革的基石。

（二）基于教师的改革。

课堂教学改革就是要改变重教师教、轻学生学的错误倾向，让课堂成为平等主体的师生之间、生生之间增长知识、提升能力、交流思想、培育情感、生成智慧、播种希望的学习场所。教师教学方式的改变直接影响课堂教学改革的效果。教学方式是教学活动的呈现方式。教学方式转变需要转变教师的教学观念、教学方法、教学手段、教学评价等。面向全体，关注个性差异，因材施教，用多种教学辅助工具开展教学活动。

由教师"教"向学生"学"转化，也就是学生学习由被动转化为主动。教师创设情境，倡导启发式、探究式、讨论式教学，教学的最终目标是学生学了多少而不是老师教了多少。

由对部分学生关注到全体学生的关注，也就是教师不能再以学生多、任务重等客观因素牺牲部分学生的学习权利，面向每一个学生的发展是教师的道德之本。

由教师预设教学向学生思维生成转变。过去教师过多依靠备课形成的教案按部就班教学，忽略了学生在学习过程中的灵感。不同的学生有不同的学习经验与智力水平，想法不一而论。教师要关注教学生成，从而形成最有效的教学。

由教师的教学实施向教学目标与评价转化。过去教师教完课后以为该教的都教了，尽了教师应尽的责任。现在应关注教学目标设计是否符合学科核心素养，教学评价是否为教学提供有力保障等因素，特别是注重目标、实施、评价的整体性与连续性。

由教学质量向教学能力转变。教学改革让教师最放心不下的是质量底线，教学改革不是不要质量，而是由过去过分关注教学质量、忽略学习能力培养的急功近利做法向两方面兼顾的科学方向加以改进。学习质量是一时之果，学习能力是一生受用。

（三）基于学习的改革。

课堂教学改革倡导树立"学习中心"意识，追求课堂中学生学习的真正效果。课改的逻辑起点，就是将"教为中心"的课堂转变为"学为中心"的课堂，让课堂真正成为学生学习的场所，让学生成为

课堂活动的核心。

学习的发生提倡由被动向主动转变,倡导自主学习,让学习成为学生的主动行为,最大化地发挥学生的主观能动性,激发潜能,拓展学习。

学习的发生提倡由个体学习向合作学习转变,合作带来竞争、交往、表达、互相学习与借鉴,使学习的效果实现突破性增长。

学习的生成由关注知识向关注生活探究转变。知识来源于生活,教育服务于生活,在实践中学习与成长是学习作为培养人的意义所在。

(四)基于学生的改革。

课堂改革要改变教学方式,提高学生的课堂参与度;加强学生学科学习能力的培养,把学科学习能力放在和知识教学同等重要的位置,培养学生学会学习、终生学习的能力;激发与保持学生学习兴趣,课堂教学本身会不会成为学生负担的关键在于课堂的艺术性。乏味冗长的授课是加重学生学习负担的重要原因。如果教学内容的设计与学生的生活有关联,学生就会产生积极的情感体验,在一个充满鼓励、适合倾听的课堂上,学生最容易发表精彩的观点,思想火花的碰撞激发学生主动探究学习的兴趣。学生如果发现有人对他们自己的思想感兴趣,他们便会成为如饥似渴的学习者,即使在那些以前并不吸引他们的领域也同样如此。探索学科教学规律,形成学科探究的学习品质,指向学科的核心素养,让学生在学科的精神感召下成为乐学善思的人。激发学习动机,为学习提供动力。培养学习习惯,让好习惯陪伴学生学会学习、终生学习。

（五）基于文化的改革。

课堂文化就是运用科学的教学理念，创建、激发富有生命的、有效的课堂氛围和师生共同的价值取向，体现教师对学生的理解、关怀与尊重，目的在于更好地完成教学任务，培养学生的创新精神与实践能力，让师生在和谐愉悦的教学互动中得以成长。课堂文化主要体现在能否建立民主平等的师生关系，能否营造宽松和谐的课堂氛围，能否构建对话协商的教学形式，能否搭建科学开放的教学平台等。

探究一下特色课堂，纵观全国教学改革实践，特色课堂举例如下：

（一）简约课堂。

课堂是教师向学生传递知识与基本价值理念的平台。课堂简约，学生才能感到轻松和自由。简约课堂追求教学设计流程的简化。课堂的简约并不是简单意义上的"减法"，而是来源于教师的深入思考与精心安排。在简约的课堂中，教师可以实在、清楚地传授知识，帮助学生提升学科素养，同时给学生更多的时间和空间进行练习和独立思考。类似于课堂抓住重点，以点带面，彰显的是由小见大，逐步拓展，强调课堂主线意识。难度较大的课程教学内容，要控制难度与进度，这是教师要在适当处详细讲解的课程。从这一点反思教学改革，改革追求的不是复杂繁多、形式多样，而是更加注重学科的内涵发展。

（二）开放课堂。

放开展示，不放指导；放开体验，不放示范；放开对话，不放效

率；放开形式，不放质量。课堂上放与不放讲究的是辩证关系，开放的课堂倡导的是学生个性的发挥，倡导学生积极合作。开放的课堂强调教师的知识掌控能力、收放自如的课堂管理能力。开放的课堂适合音乐、体育、美育等课程。从这一点反思教学改革，改革追求的不是千篇一律，形式僵化，而是更加注重灵活、有针对性的实效。

（三）情境课堂。

基于情境的课堂从学科需要出发，教师引导学生创设教学情境，增强学生的理解力，情境课堂有助于学生三维目标的实现。情境教学适合社会、人文学科课程。从这一点反思教学改革，改革追求的不是知识的传递，而是更加注重知识产生的积极意义。

（四）探究课堂。

探究课堂主要是以问题为抓手，循序渐进，举一反三，类比迁移，变换思维方式，追寻真理真相，探究课堂是思维探究之旅。探究课堂适合自然学科教学。从这一点反思教学改革，改革追求的不是完全的活动体验，而是科学的思维养成，并为学生终生学习做好准备。

（五）体验课堂。

体验课堂源于"教育即生活"的理念。体验课堂以活动为载体，寓教于活动，增加学生亲身经历。体验课堂适合实践类课程。从这一点反思教学改革，改革追求的不是完全知识的学习，生活也是教育，生活的场所也是课堂。

下面谈谈教学改革的实施策略：

（一）正视难度。

改革是人的理念的更新，从行为上必然带来习惯的改变，自然让人不适应,因此从主观上讲,课堂教学改革一定有难度。需要教育各级部门统一思想,落实行动。

(二)提升高度。

改革的方向是让教学质量进一步提升,因此改革要有高度,否则降低了改革的效果。

(三)突破角度。

教育的发展是个系统工程,改革也不是一蹴而就的,从某一个角度以点带面地实施行动不失为有效的举措。

(四)掌控信度。

课堂是变化的,学生是发展的,改革的意义及成效需要不断接受实践的检验,让全体教师认识改革的意义。信度非常重要,信度就是科学性的表现。

(五)保持温度。

课堂改革是永恒的教育主题,改革之路永无止境,不因时光而淡化。要与时俱进,以人为本,不断探索教育的新高度。

(六)加大力度。

既然选择改革,就要坚持下去。改革是必然之举,加大改革落实力度就是应有之举,心思之,力用之,知行合一,改革就会有成效。

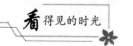

民主与学校

　　杜威在《民主主义与教育》中强调：民主实践一定要通过民主教育来实现。

　　民主教育是教育改革的风向标。

　　教育要实现民主化，应遵循以下原则：平等、参与、自主、尊重。

　　根据平等原则，学校治理首先要进行民主化改革。从学校顶层设计入手打造学校文化，将学校各方面要素进行平等分配，科学统筹。

　　根据参与原则，充分发挥教师的教学科研能力、教育管理水平，参与学校建设与发展过程，充分调动学生参与能力，实现合作—探究—体验的参与实践。

　　根据自主原则，相信学生的潜能，将学生的自主学习与自主管

理纳入教育教学全过程之中。

根据尊重原则，将教育看成是生命的成长，以人为本，尊重教师的发展，实现教师的幸福追求。尊重学生的成长，实现学生的培养目标。

民主治校，一要加强法制保障举措，二要加强民主思想形成。

学校那点儿事

　　伯乐与千里马孰先孰后？学校是人成长的地方，学生、教师与校长是学校人群的构成成员。学生、教师与校长孰先孰后？

　　没有好教师，怎能吸引好学生来就读？一个好校长的前提是有好教师，否则独木难成林。一个好学校最关键的是有好教师，有了好教师必然有好学生，校长自然容易当了。所以学校的发展关键看教师。

　　一个好学校不一定有一个好校长。在一个没有好校长的学校里工作一定伴随工作的苦闷。如何坚守教育之道，请你坚信以下八点教育信条。

　　（一）坚持以学生为本。学生是教师最好的评价者。有些领导的话往往是真中有假，假中不一定有真，在个别校长眼中他自己才是最有本事的。看看身边的有些校长，哪一个是当年特别出色的教师？从目前来看，个别校长的课程领导力严重滞后，这也是教育改革的

最痛心之处——外行领导内行。究其原因，有些校长专业能力极差，往往是厚了自己的脸皮，校园的天空笼罩了一片乌云。

（二）每个人心中都有杆秤。平时笑容满面，称兄道弟，能力如何？大家都有考量，就像酒量一样，大家心知肚明，嘴上说的却是表扬。认识到这一点，做人做事别做表面文章，以为谁不知道呢？把别人当傻子。我遇到太多的人，他与某人相处好多年，经常打交道，我以为他一定认同某人，结果评价某人能力时却十分尖锐。所以实力在人的内心不在人的口头，口头上得到的是奉承，内心里得到的是尊重。

（三）人的成长离不开三种人：教师决定你往哪走，同伴决定你走多远，敌人决定你走多高。

（四）与人交往注意君子与小人的区别。与君子之交，贵在平等与尊重，理解与交流很重要。与小人之交，贵在坚守与淡泊，坚守一个原则，始终以君子原则与思维行事。小人的做法是让你按小人的思维考虑问题，然后他以小人擅长之道攻你之短。

（五）坚持做自己。任何时候都要坚持原则，真心真事真人，否则扭曲的性格、歪曲的心灵永远不会造就好的教师。所以看教师的好坏就看其人品与行动，在这点上，学识无法弥补。

（六）请保留个人意见。个人意见不要强加他人，包括学生，不要轻易言对错，不要轻易说好坏，特别是对事与对人不要先扣帽子，谈问题就事而论事，不要犯以偏概全的毛病。

（七）干什么像什么。一个具有优秀品质的人既能转型又能创新。

（八）岁月如歌，大浪淘沙，时光会把一切呈现。

学校是人才济济的地方，留住人才、用好人才关乎学校发展的成

败，不妨从以下列举的影响人才的关键要素中发现学校的美好愿景：

☆ 令人兴奋并且感兴趣的工作与挑战；

☆ 职业发展、学习、成长；

☆ 与优秀的人一起工作；

☆ 合理的工资；

☆ 好的上级；

☆ 获得认可、重视、尊重；

☆ 津贴；

☆ 工作意义与价值；

☆ 自豪感；

☆ 工作环境；

☆ 自主与自控；

☆ 工作时间、个人风格的灵活性；

☆ 工作地点；

☆ 工作安全性与稳定性；

☆ 工作多样化；

☆ 乐趣；

☆ 归属感；

☆ 责任与义务；

☆ 工作愿景；

☆ 领导与同事的人际关系。

综上所述，学校那点儿事，其实没什么，一言述之：好教师成就好学生！（好校长首先是好教师）

二、才、财、材

才，人才，具备特别才能的某类人。财，财富，体现价值的物质存在。材，资质，创造价值的本原。

才、财、材，学校成功教育的标志。

教育原理

（一）教育用符号唤醒世界。

（二）地球是圆的，圆满就是终回起点。

（三）地球是转的，变化是永恒的主题。

（四）教育的坐标系构建时间与空间的意义。

（五）教育充满理性与感性的挣扎、静与动的守恒、相对与绝对的控制。

（六）教育为生命而学与教，生命因教育而言与行。

（七）人类文明因教育而传承。

（八）人与自然因教育而存在。

（九）教育的最高境界是自我教育。

（十）教育改革就是为了不改。

教育的理性与感性

　　让我们看看理性的发展历史。

　　古希腊哲学由自然哲学转化为苏格拉底的自我哲学, 确定了精神实体, 开辟了唯心主义哲学。理念论是苏格拉底哲学的主干。苏格拉底的理念论重点指出理念与意象不同, 用理念的普遍和知识代替感觉, 从而将理念与感观世界对立, 成为独立的实体, 既非感性世界的反映, 也不是理解感性世界的方法。相反, 理念成为感性世界存在的依据。知识的逻辑体系、概念体系成为真实的世界, 理念世界的确立表明理性世界的确定。理念本身带有目的性, 目的具有现实性, 是为了现实而提出的, 理念是由人的理性所形成的概念性的东西。对世间万物的认识就是对世界理念的认识, 把握世界的方法之一是根据人的理念, 因此对理念的认识就是对理性的认识。

　　法国哲学家笛卡尔提出: "我思, 故我在。" 为近代哲学奠定了

反思性、主体性原则和理性主义特征,标志着近代哲学的开端。

德国哲学家康德围绕理性展开论述。

知性被看作是以规则为桥梁来获得现象的统一性的一种能力,理性是在原理之下获得知性的规则的统一性的一种能力。理性不致力于经验而致力于知性,为的是通过概念给知性的众多概念以一种经验之前的统一性,这种经验之前的统一性被称作理性的统一性。理性相对于知性来说并不涉及直观,而只涉及概念与判断,它所依据的原理是对知性所获得的受条件限制的知识寻求无条件的东西,从而使受条件限制的东西达到完整的统一性。

理性的概念也就是理念。

理念相对于知性的概念而设定,由知性概念所形成的超过经验可能性的概念就是理念。

从唯心主义到唯物主义,理性的内涵在发展,但理性的追求从未间断。

教育的主体是人的成长。一个人的成长决定于对自由的追求与选择的控制。自由与选择是理性与感性的均衡结果。理性与感性此消彼长。亚里士多德将理性的程度作为人生境界的标准。理性指概念、判断、推理等思维方式或思维活动,理性是认识能力或认识能力阶段的用语。人是有理性的,人的理性不是先天或先验的,而是在后天社会文化生活中逐渐形成的。理性用于自我反思,具有外界力量所达不到的自我救治和康复作用。理性是需要训练和发展的。数学教学能有效提高严密的推理能力,从而对理性训练起到关键作用。社会重建需要理性工具的作用,特别是法制社会依靠理性的回

归。相对于理性,感性更注重自我感觉,缺乏严密的推理,具有一定的随意性。感性更多地来源于体验,特别是个人的感觉,所以感性因人而异。感性的标准较理性更难把握。

当今社会,由于追求效率成为时尚,人们思维中理性的成分越来越多,感性的成分越来越少。但是,人终究还是一种理性和感性混杂的动物。纯理性和纯感性的人都不存在,前者容易迷失自我,后者难以立足社会。理性追求的是真理,感性追求是价值。理性与感性的合理结合是教育的最佳状态,理性与感性的完美结合是课程三维目标的实现。教育的理性与感性体现在学校的各个方面:

(一)学校文化。

(二)学校治理。

(三)课程改革。

(四)教学改革。

(五)教师发展。

(六)学生成长。

教学是教育的基本途径,教学是一种基本的教育生活,教学是一种理性的探险、感性的体验。

理性与感性的追求比例应以黄金分割为准,理性居多。

思维影响思想,思想影响教育,教育需要理性与感性的合理回归。海阔凭鱼跃,天高任鸟飞。感性只有掌控理性的舵盘,才能遨游海洋;理性只有插上感性的翅膀,才能翱翔天空。

合作学习的思考

　　日本学者佐藤学所著《学校的挑战》，主要以创建学习共同体为主题谈及学校变革。本书由华东师范大学教授钟启泉翻译。佐藤学称赞钟教授具有卓越的教育学见识、坚信未来的强韧意志和灵动的思考。我认为每位教育工作者都应以此为标准，来反思自己的教育质量。

　　创建学习共同体是学校改革的教育哲学，主要由三个原理组成：公共性、民主主义、卓越性。公共性指学校是各种各样的人共同学习的公共空间，是为了实现所有儿童的学习权、建设民主主义的公共使命而组织起来的。公共性原理由民主主义原理所支撑。这里所谓的民主主义不是政治性制度也不是多数决定的原理。它意味着杜威所说的"各种各样的人协同的生存方式"。公共教育的学校的使命就在于实现民主主义社会。学校必须成为个性交响的场所。学生、教师、校长、家长都是主角，每个人的学习权和尊严都应受到尊重，各种各样的思考方式与生活方式都应受到尊重。学校的卓越性体现在教也体现在学上，不是竞争谁更强而是指在任何情况下都应尽其所能追求最高境界。教与学是创造的实践，不断追求卓越性必然带来丰硕成果，获得辛劳换来的快乐。公共性要求：倾听他人的声音，向他人敞开心扉。民主主义要求：学生、教师、校长、家长结成平等关系，每个人都是主角，拥有各自的权利，承担各自的责任。卓越性要求：追求最高境界。创建学校学习共同体的学校改革，不是特定的意识形态、运动或指南，而是借助谁都可以发起挑战的活动系统构成的。学习共同体的活动系统是通过学生、教师、校长、家长及公众的参加和实践展开，自然而然地承担了学校改革的愿景，领悟了公共性、民主主义及卓越性的哲学，从而发现学生成长的价值及掌握学习的规律。其概要归纳如下：①在课堂里追求"活动式、合作式、反思式学习"。所谓学习是同客观世界对话（文化性实践）、同他人对话（社会性实践）、同自我对话（反思性实践）三位一体的活动。②以学习作为学校生活的中心。废除一切学习所不需要的东西。③将课例研究设定为学校的核心工作。基于课堂事实，围绕中心课题——从教学实践中学到了什么展开讨论，即从教学的实践中讨论学生学习的进程与教师在教学过程中学到了什么。学校之所以称为学校而不是教校，关键是学校、教师、学生的行为与意识都指向学习，学习的方式可以不同，可以通过欣赏、借鉴、合作、探究、讨论、参与、独立等方式来完成，但目标一定是主动习惯使然。教师也不仅仅是会教与教会的问题，更需要学会与会学，从而更游刃有余地

参与学习共同体创建。教师的作用正在向学习的设计者与主持者转变。创建学习共同体，实施合作学习就要使教学模式转型，实施学生"围坐"。多数教师对转型表示焦虑，顾虑教学进度、学生闲谈、教学容量受限等。

在教育改革的探索中，合作学习是值得反思的教育课题。合作学习不是唯一，也不是每堂课的必须，每堂课也不是从头至尾必须进行合作，我们应从变化的角度看问题，从而更有效地落实学习。合作学习的优劣应尝试让学生体会，经过学生的反映与学业监测科学决策。合作学习是基于学习，同步教学是基于上课，上课也是指向学习，不同形式分析学习的轨迹更能加深我们对学习的认识。合作学习改变的是基于经验基础上的学习体验与收获。加深知识本身的学习过程，不能仅理解为学生围坐的形式而已，上课如能指向学习的思考与体验过程就是基于学生成长与经验的好课。合作学习不应成为影响效率的学习。冲刺与挑战是合作学习的主题，教师要从学生的实际出发设置阶梯式问题，让学生不断挑战自己从而激发思考兴趣，充分体会自己在学习潜能方面表现出来的成功喜悦。基于基础性与发展性设置教学内容，使互帮互学得以实现。合作学习要整合教材，以单元或知识模块整合知识体系，优化知识结构，合作学习交由学生独立完成部分内容。学生的合作与交流是当下学生的短板，合作学习可弥补这一缺憾，同时更主要的是教师不可能与每一位学生对话，所以小组合作就成为必做之事。如果学生仅10人左右，也就不必分组了，教师完全可以掌控。合作学习开展时机与时间掌控非常重要，当大多数学生遇困或学生想法达到兴奋点时一定要让学生表达合作。合作学习特别强调民主主义，与传统的分组学习、集体学习有区别，特别强调的是平等与欣赏的特点、碰撞与倾听的交互。教学是知识与经验的课程再现。知识指科学与学术，经验指兴趣与生活。基于"知识—目标—成就—评价"的效率主义与基于"主题、经验、表达"的单元学习是教学的主要模式。知识与经验不可分割，只是构成方法有别。教学以学术领域为背景来组织"知识"与"经验"或以现实问题作为主题来构建"知识"与"经验"。学习过程中既要防止知识脱离经验走向理论主义，也要防止经验远离知识走向实践主义。合作学习以四人为一组，效果最佳。古人云：三人行必有吾师。我想我们可以让学生任意选择三人交流以承古人之训，所以说，合作与交流可以创新尝试。开展合作学习构建学习共同体需要充分认识与理解学习共同体的内涵，特别是区别于学习集体、班级集体。学习共同体是交响乐团，和而不同。高中的课堂教学必须改造与转型，扎根于学生的自我探寻，发现学习的价值，通过学习去发现自我，发现相互学习的伙伴，发现能够守护并援助自己学习的向导——教师。高中教学研究直面活生生的每一个学生，能够描述活动性学习中学生的表现。学校改革从学生、教师、家长入手，创造以学生为中心的课堂，创造以教师为教育家的培养通道，创造家长参与学习的办学模式。教育的改革是从课程与课堂改革实践开始的，教育的改革是以学生与学习为切入点的。教育能够直面社会、直面人生，而且教师本身以真诚的学习者践行教育，当教育的理念扎根于教育者的灵魂，当教育的情怀溶化成人格的精神，真正的教育实际上变成了最简单的生活。

举一个合作学习的实例，命题是我自拟的。

教育火花一：

1946年1月，陶行知在重庆创办社会大学，推行民主教育，培养出革命人才，并曾帮助一些进步青年前往革命根据地。其提出了"生活即教育""社会即学校""教学做合一"等著名口号，被毛泽东和宋庆龄等称为"伟大的人民教育家"和"万世师表"。

教育火花二：

杜威的理论是现代教育理论的代表，区别于传统教育"课堂中心""教材中心""教师中心"的"旧三中心论"，他提出"儿童中心（学生中心）""活动中心""经验中心"的"新三中心论"。教育即"生活""生长""经验改造"。"学校即社会"。杜威认为人们在社会中参加真实的生活，才是身心成长和改造经验的正当途径。 所以教师要把教授知识的课堂变成儿童活动的乐园，引导儿童积极自愿地投入活动，从活动中不知不觉地养成品德和获得知识，实现生活、生长和经验的改造。杜威主张"从做中学"，他认为儿童不从活动而由听课和读书所获得的知识是虚渺的。

仔细阅读上述两则描述，找出两位教育家的观点并结合实际进行分析。

2015年5月8日，我就此问题请教教育局领导赵兰生、刘学民先生，并与其讨论上述问题。三人行，必有我师，探讨问题之时，合作学习共同体已成。

点、线、面、体——反思学校核心构建

点

点就是每一个人，每一个地点，每一个课题，每一个班级，每一件物品，学校工作是基于每一个点出发的。学校最需要关注的三个点是课堂、学生、教师。关注课堂从目标教学开始。课堂观察与评价，以学生为中心，主要观察各种行为表现，学生在做什么？也就是学生耳、口、眼、手、脑的感官表现，也就是倾听、表达、注意力、动作、思考的具体表现。关注学生从培优与补差用力，关注教师可将健康纳入评价体系，为教师幸福着想的学校是真正的教育摇篮，否则学校如同工厂，教师仅是操作工人。一生坚持读书，不断总结教育感悟的教师是学校的财富。不断优化教学策略是教学理念提升的着力点。兵法有三十六计，教学何尝没有三十六计，每个教师都应有计策锦囊。

线

　　"教—学—评"课堂设计一体化是学校教学质量的生命线。各种机制与流程的建立是学校运行的主干线。学校要加强信息线的梳理，建立教师质统计、量统计、月报表制度。

　　学校将教学工作放在核心地位，确定三个主题：合作·分享、实践·创新、整合·发展，四个指向：学校指向教师、课程指向学生、课堂指向学习、作业指向评价。以主题引领四个指向流程，形成教学生态流。教育，紧紧围绕人而展开，教师与学生是学校的主体，教师的专业发展与学生的个性成长是学校的两个主题，专设两个专题作为校级课题。提出方案，参阅学校管理文献，书写论文，增进学习与交流。学校发展的生命线："资源—文化—课程—教师—课堂—学生"，围绕此生命线结合民主执行、法制监督、科学评价三条线运行，学校工作从此展开。学科教学流程勾勒学校文化的天空，学校中的数学痕迹让我们可以找到数学的存在，每门学科都有每门学科的表现，我们可以用专业的思维与方法寻找学校的灵魂。正如年鉴是时光的记忆之痕一样，知识带给社会进步，当我们传播知识的时候，学校也在知识传播的同时分享文化带来的变化。

面

　　《国家中长期教育改革和发展规划纲要（2010—2020年）》中指

出，教育工作的指导思想是全面贯彻党的教育方针，坚持教育为社会主义现代化建设服务，为人民服务，与生产劳动和社会实践相结合，培养德智体美全面发展的社会主义建设者和接班人。同时在战略主题方面提出坚持全面发展的育人观。全面发展的各项指标明确了学校的"面"，也就是德育、智育、体育、美育、劳动教育、安全教育的学校工作层面。

学校的各项工作完全体现在纲要提出的全面发展方面："坚持全面发展，全面加强和改进德育、智育、体育、美育。坚持文化知识学习与思想品德修养的统一、理论学习与社会实践的统一、全面发展与个性发展的统一。加强体育，牢固树立健康第一的思想，确保学生体育课程和课余活动时间，提高体育教学质量，加强心理健康教育，促进学生身心健康、体魄强健、意志坚强；加强美育，培养学生良好的审美情趣和人文素养。加强劳动教育，培养学生热爱劳动、热爱劳动人民的情感。重视安全教育、生命教育、国防教育、可持续发展教育。促进德育、智育、体育、美育有机融合，提高学生综合素质，使学生成为德智体美全面发展的社会主义建设者和接班人。"

学校层面要做好年级顶层设计、做好教学工作顶层设计、做好学校管理顶层设计。年级工作要从系统发展的角度构建。教研工作思路可以用表格说明。

理念	勤源于心，智源于行		
侧重点	类型	"三力"系统	"三生"系统
教学	学习与反思型	学习力	生命
管理	实践与拓展型	领导力	生活
教研	读书与创作型	创作力	生涯

　　具体举措可以从多方面实施：教研简报、教研风采、教研项目、教研评价、教研交流。教研工作从3个方面制订发展规划：①工作职责。②地方教育部门评估细则。③国家教育中长期发展纲要。学校其他部门工作同部部署，学校管理就是各处室工作的合成与分解。

　　在教师发展方面，把样本课程开发纳入教师考核。小班从个别学科尝试，宿舍管理员家长化，信息技术实施，课程规划保障，整合教材，做单元设计、教学设计、作业设计，人才是学校发展的生产力。反思并衡量教师的教学基本功主要从以下4个方面入手：①教学能力（创造力）。②导师指导（领导力）。③课程指导（领导力）。课程指导是课堂内外的综合表现。④科研能力（学习力）。教学是研究，成果是体现，体现之一是课题，体现之二是论文。个人教育研习用力之处决定教师的专业发展，不同阶段有不同的认知与选择。除专业学习外，辅助教学的办公技能必不可少，比如数学教师应当掌握《几何画板》的应用、电脑打字、教学课件制作、数学试卷编制等技能。每年可将教师的话剧创作与表演作为凝聚教师、加强合作、缓解压力的舞台，年度学校总结表彰大会不可少，发现最美的、最感动的、最进步的校园正能量、生活永远鼓励发现。教师评价以呈现式评价为主，设立学生学习学程，积极开展小组合作学习，每年纵向三个年级对应班级相应任课教师互相上课交流一周，让不同的班级学生给予教师评价，教师有了本班学生自评，他班学生他评，同组教师互评，透明度应该是很高的。学校建立质量中心，将上述工作纳入数据管理。学科建设是学校专业水平的标志，以色彩为标志的核心理念挖掘工作可以尝试与探索。

教师个人成长规划引领教育人生，教师的发展方向是"学科+特长+理念"。其中理念主要从"三力、三生、三观、三向"几方面进行突破。学习立足三个层次：知识与技能，过程与方法，情感态度与价值观。用体验的方式去实践，将"三力、三生、三观、三向"渗透到学习过程中，无疑是课程分解的好思路。同时将高中校本课程与特色课程结合高考导向，确定学生发展的高中设计，为人生奠基，打造高中学习力课程。

在学生培养方面要重视抗挫折教育。德国哲学家叔本华说："适当的忧患、痛苦、烦恼，对任何人，在任何时候，都是必要的。在茫茫的人生大海上航行的船，若不载重以求平衡，就会颠簸不定，偏离方向。"不妨设置抗挫折问题，以"三力、三生、三观、三向"为系列命题，让正确对待挫折成为学生心理品质的重要一环。挫折教育也可以成为学校特色文化的主题。

体

学校改革的希望在于梦想照进现实。学校的本色就是真实。在物质与精神之间让知识软着陆。学校文化的终极目标是自觉文化，学校的终极发展目标仍是学问与气场的构建，学校在为学生持续发展的构建中实现其价值。

学校文化指向校园广播、电视台、微电影、艺术节、体育节、中学网站资源。校歌与校训包含的理念价值引导并决定学校的精神风貌，人才未来培养方向会更加注重两性差异，课间操可以尝试男女

分别进行武术与韵律操等方面的健身。各种会议与活动要求合作共同体随时产生并积极运行，取消班主任，建立学长制与导师制是学生个性化培养的趋势。三年对应班级学长制，深化管理共同体，学生自主管理的探索，如运动会的合作等传、帮、带教育形式会层出不穷。音乐、体育、美术的课程化改革是学校的出彩点。

学校落实教学的全员行动方案，在学校领导与教师平等和谐的关系背景下，实施以教学为基点的评价，首先是教学，然后是管理分工明细、全员参与、网络布局、校长带动、年级着陆。教师合作共同体、班级共同体、学科共同体分别指向教研、管理、教学。小组合作学习列入学程中间，时间为学期中，复习前部分，自学后部分。教师的"行—品—知"系统（行即评价，品即师德，知即专业）与"合作—探究—体验"对应。学校开设基础型、拓展型，研究型课程，持续提高课程与领导力。自主、合作、探究、体验的当代学习构建，实质是德、智、体、美教育的主题。未来取消文理分科与分班，按语数英大类分班并结合选择科目的走班制更是对教学的全面挑战。在学校不断发展的过程中，学校评价指向家长如何选择学校，教师评价指向课题落实的价值，学生评价指向学习经验的研究。

课程标准设置了三个维度，学习也可以设置三个境界：也就是数学三部曲的三个层次。学习是身心实践之旅，是身心体验的历程。身：身体、体验；心：心灵、灵感。在学习过程中，启发、探究、讨论、参与、分享、表达、合作、体验、反思是我们一直的追求。

学校的发展是永恒的主题。建立学校发展委员会，由近三年临近退休的教师担当，全员监督参与学校管理工作。学校建立家长委员会,负责学生的学业监察,有权向学校申请选择学校优秀的教师为学优生与学困生进行课程点拨。教师也可申请有针对性讲学,家长可参与讲学,研讨教育发展,成立家庭教育论坛,将不符合规定的校外补习纳入一票否决机制,落实细则与监督路径。学校的章程建立是学校的立法根本,完善教职工代表大会制度,让学校成为教师自己的家。将学校的核心理念落实到学校的每一项工作,办有灵魂的教育。从学生发展特点等方面建立年级培养系统模式,以项目团队、课题模式带动全校的各项改革。年级有年级简报,教研有教研简报,学生管理有德育简报,让学生形成自主管理,让教师形成主动敬业,使学校月计划与月总结信息公示,开放办学,公开交流,加强宣传工作,将教研等课题列入绩效指标细则,形成年度工作规划。牢牢抓住读书、课程、社团三大系统。教师共同体竭诚为学生的成长服务,同时教师是学校发展的生产力,关爱教师等于热爱教育。学校成立智育之家,为教师的教学与教研服务;学校成立德育之家,统筹会议与报告学习;学校成立体育之家,为教师健康服务;学校成立美育之家,为教师提供读书、艺术与亲子空间。记录、计划及落实要形成成果监测报告,反思与总结工作。学校治理是当今教育发展的关键,年级、班主任、课任教师全员指向一线进行双向选择,实现全员评价与基层低重心公开评价。近年来,人们关注的学生综合素质评价工作也是工作重心,将学生的心理与困惑及时解决,答疑必不可少。走进班级,定岗定员方是高效之举,教育最终的回归是人与人的真诚交流。

学校改革永远在路上,以学校处处是课题为突破,带着问题合作研究,学校将成为一个纯粹学习的理想乐园。

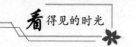

三、文明的原点、
成长的支点、
幸福的起点

文明、成长、幸福，学校文化建设的目标。

人生·工作结果=人格理念×热情×能力。

教学·管理=情怀×尊重×学习。

学校的终极价值指向文明、成长、幸福。

看得见的时光

高中教育阶段，学生的年龄正好是16岁、17岁、18岁，从这个意义的内涵出发，我们可结合行、品、知的培养模式制订出16行、17品、18知的衡量标准。各项前5项是三力、三生、三观、三向以及社团—读书—课程系统的落实。第6项是"行—品—知"系统的核心要义。第7项是自主合作探究的模式构建。

16行

1. 领导力；

2. 生活；

3. 价值观；

4. 面向当代；

5. 社团；

6. 习惯；

7. 合作；

8. 信心；

9. 体验；

10. 独立；

11. 责任；

12. 义务；

13. 兴趣；

14. 倾听；

15. 表达；

16. 选择。

17品

1. 创造力；

2. 生命；

3. 人生观；

4. 面向未来；

5. 读书；

6. 健康；

7. 自主；

8. 与人交往；

9. 尊重；

10. 民主；

11. 好奇心；

12. 批判精神；

13. 热情；

14. 爱；

15. 务实；

16. 艺术与美；

17. 真诚与善良。

18知

1. 学习力；

2. 生涯；

3. 世界观；

4. 面向世界；

5. 课程；

6. 科学；

7. 探究；

8. 合理对待考试；

9. 终生学习；

10. 质疑；

11. 反思；

12. 类比；

13. 逻辑；

14. 真理；

15. 语言；

16. 写作；

17. 境界；

18. 资源。

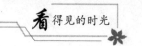

学校时光教室

美国作家、教育家海伦·凯勒出生19个月后不幸患病而成为盲聋残疾人,后来学会读书、写字与说话,通晓5种语言,成为哈佛大学拉德利夫学院文学学士,被美国《时代周刊》评选为"20世纪美国十大英雄偶像"之一。其代表作《假如给我三天光明》如诉如泣,饱含热泪地表达了自己对光明世界的无限向往,并根据自己的幻想对光明世界进行了描述,激励和启迪了无数人。三天的光明向往是这样安排的:第一天,将生命献给有生命和无生命的朋友,海伦内心充满了渴望与热爱;第二天,了解人与自然的历史,以博物馆为中心,向世界的过去与现在致以亲切的询问,向世界物质文明与精神文明致以崇高的敬意,海伦内心充满了憧憬与惊喜;第三天,致身于平凡的世界中感受人类的生活,海伦内心充满了欣赏与感激。

光明对于失去看见光明的人如此有意义,而我们的生命有时却非常奢侈，失去才知道珍惜，所以海伦忠告世人：善用你的眼睛吧，尽情地去欣赏美的事物，如同今天是生命中的最后一天那样。同样的方法，也可以应用于其他感官，比如聆听乐曲的美妙、鸟儿的歌唱、管弦乐队的雄浑和铿锵唱腔等，如同明天即将耳聋。抚摸每一件你想要抚摸的物品吧，如同明天就要丧失感觉。总之，我们要充分利用上帝给予我们的各种感官，去感受大自然向你展示的所有美好。从海伦的忠告中我们深切地感受到了时光的意义、拥有的意义，我们对生活要懂得珍惜与感恩，要以真诚的行动过好每一段时光，所以生活必须学会运算，至少加法与减法必须进行，让生活的实际行动成为你最喜欢的事情，毕竟人生只有一次。从这一点反思教育，以三天光明的渴望之情构建三年的高中生活，这是教育人应该思考的问题，而且当学生将人生做减法的时候，高中三年的时光是否定格在人生最美好的轨迹之上，这足以评价我们的教育价值。

时光见证教育。学校建立时光教室，让时光在有意义中呈现教育的真实。主题分学生与教师两部分，每部分以时光为序列，时光教室的内容就是学校发展的见证。

学生的成长

学生在学校的一天

学生在学校的一月

学生在学校的一年

学生在学校的三年

教师的发展

教师在学校的一天

教师在学校的一月

教师在学校的一年

教师在学校的三年

教师在学校的十年

教师在学校的二十年

教师在学校的三十年

我想，以海伦纯净之心思考教育，以海伦顽强之行实践教育，教育也一定见证学生生命中的最美好时光。

七 日 谈

以时光为意义，学校的时光是以星期为单元的。一星期有七天，也恰好是一个时光周期，故在此以星期为序谈一谈学校教育。

星期一

学校文化是学校之魂，从校歌、校训、教学理念、管理理念入手，开始构建学校文化体系。学校是由若干个办公系统合成的，合成与分解尽在学校地图的构建上。学校建立自己的学校地图，每个区域有自己的人文特征、地理特产、优势特色等，让学校各部分看得见、摸得着。学校文化关注个性成长，教师有自己的符号表征，学生有自己的个性特征。比如课间操男生可以练习武术，女生可以做韵律操。从性格出发，学校可以设立男生节与女生节。

星期二

背景—目标—评价—实施—反思：

（一）以"学生为中心"的发展观念构建学校背景，主要是基于学校实际的资源互动。自上而下与自下而上观察学校的发展，改变视角，更新观念，从爱好、课程、导师、社团、读书等方面反思学生的成长。

（二）目标是德、智、体、美课程的有效实施，也就是全面育人目标的实现。

（三）学校的评价体系影响学校的发展。实现"指导—诊断—激励—评价"的评价价值。

（四）章程建设是实施学校管理的根本。

（五）学校不断进行教育改革，在反思中成长。整合学校各项工作向精品迈进，不但要做加法，更要做减法。

贯彻与落实：

（一）从上层考虑教育方针政策的导向性，及时关注教育部与省市、地方的相关文件，创造性地开展学校工作。

（二）从中层考虑研究教学、探究课堂、讲究成长、追究学校。

（三）从下层考虑课题研究，让选拔走向欣赏，让活动走向合作，让习惯走向尊重，让改革走向反思，让管理走向民主。

资源：

师资、硬件、资金。

星期三

（一）办有灵魂的教育（目标：为什么培养人）。以课程为突破口，从校史出发，更新教育理念，将育人目标与课程相结合，建立课程体系，重建各学科模块学习纲要，将研究课程、拓展课程、实践课程实现三位一体。

（二）办有专业的教育（实施：怎样培养人）。以课堂为突破口，打造课堂教学精品。学科建设是学校的特色之本，加大学校资源与学生的互动，梳理各种问题，有针对性地开展教学研究。

（三）办有特色的教育（评价：培养什么样的人）。以课题为突破口，将学校管理、德育、智育、体育、美育、教师发展、学生成长、评价等问题形成课题研究，不断优化学校治理水平，办出品牌学校。学校的成果呈现最终将实现电子化、品牌化、符号化、标志化。

星期四

学校治理改革再出发，应从以下几点加强思考与实践：

（一）从历史中发现未来。以重建校史馆为起点，加强全校师生对学校的认同感，全面激发全校师生的教育情怀。以学校文化、班级文化、宿舍文化、课程文化、课堂文化为突破口，大胆做加法与减法，走简约之风，走高效之路。以小组学习共同体为单位，让学生自信表达、加强合作、关注进步，让全体教师的教学指向学生的学习共同体。

（二）构建德、智、体、美一体化课程，开放办学，让社会、媒体、家长见证学校办学并督促学校办学。建立学校工作的流程，确定基点，强化节点，精益求精，追求高效。

（三）追求自我。教育的最终取向是实现自我教育、自我管理、自我追求、自我学习。自我是一切活动的出发点，在此理念下，让学生有机会参与自我管理，学校活动还给班级，班级活动还给学习共同体。

（四）资源互动。不要问学校硬件有多强，互动的资源利用才

是最根本的办学保障。计算机、实验室、运动设施、读书阅览室、食堂、宿舍等的使用记录学生的在校时光。

（五）社会实践。深入社区，了解社会，培养学生高度的社会责任感，学会担当，学会进取，学会自立，学会学习。

（六）让学习更有效。形成"优差专辅—合作学习—答疑辅导—小班学习"的学习组合模式。

（七）学生学情分析报告。建立学生每月学情分析报告制度的目的是监测学生学业，以便及时诊断与改进。

（八）从教师的幸福感着眼，让学校的教育充满温暖与关爱。本着"时间少，质量高"的原则，从健身、读书、教研三个方面实现幸福感最优化，从而为课程与课堂提供不竭动力，为学生的成长提供最好的教育。

星期五

教师好读书：读哲学懂人生，读文学多情怀，读教育学知规律，读心理学识学生。

教师好心态：发现、欣赏、学习。

教师好发展：一师一课题、一师一特色、一师一读书、一师一同伴、一师一爱好。

学生好读书：读历史看人生，读文学学表达，读科普识规律，读经典认世界。

学生好心态：发现、欣赏、学习。学生好成长：一生一课题、一生一导师、一生一读书、一生一社团、一生一爱好。

星期六

对教育的理解:

(一)发现教育。"听、说、读、写、看、思、行",从有形到无形,从形式的束缚走向本真的自我。正如病历是病人的写实,学生的学历见证学生的真实,让无形也有形。

(二)思考教育。

教育如同宴会。宴会客人与教育学生都追求个性,宴会菜谱与教育课程都讲究优化,宴会酒水与教育文化都提升精神,宴会猜拳与教育活动都实现价值,宴会主食与教育知识都保证需求。

教育如交响乐。不同乐器的组合与不同成员的角色合作共谱和谐优美的乐章。

教育如丛林。丰富的物种与自由的成长构造最美的生态。

教育如智库。智慧园里充满知识的力量、爱的力量、人类自身的力量。

(三)实践教育。立足学校,力求发展。

星期日

教育走向"家"的境界。教育借鉴"家"的意义,从办学理念、思想、方向、安全、情感与爱等多方面构建教育模型。如感恩教育从生日主题设置、人的培养从修身与齐家起步等。反思教育与持家,反思学校与家庭,我们会对教育重新认识。

好的教育从过好每一个星期开始,生命不息,教育不止,时光永存。

以学生发展为中心的学校构建

学生发展是教学质量的核心，建立学校的质量观等于抓住了学校的关键。

（一）异质分班。学校取消按学习成绩分班制，重划学生起跑线。条件与时机成熟，学校要尝试学生与资源的双向选择。

（二）合作学习。合作益于互助，合作益于反思，合作益于交流，合作益于探究。

（三）学生进步。对待学生不能一个标准，不同的学生有不同的期望，建立科学的评价与管理机制，建立学习动机，创造学习机会，增强学习兴趣，开设选择课程，针对学生的经验跟踪学生的进步，让学生看到自己的成长并为此而感到自信。

（四）尊重个性。每个学生都是独立的教学对象，从学生的特长与特质出发，为学生搭建舞台，实现教育的多样性、多元化。

（五）学习认知。学习是伴随着学习理论的不断进步而发展的，学校用学习与人的发展理念引导教师与学生更有效地学习，学习的理想状态是学生在学习的同时也能看到学习的价值与意义。

（六）核心课程。课程体系是学生发展的基础。

（七）学生评价。评价注重过程与结果，注重改进与提高，让评价成为学生的自我行为。

（八）网络科技。信息时代，学生要学会利用信息，学生要学会利用网络，这将对效率产生积极的影响。

（九）时间管理。时间是不可再生资源，生命最根本的意义就是时间失去后就不再来。

教学艺术。教学是学习收获达成的关键环节，同样是知识的收获，不同的教学与教师带来的潜移默化的影响将对学生的人生产生隐性影响，这种隐性影响或许在未来的人生中显性彰显，或许一直隐而不发。从这一角度入手，我们可提出一个课题——教育遗传学。

给教师的十二条建议

(一)感悟中西文化,倡导世界文明。

(二)探寻核心价值观,彰显个人风格,秉承先进的教育理念,形成良好的工作作风。

(三)理性与感性编织生活。

(四)领导力、创造力、学习力助力人生。

(五)规划生涯、热爱生活、尊重生命。

(六)学点逻辑学。

(七)哲学让人生更有意义。

(八)在教育学中寻找教育规律。

(九)在心理学中探寻人的成长。

(十)精通专业。

(十一)做一个有思考有创作的人。

(十二)"美—善—真"的基石是"行—品—知"。

学问与气场 ———————————————————————

英国哲学家罗素认为，生活主要体现在本能、理智、精神三个方面。

自然界的主体是人，人是有生命的，生命与自然有其自身的规律与法则，人的本能是生命画卷的底色，探寻生命本能的意义在于我们发现人类自身的体征，明白其生理奥秘。本能赋予肉体，是构建理智与精神的载体。学问是求知的精神体现。学校终究是学问探究之所，学问关系理智。气场是生机，学校校园要有生气，校长要大气，教师要正气，学生要和气，气场关系精神。

衡量一个人的成就要从其本能基础之上的物质与精神两方面的均衡入手，入世之时学以致用，物质上的收获自然不可避免，毕竟人要生存。学问是精神的食粮，怀浓厚兴趣做学问，追求精深造诣之境，心涵万象，通达明理，腹有诗书气自华。古之学者做学问，

以王国维所说的三个境界最为精当。任何学问首先是学，向前人学，向世界学，向当下学，并以前瞻性的眼光分析学的意义。学是个过程，持续地学习是成功的保障，学是吸收的过程。其次是问，问是研究，问是思考，向他人求学，向可用资源求学，不断修正自己，问是消化。学问是在一定知识基础上的再构建，一定要了解当前学问状态，可破可立，不做南辕北辙之举，不做丢了西瓜捡芝麻之举，更不能浑水摸鱼、对前人的丰硕成果视而不见，徒劳无功的学问根本就没有意义。学问是一门思考的艺术，日有所思月有所悟，学问是一天天增长的。做学问要不间断地创作，或许创作的水平不一定很高，但坚持积累会提高自己的水平，学问是做出来的。当我们在追求学问的过程中，读书是时刻不能离开的工作，读书是获取学问的主要途径。

学校是个学习的地方，实际就是做学问的场所，学问盛行之地必然存学问气场。我们认识学校，一是发现学校学问的路径，二是感受学校学问背后的气场。

标点符号与教育人生

2014年我在《人生从此扎根》中记录了我的诸多教育感悟。突然有一天，我拿起《新华字典》，看到标点符号的用法，忽然想到标点符号正好勾勒了人生的千变万化，文字正是通过标点符号记录了一个又一个人生。鉴于此悟，把每一个标点符号的作用对应着对教育人生的理解，在此不妨做一对照。

句子：前后都有停顿，并带有一定的句调，表示相对完整意义的语言单位。

陈述句：用来说明事实的句子。

人事三杯酒，流年一局棋。

祈使句：用来要求听话人做某件事情的句子。

过！人生就是一堂课，课题就叫"过"。如果用一个字代替人生，我想了很久，唯有"过"字。打开汉语字典，"过"字解释有三：①经

过；②错误；③超越。这三层意思，正好体现人生的真谛。生命是一个历程，从错误中成长，从磨砺中坚强，千折百回之后才有超越自我。

疑问句：用来提出问题的句子。

为什么？或许这个问句是我们一生中问得最多的一个疑问句。

感叹句：用来抒发某种强烈感情的句子。

生命在于运动！

句号

（一）句号的形式为"。"。句号还有一种形式，即一个小圆点"．"，一般在科技文献中使用。

（二）用于陈述句的末尾。

（三）用于语气舒缓的祈使句末尾。

教师退休后，我们会问及退休教师的教育感受，毕竟人家是一生的奋斗，值得肯定与尊重。最大的成功、最大的遗憾、最想说的话、最想做的事、对学科的理解、对教育的理解等问题需要用一个个句号去诠释。

问号

（一）问号的形式为"？"。

（二）用于疑问句的末尾。

（三）用于反问句的末尾。

已知：　少年——志当存高远；青年——上下而求索；中年——人事三杯酒，流年一局棋；老年——笑看风云淡。求：人生几何？

叹号

（一）叹号的形式为"！"。

（二）用于感叹句的末尾。

（三）用于语气强烈的祈使句的末尾。

（四）用于语气强烈的反问句的末尾。

教育需要太多的叹号来表达，试看以下八个方面的感叹，它们正好是学校的教育意义。

（一）学生是课堂的生命线！

主动—思维—能力

孔子云：学而时习之，不亦乐乎？

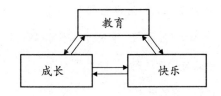

（二）课堂是教学的生命线！

1. 精彩：教法，形式，特长，语言。

2. 思维：广度，深度，发散，创新。

3. 交流：语言，眼神，形体，问题。

4. 快乐：放松，兴趣，理念，热爱。

5. 笔记：简洁，反思，复习，主题。

（三）教师是学校的生命线！

加强师德建设。加强教师职业理想和职业道德教育，增强广大教师教书育人的责任感和使命感。教师要关爱学生，严谨笃学，淡泊名利，自尊自律，以人格魅力和学识魅力教育感染学生，做学生健康成长的指导者和引路人。

1. 知识与读书。

2. 素质与个性。

3. 责任与实践。

4. 学习与创新。

5. 热爱与使命。

（四）青年教师——教育的未来！

1. 信念。选择教师，敢于面对，正视挫折，力求提高。

2. 创新。寻求突破，追求立意。

3. 准备。机会永远留给有准备的人。

4. 奉献。淡泊名利，年轻，没有什么不可以。

5. 感悟。专业与管理同行。

（五）青少年也是人生！

1. 情感人生——感恩与感动。

2. 幸福人生——积极与乐观。

3. 学习人生——热爱学习，主动学习，实践学习，终生学习。

4. 健康人生——理念，实践。

5. 财富人生—— 同学，教师，知识，方法，习惯，创新，心态，健康。

（六）做最受学生欢迎的教师！

1. 人品。

2. 学识。

3. 授课。

4. 才艺。

5. 管理。

换位思考立足、品识合一教研、彰显特色优势。

渗透思想方法、教学管理并重、务实创新结合。

最受学生欢迎的教师：（研究性学习课题）年轻的心、阳光的情、智慧的悟、奉献的行。

教师队伍建设紧紧围绕名师交流与青年发展两个主题。

（七）时间是教育的主线！

人生只有一次！教育的责任重大。高中三年：入门（高一上）、进阶（高一下）、提高（高二）、突破（高三）。人生：幼年，少年，青年，中年，老年。高中三年在哪？少年与青年交汇处——黄金分割点、人生最灿烂的时光，好比八九点钟的太阳，冉冉升起。因此，教育要把握时机。

（八）教师的职业张力在于对教育、成功、幸福三者关系的掌控！

教育、成功、幸福三者的关系是教师职业张力的表现形式。不同的成功教育模式引领学生走向成功，从而成就人的幸福。不同的失败教育模式引导学生走向歧途，从而导致人的不幸。幸福的模样基本相似，不幸的遭遇却不尽相同。教育从成功处着手，从失败处寻求，正面引导，反面反思，如何把握度？决定人生观的导向。什么叫成功？《现代汉语词典》解释为："成功，获得预期的结果。"言简意赅，明白之至。季羡林说，大家都能拿出"衣带渐宽终不悔"的精神做学问或干事业，这是成功的必由之路。让学生多从成功人、成功事上学经验就是很好的教育途径。

逗号

（一）逗号的形式为"，"。

（二）句子内部主语与谓语之间如需停顿，用逗号。

（三）句子内部动词与宾语之间如需停顿，用逗号。

（四）句子内部状语后边如需停顿，用逗号。

（五）复句内部各分句之间的停顿，除了有时用分号外，都要用逗号。

逗号意味着停顿，停顿意味着反思，从班级管理的角度看，我们可以得出如下观点：

（一）班主任的水平与班级建设层次、班级工作出发点。

☆ 管理（初级）（3年）

☆ 学业（中级）（3年）

☆ 人生（高级）（6年）

☆ 各阶段因地制宜，从实际出发，以人品专业特长影响和培养学生，是学生知识的化身、力量的源泉、人生的航标。（特级）（10年）

（二）班级建设4个层次：

1. 秩序与程序——结合学校规章制度及本班实际建立并养成学生的行为习惯。

2. 激励与合作——唤起学生兴趣，建立长期有效机制。

3. 创新与实践——在管理中求创新，在创新中求发展。

4. 循环与发展——教育不是一成不变的，好的教育经得起时间的考验。

（三）班主任工作出发点应遵循的原则：

1. 前瞻性。

2. 系统性。

3. 阶段性。

4. 针对性。

5. 普遍性。

6. 公平性。

7. 先进性。

8. 模范性。

9. 安全性。

10. 有效性。

（四）优秀班主任十点注意事项：

1. 班主任工作是一个系统工程。不同时期、不同年级要有相应的得力措施及实施项目。避免天天忙碌却无长久效应，避免为了一个目标而忽视日常规范。

2. 班主任工作入门阶段，即新生引导工作是一项不可忽视的艰巨任务。

3. 德才兼备是班主任的先决条件。

4. 工作方法、工作态度决定工作质量。公平公正是质量的砝码。

5. 高效是班主任工作的最高境界。

6. 善用批评、用好批评是一门学问、技巧。

7. 纪律是班主任的首抓工作。

8. 思想工作绝不能滞后，且须与时代同步。

9. 安全是硬道理。

10. 班主任工作绝不能违法。

（五）谈一谈本人对不同班型管理的建议及想法，仅供班主任参考。

班型	关键	关键词	建议管理模式	管理者	监管者	管理方向
A	导	引导、导向	银行模式	银行团队	银监会	创新、主动
B	理	明理、理智	联合模式	分组轮流	评委会	合作、拓展
C	策	鞭策、策略	包公模式	评审团队	监管会	规则、进步

（六）三年高中生涯班主任主要应该做好以下4个方面工作：

1. 系统规划。

2. 有效学习。

3. 规则管理。

4. 程序组织。

每学期工作都可纳入上述框架。主要解决以下几方面问题：

a. 班风建设；（鲜明，构建等。上学期"五个一活动"是有效的方法之一）

b. 心理疏导；（意志，青春期等。挫折产生焦虑、完美产生失衡、高处产生孤独）

c. 学习之道；（方法，恒力，用力，氛围等）

d. 人力资源凝聚力；（教师，课任老师，领导，各处室负责人，家长，学生，社会有关人士等）

e. 挫折教育；

f. 学生自主管理；

g. 积极与乐观态度，情感及价值观培养；

h. 健康体魄及品质与性格定位；

i. 教育支点的寻找；

j. 个性班主任转化为工作特色；

k. 学生成长档案的使用。

（七）每日必省。

学生	教师
课堂效率	有效教学
问题探究	答疑解惑
纠错改正	备课教研
自习效率	自习值班
作业试卷	作业试卷
入学协议	教学拓展
身心健康	身心健康

为人为学为高考　求真求实求进步

顿号

（一）顿号的形式为"、"。

（二）用于句子内部并列词语之间的停顿。

高中教育谈三：民主、科学、法制；决策、执行、监督；三维目标；三力、三生、三观、三向。

分号

（一）分号的形式为"；"。

（二）用于复句内部并列分句之间的停顿。

（三）用于分行列举的各项之间。

解题的逻辑：

三种策略：综合与分析，特殊与一般，整体与局部。

四种思想：函数与方程，转化与化归，数形结合，分类讨论。

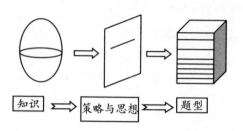

冒号

（一）冒号的形式为"："。

（二）用在称呼语后边，表示提起下文。

（三）用在"说、想、是、证明、宣布、指出、透露、例如、如下"等词语后边，表示提起下文。

（四）用在总说性话语的后边，表示引起下文的分说。

（五）用在需要解释的词语后边，表示引出解释或说明。

（六）用于总括性话语的前边，以总结上文。

年级理念："人生从此扎根"。

年级口号：用心用力，求真求实。

年级精神：恒·悟。

年级方针：德育为先、品学同行、立足成长、放眼未来。

年级模式：

高一	行	让优秀成习惯	合作	精彩高一	奋进二中
高二	品	让健康成品质	发展	奋进高二	魅力二中
高三	知	让科学成追求	实践	魅力高三	财富二中

日本京瓷株式会社会长、日航董事长稻盛和夫有一个非常著名的成功方程式：

人生·工作结果=人格理念×热情×能力

年级工作	工作目标	实施团队	团队目标	教师培养方向	学生培养方向
教学工作	激发潜能	备课组	引领协作	智慧与责任 人文与幸福	立足成长 放眼未来
学生管理	自主管理	班主任	因材施教		让人生从此 扎根

引号

（一）引号的形式为双引号""""和单引号"''"。

（二）行文中直接引用的话，用引号标示。

（三）需要着重论述的对象，用引号标示。

（四）具有特殊含义的词语，用引号标示。

（五）引号里面还要用引号时，外面一层用双引号，里面一层用单引号。

学校德育工作理论指导方针必须明确。我认为应从4个方面培养学生："为人—处世—行事—立身"。"为人之德"的核心在于诚实守信，"处世之德"的核心在于尊重和责任，"行事之德"的核心在于公正和关怀，"立身之德"的核心在于珍爱生命。中学生应加强思想导向教育。

青少年在高中阶段要树立正确的价值观、人生观、世界观。在这一价值体系下，教师也要反思自己。1983年10月，邓小平为北京景山学

校的题词在1985年5月27日《中共中央关于教育体制改革的决定》再一次提到,教育必须面向现代化,面向世界,面向未来。这是根据新时期中国社会主义现代化建设的总线路、总任务,对教育战线提出的战略方针和教育发展方向而提出来的。邓小平同志提出的"三个面向",不但是教育工作的指导方针,而且还具有广泛而深远的普遍意义,在国民道德建设方面也是完全适用的。

立足传统,面向现代化;立足中国,面向世界;立足当今,面向未来。

教师与学校导向1:面向一切学生!面向学生的一切!一切面向学生!

教师与学校导向2:抓教风,树名师;抓学风,出名生;抓管理,办名校。

括号

(一)括号常用的形式是圆括号"()"。此外还有方括号"[ ]"、六角括号"〔〕"和方头括号"【】"。

(二)行文中注释性的文字,用括号标明。注释句子里某些词语的,括注紧贴在注释词语之后;注释整个句子的,括注放在句末标点之后。

睁一只眼,科学态度,闭一只眼,人文情怀。(处世哲学)

破折号

(一)破折号的形式为"——"。

(二)行文中解释说明的语句用破折号标明。

(三)话题突然转变,用破折号标明。

（四）声音延长、象声词后用破折号。

（五）事项列举分承，各项之前用破折号。

学校文化带给年经人的启示——

1. 工作不能量化，切勿急于求成。

2. 尊重、学习、帮助、合作、超越。

3. 眼前的小亏可能是大机遇。

4. 群众的眼睛是雪亮的。

5. 专业永远第一。

6. 管理方显特色。

7. 一丝不苟敬业，踏踏实实做人。

8. 奉献就是学习。

9. 报答父母恩。

10. 人生领路人。

前半生寻找人生领路人并以其为榜样努力奋斗。

后半生做别人的人生领路人薪火相传。

省略号

（一）省略号的形式为"……"，六个小圆点，占两个字的位置。如果是整段文章或诗行的省略，可以使用十二个小圆点来表示。

（二）引文的省略，用省略号标明。

（三）列举的省略，用省略号标明。

（四）说话断断续续，可以用省略号标明。

省略号的意义让我们理解人生的内涵。高中三年，人生三十年!

人生可以分为三个阶段：从出生到高中毕业，这是人生的成长阶

段，毕业后也就成为成年人，大约在近二十年的光阴里，学习并快乐着，这一阶段的启蒙教育决定了未来人生的思想，这一阶段的人生奠基决定了未来人生的走向。从高中毕业后到近五十岁的三十年光阴里，人在社会的舞台上成就自己的价值，这是人生的奋斗阶段，这是人生中最为宝贵的光阴，成家立业治国彰显人生的姿彩，这一阶段的奋斗过程中时时会将高中阶段的思想启蒙教育表现出来，隐性地影响着人生，可以说人生在高中扎根。岳飞说：三十年功名尘与土，八千里路云和月。莫等闲，白了少年头。可见三十年壮怀激烈的人生价值。我们做教育的理念就是想让高中三年引领人生未来三十年，成就美好人生。唯有如此，当五十岁进入人生第三阶段时，真正享受智慧人生。我们坚信第二阶段三十年的成就必然造就第三阶段的完美。所以我们不说高中三年、一生如何的话语，实际点一步一步走下来，步步为营，让理想真正地照进现实：高中三年，人生三十年！不知你是否真正懂得了三十年的意义，果真懂了你就会承认人生也可以看成仅有三天：昨天、今天、明天。你也就不会再问：人生怎么仅仅三十年呢？

着重号

（一）着重号的形式为"."。

（二）要求读者特别注意的字、词、句，用着重号标明。

首先谈态度——表明我的观点。

1. 坚持科学发展观，保持科学性。树立正确的教育理念，走在时代的前面。三年的高中生涯，年级均有设想、有理念，作为系统工作来培养学生，建立各阶段的发展纲要，不断探索适合学校发展的最佳途径。

2. 办人民满意的教育，保持模范性。怎样让人民满意？我的方法是扪心自问三个问题：①我的做法是否合法？②我的理念、能力、水平乃至于实干能否赢人？（教学、班主任、年级管理）③你的孩子交由我这样培养三年你愿意吗？只要你回答肯定，我就坚定信念去做。

3. 人生从此扎根，保持时代性。学校应当作为教师与学生的精神家园，是人生的精神发源地。代代传承，不能让学校在我们手中退步。每一个对学校有感情的人看到学校发展遇阻都会心酸的，至少我是这样的。

4. 到学生中去，保持实效性。教育工作者不到学生中去如何做教育？到学生中去是我一直极力倡导的理念与态度。没有调查又哪来发言权？

5. 为人民服务，保持真实性。我极力倡导的一个态度：教育要回归本真，管理要基于人性。

其次谈谈我的工作风格——工作中形成的做事风格：

1. 边学边悟边总结。加强阅读，多多学习，及时反思，及时总结。量变达到质变时创新就不断。（正所谓活到老学到老）

2. 注重效率。工作没有效率，为人不会利索。（做好记录与反馈，凡事皆有落实）

3. 创新。没有创新就没有个性，因循守旧何来突破？没有突破注定业绩平平。（正所谓没有最好只有更好）

4. 正气引领，知人善任。强调三点：①用人之才而非财；②他人谏言必求实际；③是非成败学生检验。（青年教师成长最快、个性教师用其才华、经验型教师导航年级发展、年长教师工作一辈子了就让他

舒心)

5. 方法灵活，效果至上。(批评、表扬、鼓励、帮助、引导、感动、激励、发动学生、团队效应、就事论事等)

连接号

(一)连接号的形式为"—"，占一个字的位置。连接号还有另外三种形式，即长横"——"(占两个字的长度)、半字线"-"(占半个字的长度)和浪纹线"~"(占一个字的长度)。

(二)两个相关的名词构成一个意义单位，中间用连接号。

(三)相关的时间、地点或数目之间用连接号，表示起止。

(四)相关的字母、阿拉伯数字等之间，用连接号，表示产品型号。

(五)几个相关的项目表示递进式发展，中间用连接号。

成长规划系统工程："行—品—知"。

全面发展教育工程："听—说—读—写—做"，即倾听、演讲、阅读、书法、实践的意义指向。

"学生—学习—学业"是学校使命立足点。

间隔号

(一)间隔号的形式为"·"。

(二)外国人和某些少数民族人名内各部分的分界，用间隔号标示。

(三)书名与篇(章、卷)名之间的分界，用间隔号标示。

恒·悟；人生·工作结果=人格理念×热情×能力；教学·管理=情怀×尊重×学习。

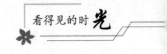

书名号

（一）书名号的形式为双书名号"《》"和单书名号"〈〉"。

（二）书名、篇名、报纸名、刊物名等，用书名号标示。

（三）书名号里边还要用书名号时，外边一层用双书名号，里边一层用单书名号。

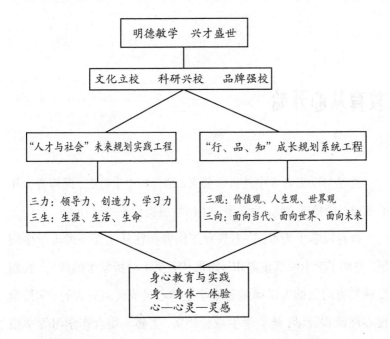

专名号

（一）专名号的形式为"＿＿＿"，只用在古籍或某些文史著作里面。

（二）用于人名、地名、朝代名等专名下面。

（三）为了跟专名号配合，书名号可以用波浪线"〰〰"。

教育最终走向专业，教育最终走向个性。

教育从心开始

　　总结与反思古今中外哲学要义，结合高中生特点，提炼青少年心灵成长的精神文化，为学生一生的发展提供不竭动力。

　　教育以学生为本，许多教育工作者往往从上至下考虑学生问题，忽略了学生的真正需求。如果从下至上分析学生的成长，我们发现教育问题的失误都是忽略学生的心灵成长而造成的。学校重视心理课程教学，建立学生成长档案，实施小组合作学习等举措为学生的精神世界注入了涓涓细流，但形式多于内容，实质效果不佳。心灵的感化要走入人心，所以，整合古今中外优秀哲学成果，开设高中生心灵课程是当务之急，通过此举以期对高中生成长有实质性的帮助。

　　我们谈人的成长，主要指向教育与生活。教育的意义在于认识自己、认识社会、认识自然。教育的意义或受之于自然，或受之于人，或受之于事物，遵循成长规律的教育是自然的教育，别人帮助我们利用发展规律的教育是人的教育，我们对影响我们的事物所获得的经验的教育是事物的教育。生活的意义就是经历与体验。人生的深刻性决定人生的质量。人生在于设计，有如用兵，天时、地利、人和是人生发展之关键。孙子曰：兵者，国之大事，死生之地，存亡之道，不可不察也。故经之以五事，校之以计，而索其情：一曰道，二曰天，三曰地，四曰将，五曰法。道者，令民与上同意也，故可以与之死，可以与之生，而不畏危。天者，阴阳、寒暑、时制也。地者，远近、险易、广狭、死生也。将者，智、信、仁、勇、严也。法者，曲制、官道、主用也。凡此五者，将莫不闻，知之者胜，不知者不胜。故校之以计，而索其情，曰：主孰有道？将孰有能？天地孰得？法令孰行？兵众孰强？士卒孰练？赏罚孰明？吾以此知胜负矣。其实，人生的成败又何尝不是在打一场战争？

谈心·用心

　　王阳明在《传习录》中阐述了心学。心即理，理是原则、规律，也就是至善。宇宙存在，维系在理，天地万物本为一体，所以人心所具即理。探究自然，从理入手，心即理，人的成长从心开始，最终止于至善。明镜之灰尘犹如人心之私欲，去私欲犹如拭灰尘，还镜明澈面目。至善求诸心，心即理，此一境也。知之真切笃行处即是行，行之明觉精察处即是知。知行合一，此二境也。致良知，此三境也。

　　节选心学精典问答部分如下：

　　☆ 爱问："'知止而后有定'，朱子以为'事事物物皆有定理'，似与先生之说相戾。"先生曰："于事事物物上求至善，却是义外也。至善是心之本体。只是明明德到至精至一处便是。然亦未尝离却事物。本注所谓'尽夫天理之极而无一毫人欲之私'者，得之。"

　　☆ 爱问："至善只求诸心，恐于天下事理有不能尽。"先生曰："心即理也。天下又有心外之事,心外之理乎?"爱曰:"如事父之孝,事君之忠,交友之信,治民之仁,其间有许多理在,恐亦不可不察。"先生叹曰:"此说之蔽久矣,岂一语所能悟?今姑就所问者言之。且如事父不成去父上求个孝的理,事君不成去君上求个忠的理,交友、治民不成去友上、民上求个信与仁的理,都只在此心。心即理也。此心无私欲之蔽,即是天理,不须外面添一分。以此纯乎天理之心,发之事父便是孝,发之事君便是忠,发之交友、治民便是信与仁。只在此心去人欲、存天理上用功便是。"爱曰:"闻先生如此说,爱已觉有省悟处。但旧说缠于胸中,尚有未脱然者。如事父一事,其间温清定省之类,有许多节目,不亦须讲求否?"先生曰:"如何不讲求?只是有个头脑。只是就此心去人欲、存天理上讲求。就如讲求冬温,也只是要尽此心之孝,恐怕有一毫人欲间杂,讲求夏清,也只是要尽此心之孝,恐怕有一毫人欲间杂,只是讲求得此心。此心若无人欲,纯是天理,是个诚于孝亲的心,冬时自然思量父母的寒,便自要去求个温的道理。夏时自然思量父母的热,便自要去求个清的道理,这都是那诚孝的心发出来的条件。却是须有这诚孝的心,然后有这条件发出来。譬之树木,这诚孝的心便是根,许多条件便枝叶,须先有根,然后有枝叶,不是先寻了枝叶,然后去种根。《礼记》言'孝子之有深爱者,必有和气,有和气者,必有愉色。有愉色者,必有婉容'。须是有个深爱做根,便自然如此。"

☆ 郑朝朔问:"至善亦须有从事物上求者?"先生曰:"至善只是此心纯乎天理之极便是。更于事物上怎生求?且试说几件看。"朝朔曰:"且如事亲,如何而为温清之节,如何而为奉养之宜,须求个是当,方是至善。所以有学问思辨之功。"先生曰:"若只是温清之节,奉养

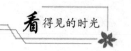

之宜，可一日二日讲之而尽。用得甚学问思辨！惟于温清时也只要此心纯乎天理之极。奉养时也只要此心纯乎天理之极。此则非有学问思辨之功，将不免于毫厘千里之缪。所以虽在圣人，犹加'精一'之训。若只是那些仪节求得是当，便谓至善，即如今扮戏子扮得许多温清奉养的仪节是当，亦可谓之至善矣。"爱于是日又有省。

☆ 爱因未会先生知行合一之训，与宗贤惟贤往复辩论，未能决。以问于先生。先生曰："试举看。"爱曰："如今人尽有知得父当孝，兄当弟者，却不能孝、不能弟，便是知与行分明是两件。"先生曰："此已被私欲隔断，不是知行的本体了。未有知不行者。知而不行，只是未和。圣贤教人知行，正是要复那本体。不是着你只恁的便罢。故《大学》指个真知行与人看，说'如好好色'，'如恶恶臭'。见好色属知，好好色属行。只见那好色时已自好了，不是见了后又立个心去好。闻恶臭属知，恶恶臭属行。只闻那恶臭时已自恶了，不是闻了后别立个心去恶。如鼻塞人虽见恶臭在前，鼻中不曾闻得，便亦不甚恶，亦只是不曾知臭。就是称某人知孝、某人知弟，必是其人已曾行孝、行弟，方可称他知孝、知弟。不成只是晓得说些孝、弟的话，便可称为知孝、弟。又如知痛，必已自痛了方知痛。知寒，必已自寒了。知饥，必已自饥了。知行如何分得开？此便是知行的本体，不曾有私意隔断的。圣人教人必要是如此，方可谓之知。不然，只是不曾知。此却是何等紧切着实的工夫。如今苦苦定要说知行做两个，是甚么意？某要说做一个，是什么意？若不知立言宗旨。只管说一个两个，亦有甚用？"爱曰："古人说知行做两个，亦是要人见个分晓，一行做知的工夫，一行做行的工夫，即工夫始有下落。"先生曰："此却失了古人宗旨也。某尝说知是行的主意，行是知的工夫。知是行之始，行是知之成。若会得时，只说一个知已自有行在。只说一个行已自有知在。古人所以既说一个知、又说一个行者，只为世间有一种人，懵懵懂懂的任意去做，全不解思惟省察，也只是个冥行妄作，所以必说个知，方才行得是。又有一种人，茫茫荡荡悬空去思索，全不肯着实躬行，也只是个揣摸影响，所以必说一个行，方才知得真。此是古人不得已补偏救弊的说话，若见得这个意时，即一言而足。今人却就将知行分作两件去做，以为必先知了，然后能行。我如今且去讲习讨论做知的工夫，待知得真了，方去做行的工夫。故遂终身不行，亦遂终身不知。此不是小病痛，其来已非一日矣。某今说个知行合一，正是对病的药。又不是某凿空杜撰。知行本体，原是如此。今若知得宗旨时，即说两个亦不妨，亦只是一个。若不会宗旨，便说一个，亦济得甚事，只是闲说话。"

☆ 爱问："昨闻先生'止至善'之教，已觉工夫有用力处。但与朱子'格物'之训思之终不能合。"先生曰："'格物'是'止至善'之功。既知'至善'，即知'格物'矣。"爱曰："昨以先生之教，推之'格物'之说，似亦见得大略。但朱子之训，其于书之'精一'，论语之'博约'，孟子之'尽心知性'，皆有所证据。以是未能释然。"先生曰："子夏笃信圣人。曾子反求诸己。笃信固亦是，然不如反求之切。今既不得于心，安可狃于旧闻，不求是当？就如朱子，亦尊信程子，至其不得于心处，亦何尝苟从？'精一''博约''尽心'，本自与吾说吻合，但未之思耳。朱子'格物'之训，未免牵合附会，非其本旨。精是一之功，博是约之功。曰仁既明知行合一之说，此可一言而喻。'尽心知性知天'是'生知安行'事。'存心养性事天'，是'学知利行'事。'夭寿不贰，修身以俟'是'困知勉行'事。朱子错训'格物'。只为倒看了此意，以'尽心知性'为'物格知至'，要初学便去做'生知安行'事。如何做得？"爱问：

"'尽心知性'何以为'生知安行'？"先生曰："性是心之体。天是性之原。尽心即是尽性。惟天下至诚为能尽其性，知天地之化育。'存心'者，心有未尽也。'知天'如'知州''知县'之'知'，是自己分上事，己与天为一。'事天'如子之事父、臣之事君，须是恭敬奉承，然后能无失，尚与天为二。此便是圣贤之别。至于夭寿不贰其心，乃是教学者一心为善，不可以穷通夭寿之故，便把为善的心变动了，只去修身以俟命，见得穷通寿夭有个命在，我亦不必以此动心。事天虽与天为二，已自见得个天在面前。'俟命'便是未曾见面，在此等候相似，此便是初学立心之始，有个困勉的意在。今却倒做了，所以使学者无下手处。"

爱曰："昨闻先生之教。亦影影见得工夫须是如此。今闻此说，益无可疑。爱昨晚思'格物'的'物'字，即是'事'字。皆从心上说。"先生曰："然。身之主宰便是心，心之所发便是意，意之本体便是知，意之所在便是物。如意在于事亲，即事亲便是一物。意在于事君，即事君便是一物。意在于仁民、爱物，即仁民、爱物便是一物。意在于视、听、言、动，即视、听、言、动便是一物。所以某说无心外之理，无心外之物。《中庸》言'不诚无物'，《大学》'明明德'之功，只是个'诚意'。'诚意'之功，只是个'格物'。"

☆ 先生又曰："'格物'如《孟子》'大人格君心'之'格'，是去其心之不正，以全其本体之正，但意念所在，即要去其不正，以全其正，即无时无处不是存天理，即是穷理。'天理'即是'明德'。'穷理'即是'明明德'。"

☆ 又曰："知是心之本体，心自然会知。见父自然知孝，见兄自然知弟，见孺子入井，自然知恻隐，此便是'良知'，不假外求。若'良知'之发，更无私意障碍，即所谓'充其恻隐之心，而仁不可胜用矣'。然在常人，不能无私意障碍。所以须用'致知''格物'之功。胜私复理，即心之'良知'更无障碍，得以充塞流行，便是致其知。知致则意诚。"

以上摘录经典分别诠释了"心即理""知行合一""致良知"。

人之成长，在于修身与修心，入世修身，出世修心，修身为价值表现，修心为境界表现。怀无为之心境，处有为之身境。当今社会，借鉴古今中外思想精华，健全人格不妨如此修炼：

（一）用科学的视野看世界。

"恒·悟"是立身之品、个人思想的本质、个人成长的隐性品质。"发生·发现"是立身之行、个人思想的特征、个人成长的显性品质。心灵之旅是心之历练，过去认为心是软件，脑是硬件。如今认为心是硬件，脑是软件，最终形成心道德、脑科学。因此，汲取过去的心道德恒悟现在的脑科学，科学与人文并重，从而达到身心健康。

（二）用哲学的思想观天下。

从我国的诸子百家到古希腊圣贤，东西方文化发展的两条主线时而平行，时而交汇，碰撞的火花足以点亮我们的人生旅程。

（三）用三十六计安自我。

人生不能盲从，人生如棋，棋如人生，有勇有谋，策略至上，三十六计，高瞻远瞩，稳操胜券。

（四）用核心价值修自身。

"三力、三生、三观、三向"直接指向心灵之境。

（五）用古今中外读社会。

品读名著精髓，提升人文素养，从阅读中思考社会并找到心灵的慰藉。

一学

一学，一言道之。

一学，一本道，试看人生三视图：正视图—儒家—人与人；侧视图—道家—人比人；俯视图—佛家—人上人，好比入世—处世—出世，一以贯之，一学也。再比如上山是儒家，仁也；下山是道家，道也；佛家是看山，悟也。

中华传统文化博大精深，各种思想百家争鸣。不论哪种思想，皆倡导万物一体，所以思想同出一源，拓其一点，自成一家而已。

一本正经：

感性	理性	
有为	儒家：推己及人	墨家：君子务本
无为	佛家：明心见性	道家：道法自然

时光流：

时间	空间	
动	爱情	事业
静	家庭	自我

一学，一言生之。

试看《道德经》第三十九章，"万物得一以生"。

昔之得一者：天得一以清；地得一以宁；神得一以灵；谷得一以盈；万物得一以生；侯王得一以为天下正。其致之也，谓天无以清，将恐裂；地无以宁，将恐废；神无以灵，将恐歇；谷无以盈，将恐竭；万物无以生，将恐灭；侯王无以正，将恐蹶。故贵以贱为本，高以下为基。是以侯王自称孤、寡、不谷。此非以贱为本邪？非乎？故致数誉无誉。是故不欲琭琭如玉，珞珞如石。

试看《道德经》第四十二章。

道生一，一生二，二生三，三生万物。万物负阴而抱阳，冲气以为和。人之所恶，唯孤、寡、不谷，而王公以为称。故物或损之而益，或益之而损。人之所教，我亦教之。强梁者不得其死，吾将以为教父。

一学，一言类之。

一学，举一反三，由三归一。试看庄子《齐物论》，万物齐一。

南郭子綦隐机而坐，仰天而嘘，荅焉似丧其耦。颜成子游立侍乎前，曰："何居乎？形固可使如槁木，而心固可使如死灰乎？今之隐机者，非昔之隐机者也？"子綦曰："偃，不亦善乎，而问之也！今者吾丧我，汝知之乎？女闻人籁而未闻地籁，女闻地籁而未闻天籁夫！"

子游曰："敢问其方。"子綦曰："夫大块噫气，其名为风。是唯无作，作则万窍怒呺。而独不闻之翏翏乎？山陵之畏佳，大木百围之窍穴，似鼻，似口，似耳，似枅，似圈，似臼，似洼者，似污者。激者、謞者、叱者、吸者、叫者、譹者、宎者、咬者，前者唱于而随者唱喁，泠风则小和，飘风则大和，厉风济则众窍为虚。而独不见之调调之刁刁乎？"

子游曰:"地籁则众窍是已,人籁则比竹是已,敢问天籁。"子綦曰:"夫天籁者,吹万不同,而使其自己也。咸其自取,怒者其谁邪?"

大知闲闲,小知间间;大言炎炎,小言詹詹。其寐也魂交,其觉也形开;与接为构,日以心斗。缦者,窖者,密者。小恐惴惴,大恐缦缦。其发若机栝,其司是非之谓也;其留如诅盟,其守胜之谓也;其杀如秋冬,以言其日消也;其溺之所为之,不可使复之也;其厌也如缄,以言其老洫也;近死之心,莫使复阳也。喜怒哀乐,虑叹变慹,姚佚启态。乐出虚,蒸成菌。日夜相代乎前,而莫知其所萌。已乎,已乎!旦暮得此,其所由以生乎!

非彼无我,非我无所取。是亦近矣,而不知其所为使。若有真宰,而特不得其朕,可行己信,而不见其形,有情而无形。百骸、九窍、六藏,赅而存焉,吾谁与为亲?汝皆说之乎?其有私焉?如是皆有为臣妾乎?其臣妾不足以相治乎?其递相为君臣乎?其有真君存焉?如求得其情与不得,无益损乎其真。一受其成形,不亡以待尽。与物相刃相靡,其行尽如驰,而莫之能止,不亦悲乎!终身役役而不见其成功,苶然疲役而不知其所归,可不哀邪!人谓之不死,奚益!其形化,其心与之然,可不谓大哀乎?人之生也,固若是芒乎?其我独芒,而人亦有不芒者乎?

夫随其成心而师之,谁独且无师乎?奚必知代而自取者有之?愚者与有焉。未成乎心而有是非,是今日适越而昔至也。是以无有为有。无有为有,虽有神禹且不能知,吾独且奈何哉!

夫言非吹也。言者有言,其所言者特未定也。果有言邪?其未尝有言邪?其以为异于鷇音,亦有辩乎?其无辩乎?道恶乎隐而有真伪?言恶乎隐而有是非？道恶乎往而不存？言恶乎存而不可？道隐于小成，言隐于荣华。故有儒墨之是非，以是其所非而非其所是。欲是其所非而非其所是，则莫若以明。

物无非彼，物无非是。自彼则不见，自知则知之。故曰："彼出于是，是亦因彼。彼是，方生之说也。虽然，方生方死，方死方生；方可方不可，方不可方可；因是因非，因非因是。是以圣人不由而照之于天，亦因是也。是亦彼也，彼亦是也。彼亦一是非，此亦一是非，果且有彼是乎哉？果且无彼是乎哉？彼是莫得其偶，谓之道枢。枢始得其环中，以应无穷。是亦一无穷，非亦一无穷也。故曰莫若以明。"

以指喻指之非指，不若以非指喻指之非指也；以马喻马之非马，不若以非马喻马之非马也。天地一指也，万物一马也。

可乎可，不可乎不可。道行之而成，物谓之而然。恶乎然？然于然。恶乎不然？不然于不然。恶乎可？可不可。恶乎不可？不可于不可。物固有所然，物固有所可。无物不然，无物不可。故为是举莛与楹、厉与西施、恢诡谲怪，道通为一。其分也，成也；其成也，毁也。凡物无成与毁，复通为一。唯达者知通为一，为是不用而寓诸庸。庸也者，用也；用也者，通也；通也者，得也；适得而几矣。因是已，已而不知其然，谓之道。劳神明为一而不知其同也，谓之"朝三"。何谓"朝三"？狙公赋芧曰："朝三而暮四。"众狙皆怒。曰："然则朝四而暮三。"众狙皆悦。名实未亏而喜怒为用，亦因是也。是以圣人和之以是非而休乎天钧，是之谓两行。

古之人，其知有所至矣。恶乎至？有以为未始有物者，至矣，尽矣，不可以加矣。其次以为有物矣，而未始有封也。其次以为有封焉，

而未始有是非也。是非之彰也，道之所以亏也。道之所以亏，爱之所以成。果且有成与亏乎哉？果且无成与亏乎哉？有成与亏，故昭氏之鼓琴也。无成与亏，故昭氏之不鼓琴也。昭文之鼓琴也，师旷之枝策也，惠子之据梧也，三子之知几乎！皆其盛者也，故载之末年。唯其好之也，以异于彼，其好之也，欲以明之。彼非所明而明之，故以坚白之昧终。而其子又以文之纶终，终身无成。若是而可谓成乎，虽我亦成也；若是而不可谓成乎，物与我无成也。是故滑疑之耀，圣人之所图也。为是不用而寓诸庸，此之谓以明。

今且有言于此，不知其与是类乎？其与是不类乎？类与不类，相与为类，则与彼无以异矣。虽然，请尝言之。有始也者，有未始有始也者，有未始有夫未始有始也者。有有也者，有无也者，有未始有无也者，有未始有夫未始有无也者。俄而有无矣，而未知有无之果孰有孰无也。今我则已有谓矣，而未知吾所谓之其果有谓乎，其果无谓乎？

夫天下莫大于秋毫之末，而太山为小；莫寿于殇子，而彭祖为夭。天地与我并生，而万物与我为一。既已为一矣，且得有言乎？既已谓之一矣，且得无言乎？一与言为二，二与一为三。自此以往，巧历不能得，而况其凡乎！故自无适有以至于三，而况自有适有乎！无适焉，因是已。

夫道未始有封，言未始有常，为是而有畛也。请言其畛：有左有右，有伦有义，有分有辩，有竞有争，此之谓八德。六合之外，圣人存而不论；六合之内，圣人论而不议。春秋经世先王之志，圣人议而不辩。故分也者，有不分也；辩也者，有不辩也。曰："何也？"圣人怀之，众人辩之以相示也。故曰辩也者有不见也。

夫大道不称，大辩不言，大仁不仁，大廉不嗛，大勇不忮。道昭而不道，言辩而不及，仁常而不成，廉清而不信，勇忮而不成。五者圆而几向方矣。故知止其所不知，至矣。孰知不言之辩、不道之道？若有能知，此之谓天府。注焉而不满，酌焉而不竭，而不知其所由来，此之谓葆光。

故昔者尧问于舜曰："我欲伐宗、脍、胥敖，南面而不释然。其故何也？"舜曰："夫三子者，犹存乎蓬艾之间。若不释然，何哉！昔者十日并出，万物皆照，而况德之进乎日者乎！"

啮缺问乎王倪曰："子知物之所同是乎？"曰："吾恶乎知之！""子知子之所不知邪？"曰："吾恶乎知之！""然则物无知邪？"曰："吾恶乎知之！虽然，尝试言之：庸讵知吾所谓知之非不知邪？庸讵知吾所谓不知之非知邪？且吾尝试问乎女：民湿寝则腰疾偏死，鳅然乎哉？木处则惴栗恂惧，猨猴然乎哉？三者孰知正处？民食刍豢，麋鹿食荐，蝍且甘带，鸱鸦耆鼠，四者孰知正味？猨猵狙以为雌，麋与鹿交，鳅与鱼游。毛嫱丽姬，人之所美也。鱼见之深入，鸟见之高飞，麋鹿见之决骤，四者孰知天下之正色哉？自我观之，仁义之端，是非之涂，樊然淆乱，吾恶能知其辩！"

啮缺曰："子不知利害，则至人固不知利害乎？"王倪曰："至人神矣！大泽焚而不能热，河汉沍而不能寒，疾雷破山、飘风振海而不能惊。若然者，乘云气，骑日月，而游乎四海之外，死生无变于己，而况利害之端乎！"

瞿鹊子问乎长梧子曰："吾闻诸夫子，圣人不从事于务，不就利，不违害，不喜求，不缘道，无谓有谓，有谓无谓，而游乎尘垢之外。夫子以为孟浪之言，而我以为妙道之行也。吾子以为奚若？"

长梧子曰："是皇帝之所听荧也，而丘也何足以知之！且女亦大早计，见卵而求时夜，见弹而求鸮炙。予尝为女妄言之，女以妄听之。奚旁日月，挟宇宙，为其脗合，置其滑涽，以隶相尊。众人役役，圣人愚芚，参万岁而一成纯。万物尽然，而以是相蕴。予恶乎知说生之非惑邪！予恶乎知恶死之非弱丧而不知归者邪！

"丽之姬，艾封人之子也。晋国之始得之也，涕泣沾襟。及其至于王所，与王同筐床，食刍豢，而后悔其泣也。予恶乎知夫死者不悔其始之蕲生乎！梦饮酒者，旦而哭泣；梦哭泣者，旦而田猎。方其梦也，不知其梦也。梦之中又占其梦焉，觉而后知其梦也。且有大觉而后知此其大梦也，而愚者自以为觉，窃窃然知之。君乎！牧乎！固哉！丘也与女皆梦也，予谓女梦亦梦也。是其言也，其名为吊诡。万世之后而一遇大圣，知其解者，是旦暮遇之也。"

"既使我与若辩矣，若胜我，我不若胜，若果是也？我果非也邪？我胜若，若不吾胜，我果是也，而果非也邪，其或是也，其或非也邪？其俱是也？其俱非也邪？我与若不能相知也，则人固受其黮暗，吾谁使正之？使同乎若者正之，既与若同矣，恶能正之？使同乎我者正之，既同乎我矣，恶能正之？使异乎我与若者正之，既异乎我与若矣，恶能正之？使同乎我与若者正之，既同乎我与若矣，恶能正之？然则我与若与人，俱不能相知也，而待彼也邪？"化声之相待，若其不相待，和之以天倪，因之以曼衍，所以穷年也。"

"何谓和之以天倪？"曰："是不是，然不然。是若果是也，则是之异乎不是也亦无辩；然若果然也，则然之异乎不然也亦无辩。忘年忘义，振于无竟，故寓诸无竟。"

罔两问景曰："曩子行,今子止;曩子坐,今子起。何其无特操与?"景曰:"吾有待而然者邪?吾所待又有待而然者邪?吾待蛇蚹蜩翼邪?恶识所以然?恶识所以不然?"

昔者庄周梦为胡蝶,栩栩然胡蝶也。自喻适志与!不知周也。俄然觉,则蘧蘧然周也。不知周之梦为胡蝶与,胡蝶之梦为周与?周与胡蝶,则必有分矣。此之谓物化。

一学,一言致之。

一学,"行—品—知"系统:品知合一(学思合一);知行合一(身心合一);品行合一(天人合一)。知之真切笃行处即是行,行之明觉精察处即是知。知是行之始,行是知之成。王阳明《传习录》精彩论述:

☆ 问:"静时亦觉意思好。才遇事便不同。如何?"先生曰:"是徒知养静,而不用克己工夫也。如此临事便要倾倒。人须在事上磨,方立得住,方能静亦定,动亦定。"

☆ 问上达工夫。先生曰:"后儒教人 才涉精微,便谓上达未当学,且说下学;是分下学、上达为二也。夫目可得见,耳可得闻,口可得言,心可得思者,皆下学也;目不可得见,耳不可得闻,口不可得言,心不可得思者,上达也。如木之栽培灌溉,是下学也。至于日夜之所息,条达畅茂,乃是上达。人安能预其力哉!故凡可用功、可告语者,皆下学,上达只在下学里。凡圣人所说,虽极精微,俱是下学。学者只从下学里用功,自然上达去,不必别寻个上达的工夫。"

☆ 问:"'惟精''惟一',是如何用功?"先生曰:"'惟一'是'惟精'主意,'惟精'是'惟一'工夫。非'惟精'之外复有'惟一'也。精

字从米，姑以米譬之。要得此米纯然洁白，便是'惟一'意；然非加舂簸筛拣'惟精'之工，则不能纯然洁白也。舂簸筛拣，是'惟精'之功。然亦不过要此米到纯然洁白而已。博学，审问，慎思，明辨，笃行者，皆所以为'惟精'而求'惟一'也。他如'博文'者即'约礼'之功。'格物''致知'者即'诚意'之功。'道问学'即'尊德性'之功。'明善'即'诚身'之功，无二说也。"

☆ "知者行之始。行者知之成。圣学只一个工夫。知行不可分作两事。"

☆ 问："知识不长进如何？"先生曰："为学须有本原，须从本原上用力，渐渐盈科而进。仙家说婴儿，亦善譬。婴儿在母腹时，只是纯气，有何知识；出胎后，方始能啼，既而后能笑。又既而后能认识其父母兄弟，又既而后能立、能行、能持、能负，卒乃天下之事无不可能：皆是精气日足，则筋力日强，聪明日开。不是出胎日便讲求推寻得来。故须有个本原。圣人到'位天地、育万物'，也只从'喜怒哀乐未发'之中上养来。后儒不明格物之说，见圣人无不知、无不能，便欲于初下手时讲求得尽，岂有此理！"又曰："立志用功如种树然。方其根芽，犹未有干，及其有干，尚未有枝，枝而后叶，叶而后花、实。初种根时，只管栽培灌溉。勿作枝想，勿作叶想，勿作花想，勿作实想——悬想何益！但不忘栽培之功，怕没有枝叶花实！"

☆ 问："看书不能明，如何？"先生曰："此只是在文义上穿求，故不明。如此，又不如为旧时学问。他到看得多，解得去。只是他为学虽极解得明晓，亦终身无得。须于心体上用功。凡明不得，行不去，须反在自心上体当，即可通。盖四书五经不过说这心体。这心体即所谓道心，体明即是道明，更无二。此是为学头脑处。"

☆ "虚灵不昧，众理而万事出。心外无理，心外无事。"

☆ 或问："晦庵先生曰，'人之所以为学者，心与理而已'。此语如何？"曰："心即性，性即理。下一'与'字，恐未免为二。此在学者善观之。"

☆ 或曰："人皆有是心，心即理。何以有为善，有为不善？"先生曰："恶人之心失其本体。"

☆ 问："'析之有以极其精而不乱，然后合之有以尽其大而无余'。此言如何？"先生曰："恐亦未尽。此理岂容分析！又何须凑合得！圣人说'精一'，自是尽。"

☆ 省察是有事时存养，存养是无事时省察。

☆ 一日论为学工夫。先生曰："教人为学不可执一偏。初学时心猿意马，拴缚不定，其所思虑多是人欲一边，故且教之静坐息思虑。久之，俟其心意稍定。只悬空静守，如槁木死灰，亦无用，须教他省察克治。省察克治之功，则无时而可间。如去盗贼，须有个扫除廓清之意。无事时将好色好货好名等私逐一追究搜寻出来。定要拔去病根，永不复起，方始为快。常如猫之捕鼠。一眼看着，一耳听着。才有一念萌动，即与克去，斩钉截铁，不可姑容，与他方便，不可窝藏，不可放他出路，方是真实用功，方能扫除廓清。到得无私可克，自有端拱时在。虽曰'何思何虑'，非初学时事。初学必须思省察克治，即是思诚只思一个天理。到得天理纯全，便是'何思何虑'矣。"

一学，一言为之。

《劝学》是《荀子》一书的首篇，首谈为学。

君子曰：学不可以已。青，取之于蓝而青于蓝；冰，水为之而寒于

水。木直中绳，輮以为轮，其曲中规。虽有槁暴，不复挺者，輮使之然也。故木受绳则直，金就砺则利，君子博学而日参省乎己，则知明而行无过矣。

故不登高山，不知天之高也；不临深谿，不知地之厚也；不闻先王之遗言，不知学问之大也。干、越、夷、貉之子，生而同声，长而异俗，教使之然也。《诗》曰："嗟尔君子，无恒安息。靖共尔位，好是正直。神之听之，介尔景福。"神莫大于化道，福莫长于无祸。

吾尝终日而思矣，不如须臾之所学也；吾尝跂而望矣，不如登高之博见也。登高而招，臂非加长也，而见者远；顺风而呼，声非加疾也，而闻者彰。假舆马者，非利足也，而致千里；假舟楫者，非能水也，而绝江河。君子生非异也，善假于物也。

南方有鸟焉，名曰蒙鸠，以羽为巢而编之以发，系之苇、苕。风至苕折，卵破子死。巢非不完也，所系者然也。西方有木焉，名曰射干，茎长四寸，生于高山之上而临百仞之渊，木茎非能长也，所立者然也。蓬生麻中，不扶而直。白沙在涅，与之俱黑。兰槐之根是为芷，其渐之滫，君子不近，庶人不服，其质非不美也，所渐者然也。故君子居必择乡，游必就士，所以防邪僻而近中正也。

物类之起，必有所始。荣辱之来，必象其德。肉腐出虫，鱼枯生蠹。怠慢忘身，祸灾乃作。强自取柱，柔自取束。邪秽在身，怨之所构。施薪若一，火就燥也，平地若一，水就湿也。草木畴生，禽兽群焉，物各从其类也。是故质的张而弓矢至焉，林木茂而斧斤至焉。树成荫而众鸟息焉。醯酸而蚋聚焉。故言有招祸也，行有招辱也，君子慎其所立乎！

积土成山,风雨兴焉;积水成渊,蛟龙生焉;积善成德,而神明自得,圣心备焉。故不积跬步,无以至千里;不积小流,无以成江海。骐骥一跃,不能十步;驽马十驾,功在不舍。锲而舍之,朽木不折;锲而不舍,金石可镂。蚓无爪牙之利,筋骨之强,上食埃土,下饮黄泉,用心一也。蟹六跪而二螯,非蛇鳝之穴无可寄托者,用心躁也。是故无冥冥之志者无昭昭之明,无惛惛之事者无赫赫之功。行衢道者不至,事两君者不容。目不能两视而明,耳不能两听而聪。螣蛇无足而飞,鼫鼠五技而穷。《诗》曰:"尸鸠在桑,其子七兮。淑人君子,其仪一兮。其仪一兮,心如结兮!"故君子结于一也。

昔者瓠巴鼓瑟而流鱼出听,伯牙鼓琴而六马仰秣。故声无小而不闻,行无隐而不形。玉在山而草木润,渊生珠而崖不枯。为善不积邪,安有不闻者乎?

学恶乎始?恶乎终?曰:其数则始乎诵经,终乎读礼;其义则始乎为士,终乎为圣人,真积力久则入,学至乎没而后止也。故学数有终,若其义则不可须臾舍也。为之,人也;舍之,禽兽也。故《书》者,政事之纪也;《诗》者,中声之所止也;《礼》者,法之大分,类之纲纪也。故学至乎《礼》而止矣。夫是之谓道德之极。《礼》之敬文也,《乐》之中和也,《诗》《书》之博也,《春秋》之微也,在天地之间者毕矣。

君子之学也,入乎耳,箸乎心,布乎四体,形乎动静。端而言,蠕而动,一可以为法则。小人之学也,入乎耳,出乎口。口耳之间则四寸耳,曷足以美七尺之躯哉!古之学者为己,今之学者为人。君子之学也,以美其身;小人之学也,以为禽犊。故不问而告谓之傲,问一而告

二谓之囋。傲、非也；囋、非也；君子如向矣。

学莫便乎近其人。《礼》《乐》法而不说，《诗》《书》故而不切，《春秋》约而不速。方其人之习君子之说，则尊以遍矣，周于世矣。故曰：学莫便乎近其人。

学之经莫速乎好其人，隆礼次之。上不能好其人，下不能隆礼，安特将学杂识志，顺《诗》《书》而已耳。则末世穷年，不免为陋儒而已。将原先王，本仁义，则礼正其经纬蹊径也。若挈裘领，诎五指而顿之，顺者不可胜数也。不道礼宪，以《诗》《书》为之，譬之犹以指测河也，以戈舂黍也，以锥餐壶也，不可以得之矣。故隆礼，虽未明，法士也；不隆礼，虽察辩，散儒也。

问楛者勿告也，告楛者勿问也，说楛者勿听也，有争气者勿与辩也。故必由其道至，然后接之，非其道则避之。故礼恭而后可与言道之方；辞顺而后可与言道之理；色从而后可与言道之致。故未可与言而言谓之傲；可与言而不言谓之隐；不观气色而言谓之瞽。故君子不傲、不隐、不瞽，谨顺其身。《诗》曰："匪交匪舒，天子所予。"此之谓也。

百发失一，不足谓善射。千里跬步不至，不足谓善御。伦类不通，仁义不一，不足谓善学。学也者，固学一之也。一出焉，一入焉，涂巷之人也。其善者少，不善者多，桀、纣、盗跖也。全之尽之，然后学者也。君子知夫不全不粹之不足以为美也，故诵数以贯之，思索以通之，为其人以处之，除其害者以持养之。使目非是无欲见也，使耳非是无欲闻也，使口非是无欲言也，使心非是无欲虑也。及至其致好之也，目好之五色，耳好之五声，口好之五味，心利之有天下。是故权利不能倾也，群众不能移也，天下不能荡也。生乎由是，死乎由是，夫是之谓德操。德操然后能定，能定然后能应。能定能应，夫是之谓成人。天见其明，地见其光，君子贵其全也。

　　一学，一言道之，一言生之，一言类之，一言致之，一言为之。人生从一而终。

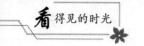

高中心课程

（一）善恶。

善之义，老子《道德经》："上善若水"。孟子道性善，荀子言性本恶。

《道德经》第八章：

上善若水。水善利万物而不争，处众人之所恶，故几于道。居善地，心善渊，与善仁，言善信，正善治，事善能，动善时。夫唯不争，故无尤。

《道德经》第二十七章：

善行无辙迹，善言无瑕谪；善数不用筹策；善闭无关楗而不可开，善结无绳约而不可解。是以圣人常善救人，故无弃人；常善救物，故无弃物。是谓袭明。故善人者，不善人之师；不善人者，善人之资。不贵其师，不爱其资，虽智大迷，是谓要妙。

《孟子·告子上》：

孟子曰："乃若其情，则可以为善矣，乃所谓善也。若夫为不善，非才之罪也。恻隐之心，人皆有之；羞恶之心，人皆有之；恭敬之心，人皆有之；是非之心，人皆有之。恻隐之心，仁也；羞恶之心，义也；恭敬之心，礼也；是非之心智也。仁义礼智非由外铄我也，我固有之也，弗思耳矣。故曰：'求则得之，舍则失之'。或相倍蓰而无算者，不能尽其才也。"

《孟子·公孙丑上》：

"人皆有不忍人之心。先王有不忍人之心，斯有不忍人之政矣。以不忍人之心，行不忍人之政，治天下可运之掌上。所以谓人皆有不忍人之心者，今人乍见孺子将入于井，皆有怵惕恻隐之心。非所以内交于孺子之父母也，非所以要誉于乡党朋友也，非恶其声而然也。"

《孟子·尽心上》：

"人之所不学而能者，其良能也；所不虑而知者，其良知也。孩提之童无不知爱其亲者，及其长也，无不知敬其兄也。"

荀子《性恶篇》：

人之性恶，其善者伪也。今人之性，生而有好利焉，顺是，故争夺生而辞让亡焉；生而有疾恶焉，顺是，故残贼生而忠信亡焉；生而有耳目之欲，有好声色焉，顺是，故淫乱生而礼义文理亡焉。然则从人之性，顺人之情，必出于争夺，合于犯分乱理而归于暴。故必将有师法之化，礼义之道，然后出于辞让，合于文理，而归于治。用此观之，人之性恶明矣，其善者伪也。

故枸木必将待檃栝、烝、矫然后直，钝金必将待砻、厉然后利。今

人之性恶，必将待师法然后正，得礼义然后治。今人无师法则偏险而不正，无礼义则悖乱而不治。古者圣王以人性恶，以为偏险而不正，悖乱而不治，是以为之起礼义、制法度，以矫饰人之情性而正之，以扰化人之情性而导之也。始皆出于治，合于道者也。今人之，化师法，积文学，道礼义者为君子；纵性情，安恣睢而违礼义者为小人。用此观之，人之性恶明矣，其善者伪也。

孟子曰："今之学者，其性善。"曰："是不然！是不及知人之性，而不察乎人之性、伪之分者也。凡性者，天之就也，不可学、不可事。礼义者，圣人之所生也，人之所学而能，所事而成者也。不可学、不可事而在人者谓之性，可学而能、可事而成之在人者谓之伪。是性、伪之分也。

今人之性，目可以见，耳可以听。夫可以见之明不离目，可以听之聪不离耳，目明而耳聪，不可学明矣。"孟子曰："今人之性善，将皆失丧其性故也。"

曰："若是则过矣。今人之性，生而离其朴，离其资，必失而丧之。用此观之，然则人之性恶明矣。所谓性善者，不离其朴而美之，不离其资而利之也。使夫资朴之于美，心意之于善，若夫可以见之明不离目，可以听之聪不离耳，故曰目明而耳聪也。今人之性，饥而欲饱，寒而欲暖，劳而欲休，此人之情性也。今人饥，见长而不敢先食者，将有所让也；劳而不敢求息者，将有所代也。夫子之让乎父、弟之让乎兄，子之代乎父、弟之代乎兄，此二行者，皆反于性而悖于情。然而孝子之道，礼义之文理也。故顺情性则不辞让矣，辞让则悖于情性矣。用此观之，人之性恶明矣，其善者伪也。"

问者曰："人之性恶，则礼义恶生？"应之曰："凡礼义者，是生于圣人之伪，非故生于人之性也。故陶人埏埴而为器，然则器生于陶人之伪，非故生于人之性也。故工人斫木而成器，然则器生于工人之伪，非故生于人之性也。圣人积思虑，习伪故，以生礼义而起法度，然则礼义法度者，是生于圣人之伪，非故生于人之性也。若夫目好色、耳好听、口好味、心好利、骨体肤理好愉佚，是皆生于人之情性者也，感而自然，不待事而后生之者也。夫感而不能然，必且待事而后然者，谓之生于伪。是性、伪之所生，其不同之征也。故圣人化性而起伪，伪起而生礼义，礼义生而制法度。然则礼义法度者，是圣人之所生也。故圣人之所以同于众，其不异于众者，性也；所以异而过众者，伪也。夫好利而欲得者，此人之情性也。假之有弟兄资财而分者，且顺情性，好利而欲得，若是，则兄弟相拂夺矣；且化礼义之文理，若是，则让乎国人矣。故顺情性则弟兄争矣，化礼义则让乎国人矣。

凡人之欲为善者，为性恶也。夫薄愿厚，恶愿美，狭愿广，贫愿富，贱愿贵，苟无之中者，必求于外。故富而不愿财，贵而不愿势，苟有之中者，必不及于外。用此观之，人之欲为善者，为性恶也。今人之性，固无礼义，故强学而求有之也；性不知礼义，故思虑而求知之也。然则性而已，则人无礼义，不知礼义。人无礼义则乱，不知礼义则悖。然则性而已，则悖乱在己。用此观之，人之性恶明矣，其善者伪也。"

孟子曰："人之性善。"曰："是不然。凡古今天下之所谓善者，正理平治也；所谓恶者，偏险悖乱也。是善恶之分也已。今诚以人之性固正理平治邪，则有恶用圣王，恶用礼义矣哉！虽有圣王礼义，将曷加

于正理平治也哉！今不然，人之性恶。故古者圣人以人之性恶，以为偏险而不正，悖乱而不治，故为之立君上之势以临之，明礼义以化之，起法正以治之，重刑罚以禁之，使天下皆出于治，合于善也。是圣王之治而礼义之化也。今当试去君上之势，无礼义之化，去法正之治，无刑罚之禁，倚而观天下民人之相与也。若是，则夫强者害弱而夺之，众者暴寡而哗之，天下悖乱而相亡不待顷矣。用此观之，然则人之性恶明矣，其善者伪也。

故善言古者必有节于今，善言天者必有征于人。凡论者，贵其有辨合，有符验。故坐而言之，起而可设，张而可施行。"今孟子曰："人之性善。"无辨合符验，坐而言之，起而不可设，张而不可施行，岂不过甚矣哉！故性善则去圣王，息礼义矣。性恶则与圣王，贵礼义矣。故檃栝之生，为枸木也；绳墨之起，为不直也；立君上，明礼义，为性恶也。用此观之，然则人之性恶明矣，其善者伪也。

直木不待檃栝而直者，其性直也。枸木必将待檃栝、烝、矫然后直者，以其性不直也。今人之性恶，必将待圣王之治，礼义之化，然后始出于治，合于善也。用此观之，人之性恶明矣，其善者伪也。

问者曰："礼义积伪者，是人之性，故圣人能生之也。"应之曰："是不然。夫陶人埏埴而生瓦，然则瓦埴岂陶人之性也哉？工人斫木而生器，然则器木岂工人之性也哉？夫圣人之于礼义也，辟则陶埏而生之也。然则礼义积伪者，岂人之本性也哉？凡人之性者，尧、舜之与桀、跖，其性一也；君子之与小人，其性一也。今将以礼义积伪为人之性邪？然则有曷贵尧、禹，曷贵君子矣哉？凡贵尧、禹、君子者，能化性，能起伪，伪起而生礼义。然则圣人之于礼义积伪也，亦犹陶埏而为之也。用此观之，然则礼义积伪者，岂人之性也哉？所贱于桀、跖、小人者，从其性，顺其情，安恣睢，以出乎贪利争夺。故人之性恶明矣，其善者伪也。

天非私曾、骞、孝己而外众人也，然而曾、骞、孝己独厚于孝之实，而全于孝之名者，何也？以綦于礼义故也。天非私齐、鲁之民而外秦人也，然而于父子之义，夫妇之别，不如齐、鲁之孝具敬文者，何也？以秦人从情性，安恣睢，慢于礼义故也，岂其性异矣哉？"

"涂之人可以为禹。曷谓也？"曰："凡禹之所以为禹者，以其为仁义法正也。然则仁义法正有可知可能之理。然而涂之人也，皆有可以知仁义法正之质，皆有可以能仁义法正之具，然则其可以为禹明矣。今以仁义法正为固无可知可能之理邪，然则唯禹不知仁义法正，不能仁义法正也。将使涂之人固无可以知仁义法正之质，而固无可以能仁义法正之具邪，然则涂之人也，且内不可以知父子之义，外不可以知君臣之正。今不然。涂之人者，皆内可以知父子之义，外可以知君臣之正，然则其可以知之质，可以能之具，其在涂之人明矣。今使涂之人者，以其可以知之质，可以能之具，本夫仁义法正之可知可能之理，然则其可以为禹明矣。今使涂之人伏术为学，专心一志，思索孰察，加日县久，积善而不息，则通于神明，参于天地矣。故圣人者，人之所积而致矣。"

曰："圣可积而致，然而皆不可积，何也？"曰："可以而不可使也。故小人可以为君子而不肯为君子，君子可以为小人而不肯为小人。小人、君子者，未尝不可以相为也，然而不相为者，可以而不可使也。故涂之人可以为禹则然，涂之人能为禹，则未必然也。虽不能为禹，

无害可以为禹。足可以遍行天下，然而未尝有遍行天下者也。夫工匠农贾，未尝不可以相为事也，然而未尝能相为事也。用此观之，然则可以为，未必能也；虽不能，无害可以为。然则能不能之与可不可，其不同远矣，其不可以相为明矣。"

尧问于舜曰："人情何如？"舜对曰："人情甚不美，又何问焉？妻子具而孝衰于亲，嗜欲得而信衰于友，爵禄盈而忠衰于君。人之情乎！人之情乎！甚不美，又何问焉？"唯贤者为不然。有圣人之知者，有士君子之知者，有小人之知者，有役夫之知者。多言则文而类，终日议其所以，言之千举万变，其统类一也，是圣人之知也。少言则径而省，论而法，若佚之以绳，是士君子之知也。其言也诒，其行也悖，其举事多悔，是小人之知也。齐给、便敏而无类，杂能、旁魄而无用，析速、粹孰而不急，不恤是非，不论曲直，以期胜人为意，是役夫之知也。

有上勇者，有中勇者，有下勇者。天下有中，敢直其身；先王有道，敢行其意；上不循于乱世之君，下不俗于乱世之民；仁之所在无贫穷，仁之所亡无富贵；天下知之，则欲与天下同乐之；天下不知之，则傀然独立天地之间而不畏，是上勇也。礼恭而意俭，大齐信焉而轻货财，贤者敢推而尚之，不肖者敢援而废之，是中勇也。轻身而重货，恬祸而广解，苟免，不恤是非、然不然之情，以期胜人为意，是下勇也。

繁弱、巨黍，古之良弓也；然而不得排檠，则不能自正。桓公之葱，太公之阙，文王之录，庄君之智，阖闾之干将、莫邪、巨阙、辟闾，此皆古之良剑也，然而不加砥厉则不能利，不得人力则不能断。骅骝、骐骥、纤离、绿耳，此皆古之良马也，然而必前有衔辔之制，后有鞭策之威，加之以造父之驭，然后一日而致千里也。夫人虽有性质美而心辩知，必将求贤师而事之,择良友而友之。得贤师而事之,则所闻者尧、舜、禹、汤之道也;得良友而友之,则所见者忠信敬让之行也。身日进于仁义而不自知也者,靡使然也。今与不善人处,则所闻者欺诬诈伪也,所见者污漫、淫邪、贪利之行也,身且加于刑戮而不自知者,靡使然也。传曰:"不知其子视其友,不知其君视其左右。"靡而已矣! 靡而已矣!

(二)美丑。

美丑之鉴源于生命,示于生活,贯穿生涯。

美丑之鉴彰显教育,美与丑关系个人身心发展,身体的发展在于运动。身心的发展在于真善美,即智德美。知识发现美,品德升华美,艺术孕育美。

美丑之鉴关键在于发现,发现关键在于境界认知。

谈美,延展阅读(1)朱光潜作品,(2)艺术作品。

(三)爱恨。

爱与恨将情系于一身,过之则乱心之本性。《中庸》道出真义。

《中庸》

天命之谓性,率性之谓道,修道之谓教。道也者,不可须臾离也,可离非道也。是故君子戒慎乎其所不睹,恐惧乎其所不闻。莫见乎隐,莫显乎微。故君子慎其独也。喜怒哀乐之未发,谓之中。发而皆中节,谓之和。中也者,天下之大本也。和也者,天下之达道也。致中和,天地位焉,万物育焉。

(四)分合。

天下大势,分久必合,合久必分。不妨从一个人的境遇分析个人、国家、社会的种种变迁,历史的天空从来不乏聚散的云朵。如以

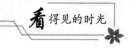

《苏东坡传》为本谈及苏轼的人生,体味分与合的世态炎凉。

(五)喜忧。

庄子·外篇·至乐

天下有至乐无有哉?有可以活身者无有哉?今奚为奚据?奚避奚处?奚就奚去?奚乐奚恶?夫天下之所尊者,富贵寿善也;所乐者,身安厚味美服好色音声也;所下者,贫贱夭恶也;所苦者,身不得安逸,口不得厚味,形不得美服,目不得好色,耳不得音声。若不得者,则大忧以惧,其为形也亦愚哉。夫富者,苦身疾作,多积财而不得尽用,其为形也亦外矣。夫贵者,夜以继日,思虑善否,其为形也亦疏矣。人之生也,与忧俱生。寿者惽惽,久忧不死,何苦也!其为形也亦远矣。烈士为天下见善矣,未足以活身。吾未知善之诚善邪,诚不善邪?若以为善矣,不足活身;以为不善矣,足以活人。故曰:"忠谏不听,蹲循勿争。"故夫子胥争之以残其形,不争,名亦不成。诚有善无有哉?今俗之所为与其所乐,吾又未知乐之果乐邪,果不乐邪?吾观夫俗之所乐,举群趣者,径径然如将不得已,而皆曰乐者,吾未之乐也,亦未之不乐也。果有乐无有哉?吾以无为诚乐矣,又俗之所大苦也。故曰:"至乐无乐,至誉无誉。"天下是非果未可定也。虽然,无为可以定是非。至乐活身,唯无为几存。请尝试言之:天无为以之清,地无为以之宁,故两无为相合,万物皆化。芒乎芴乎,而无从出乎!芴乎芒乎,而无有象乎!万物职职,皆从无为殖。故曰:"天地无为也而无不为也,人也孰能得无为哉!"

(六)大小。

庄子·内篇·逍遥游

北冥有鱼，其名为鲲。鲲之大，不知其几千里也。化而为鸟，其名为鹏。鹏之背，不知其几千里也；怒而飞，其翼若垂天之云。是鸟也，海运则将徙于南冥。南冥者，天池也。

齐谐者，志怪者也。谐之言曰："鹏之徙于南冥也，水击三千里，抟扶摇而上者九万里，去以六月息者也。"野马也，尘埃也，生物之以息相吹也。天之苍苍，其正色邪？其远而无所至极邪？其视下也，亦若是则已矣。

且夫水之积也不厚，则其负大舟也无力。覆杯水于坳堂之上，则芥为之舟；置杯焉则胶，水浅而舟大也。风之积也不厚，则其负大翼也无力。故九万里则风斯在下矣，而后乃今培风；背负青天而莫之夭阏者，而后乃今将图南。

蜩与学鸠笑之曰："我决起而飞，枪榆枋而止，时则不至而控于地而已矣，奚以九万里而南为？"适莽苍者，三餐而反，腹犹果然；适百里者，宿舂粮；适千里者，三月聚粮。之二虫又何知！

小知不及大知，小年不及大年。奚以知其然也？朝菌不知晦朔，蟪蛄不知春秋，此小年也。楚之南有冥灵者，以五百岁为春，五百岁为秋；上古有大椿者，以八千岁为春，八千岁为秋。此大年也。而彭祖乃今以久特闻，众人匹之，不亦悲乎！

汤之问棘也是已。穷发之北有冥海者，天池也。有鱼焉，其广数千里，未有知其修者，其名为鲲。有鸟焉，其名为鹏，背若泰山，翼若垂天之云；抟扶摇羊角而上者九万里，绝云气，负青天，然后图南，且适南冥也。斥鴳笑之曰："彼且奚适也？我腾跃而上，不过数仞而下，翱翔蓬蒿之间，此亦飞之至也。而彼且奚适也？"此小大之辩也。

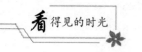

　　故夫知效一官，行比一乡，德合一君，而征一国者，其自视者亦若此矣。而宋荣子犹然笑之。且举世誉之而不加劝，举世非之而不加沮，定乎内外之分，辩乎荣辱之境，斯已矣。彼其于世未数数然也。虽然，犹有未树也。夫列子御风而行，泠然善也，旬有五日而后反。彼于致福者，未数数然也。此虽免乎行，犹有所待者也。若夫乘天地之正，而御六气之辩，以游无穷者，彼且恶乎待哉！故曰："至人无己，神人无功，圣人无名。"

　　尧让天下于许由曰："日月出矣，而爝火不息；其于光也，不亦难乎！时雨降矣，而犹浸灌，其于泽也，不亦劳乎！夫子立而天下治，而我犹尸之，吾自视缺然，请致天下。"许由曰："子治天下，天下既已治也，而我犹代子，吾将为名乎？名者，实之宾也，吾将为宾乎？鹪鹩巢于深林，不过一枝；偃鼠饮河，不过满腹。归休乎君，予无所用天下为！庖人虽不治庖，尸祝不越樽俎而代之矣。"

　　肩吾问于连叔曰："吾闻言于接舆，大而无当，往而不返。吾惊怖其言，犹河汉而无极也；大有径庭，不近人情焉。"连叔曰："其言谓何哉？"曰："藐姑射之山，有神人居焉。肌肤若冰雪，绰约若处子。不食五谷，吸风饮露。乘云气，御飞龙，而游乎四海之外。其神凝，使物不疵疠而年谷熟，吾以是狂而不信也。"连叔曰："然。瞽者无以与乎文章之观，聋者无以与乎钟鼓之声。岂唯形骸有聋盲哉？夫知亦有之。是其言也，犹时女也。之人也，之德也，将旁礴万物以为一，世蕲乎乱，孰弊弊焉以天下为事！之人也，物莫之伤，大浸稽天而不溺，大旱金石流，土山焦而不热，是其尘垢秕糠，将犹陶铸尧舜者也，孰肯以物为事？"宋人资章甫而适诸越，越人断发文身，无所用之。尧治天下之

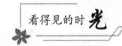

民，平海内之政，往见四子藐姑射之山，汾水之阳，窅然丧其天下焉。

惠子谓庄子曰："魏王贻我大瓠之种，我树之成而实五石。以盛水浆，其坚不能自举也。剖之以为瓢，则瓠落无所容。非不呺然大也，吾为其无用而掊之。"庄子曰："夫子固拙于用大矣。宋人有善为不龟手之药者，世世以洴澼絖为事。客闻之，请买其方以百金。聚族而谋曰：'我世世为洴澼絖，不过数金，今一朝而鬻技百金，请与之。'客得之，以说吴王。越有难，吴王使之将，冬，与越人水战，大败越人。裂地而封之。能不龟手，一也，或以封，或不免于洴澼絖，则用之异也。今子有五石之瓠，何不虑以为大樽而浮于江湖，而忧其瓠落无所容？则夫子犹有蓬之心也夫！"

惠子谓庄子曰："吾有大树，人谓之樗。其大本拥肿而不中绳墨，其小枝卷曲而不中规矩，立之涂，匠人不顾。今子之言，大而无用，众所同去也。"庄子曰："子独不见狸狌乎？卑身而伏，以候敖者；东西跳梁，不辟高下；中于机辟，死于罔罟。今夫斄牛，其大若垂天之云。此能为大矣，而不能执鼠。今子有大树，患其无用，何不树之于无何有之乡，广莫之野，彷徨乎无为其侧，逍遥乎寝卧其下。不夭斤斧，物无害者，无所可用，安所困苦哉！"

（七）真假。

荀子·解蔽

凡人之患，蔽于一曲而暗于大理。治则复经，两疑则惑矣。天下无二道，圣人无两心。今诸侯异政，百家异说，则必或是或非，或治或乱。乱国之君，乱家之人，此其诚心莫求正而以自为也，妒缪于道而人诱其所迨也。私其所积，唯恐闻其恶也。倚其所私，以观异术，

唯恐闻其美也。是以与治离走而是己不辍也，岂不蔽于一曲而失正求也哉！心不使焉，则白黑在前而目不见，雷鼓在侧而耳不闻，况于使者乎！德道之人，乱国之君非之上，乱家之人非之下，岂不哀哉！

故为蔽：欲为蔽，恶为蔽，始为蔽，终为蔽，远为蔽，近为蔽，博为蔽，浅为蔽，古为蔽，今为蔽。凡万物异则莫不相为蔽，此心术之公患也。

昔人君之蔽者，夏桀、殷纣是也。桀蔽于末喜、斯观，而不知关龙逢，以惑其心而乱其行；纣蔽于妲己、飞廉，而不知微子启，以惑其心而乱其行。故群臣去忠而事私，百姓怨非而不用，贤良退处而隐逃，此其所以丧九牧之地而虚宗庙之国也。桀死于鬲山，纣县于赤斾，身不先知，人又莫之谏，此蔽塞之祸也。成汤监于夏桀，故主其心而慎治之，是以能长用伊尹而身不失道，此其所以代夏王而受九有也。文王监于殷纣，故主其心而慎治之，是以能长用吕望而身不失道，此其所以代殷王而受九牧也，远方莫不致其珍。故目视备色，耳听备声，口食备味，形居备宫，名受备号，生则天下歌，死则四海哭，夫是之谓至盛。《诗》曰："凤凰秋秋，其翼若干，其声若箫，有凤有凰，乐帝之心。"此不蔽之福也。

昔人臣之蔽者，唐鞅、奚齐是也。唐鞅蔽于欲权而逐载子，奚齐蔽于欲国而罪申生，唐鞅戮于宋，奚齐戮于晋。逐贤相而罪孝兄，身为刑戮，然而不知，此蔽塞之祸也。故以贪鄙、背叛争权而不危辱灭亡者，自古及今，未尝有之也。鲍叔、宁戚、隰朋，仁知且不蔽，故能持管仲而名利福禄与管仲齐。召公、吕望仁知且不蔽，故能持周公而名利福禄与周公齐。传曰："知贤之谓明，辅贤之谓能。勉之强之，其福必

长。"此之谓也。此不蔽之福也。

昔宾孟之蔽者，乱家是也。墨子蔽于用而不知文，宋子蔽于欲而不知得，慎子蔽于法而不知贤，申子蔽于势而不知知，惠子蔽于辞而不知实，庄子蔽于天而不知人。故由用谓之道，尽利矣；由俗谓之道，尽嗛矣；由法谓之道，尽数矣；由势谓之道，尽便矣；由辞谓之道，尽论矣；由天谓之道，尽因矣。此数具者，皆道之一隅也。夫道者，体常而尽变，一隅不足以举之。曲知之人，观于道之一隅而未之能识也，故以为足而饰之，内以自乱，外以惑人，上以蔽下，下以蔽上，此蔽塞之祸也。

孔子仁知且不蔽，故学乱术足以为先王者也。一家得周道，举而用之，不蔽于成积也。故德与周公齐，名与三王并，此不蔽之福也。

圣人知心术之患，见蔽塞之祸，故无欲无恶，无始无终，无近无远，无博无浅，无古无今，兼陈万物而中县衡焉。是故众异不得相蔽以乱其伦也。何谓衡？曰："道。"故心不可以不知道，心不知道，则不可道而可非道。人孰欲得恣而守其所不可，以禁其所可？以其不可道之心取人，则必合于不道人而不合于道人。以其不可道之心与不道人论道人，乱之本也。夫何以知？曰："心知道，然后可道。"可道，然后能守道以禁非道，以其可道之心取人，则合于道人而不合于不道之人矣。以其可道之心与道人论非道，治之要也。何患不知？故治之要在于知道。人何以知道？曰："心。心何以知？"曰："虚壹而静。"心未尝不臧也，然而有所谓虚；心未尝不两也，然而有所谓一；心未尝不动也，然而有所谓静。人生而有知，知而有志，志也者，臧也，然而有所谓虚，不以所已臧害所将受谓之虚。心生而有知，知而有异，异也者，

同时兼知之。同时兼知之，两也，然而有所谓一，不以夫一害此一谓之壹。心，卧则梦，偷则自行，使之则谋。故心未尝不动也，然而有所谓静，不以梦剧乱知谓之静。未得道而求道者，谓之虚壹而静，作之，则将须道者虚则入，将事道者之壹则尽，将思道者静则察。知道察，知道行，体道者也。虚壹而静，谓之大清明。万物莫形而不见，莫见而不论，莫论而失位。坐于室而见四海，处于今而论久远，疏观万物而知其情，参稽治乱而通其度，经纬天地而材官万物，制割大理而宇宙里矣。恢恢广广，孰知其极！睾睾广广，孰知其德！涫涫纷纷，孰知其形！明参日月，大满八极，夫是之谓大人。夫恶有蔽矣哉！

心者，形之君也，而神明之主也，出令而无所受令，自禁也，自使也，自夺也，自取也，自行也，自止也。故口可劫而使墨云，形可劫而使诎申，心不可劫而使易意，是之则受，非之则辞。故曰："心容其择也，无禁必自见，其物也杂博，其情之至也不贰。"《诗》云："采采卷耳，不盈顷筐。嗟我怀人，寘彼周行。"倾筐易满也，卷耳易得也，然而不可以贰周行。故曰："心枝则无知，倾则不精，贰则疑惑。以赞稽之，万物可兼知也。身尽其故则美，类不可两也，故知者择一而壹焉。"

农精于田而不可以为田师，贾精于市而不可以为贾师，工精于器而不可以为器师。有人也，不能此三技而可使治三官，曰："精于道者也，精于物者也。"精于物者以物物，精于道者兼物物。故君子壹于道而以赞稽物。壹于道则正，以赞稽物则察，以正志行察论，则万物官矣。

昔者舜之治天下也，不以事诏而万物成。处壹危之，其荣满侧，养壹之微，荣矣而未知。故《道经》曰："人心之危，道心之微。"危微之几，惟明君子而后能知之。故人心譬如槃水，正错而勿动，则湛浊在下而清明在上，则足以见须眉而察理矣。微风过之，湛浊动乎下，清明乱于上，则不可以得大形之正也。心亦如是矣。故导之以理，养之以清，物莫之倾，则足以定是非，决嫌疑矣。小物引之则其正外易，其心内倾，则不足以决粗理矣。故好书者众矣，而仓颉独传者，壹也；好稼者众矣，而后稷独传者，壹也。好乐者众矣，而夔独传者，壹也；好义者众矣，而舜独传者，壹也；倕作弓，浮游作矢，而羿精于射；奚仲作车，乘杜作乘马，而造父精于御。自古及今，未尝有两而能精者也。曾子曰："是其庭可以搏鼠，恶能与我歌矣！"空石之中有人焉，其名曰觙。其为人也，善射以好思。耳目之欲接则败其思，蚊虻之声闻则挫其精。是以辟耳目之欲，而远蚊虻之声，闲居静思则通。思仁若是，可谓微乎？孟子恶败而出妻，可谓能自强矣，未及思也；有子恶卧而焠掌，可谓能自忍矣，未及好也。辟耳目之欲，而远蚊虻之声，可谓危矣，未可谓微也。夫微者，至人也。至人也，何强，何忍，何危！故浊明外景，清明内景。圣人纵其欲，兼其情，而制焉者理矣，夫何强，何忍，何危！故仁者之行道也，无为也；圣人之行道也，无强也。仁者之思也恭；圣人之思也乐。此治心之道也。

　　凡观物有疑，中心不定，则外物不清，吾虑不清，则未可定然否也。冥冥而行者，见寝石以为伏虎也，见植林以为立人也，冥冥蔽其明也。醉者越百步之沟，以为跬步之浍也；俯而出城门，以为小之闺也，酒乱其神也。厌目而视者，视一以为两；掩耳而听者，听漠漠而以为啕啕，势乱其官也。故从山上望牛者若羊，而求羊者不下牵也，远蔽其大也。从山下望木者，十仞之木若箸，而求箸者不上折也，高蔽其长也。水动而景摇，人不以定美恶，水势玄也。瞽者仰视而不见星，人

不以定有无，用精惑也。有人焉，以此时定物，则世之愚者也。彼愚者之定物，以疑决疑，决必不当，夫苟不当，安能无过乎？夏首之南有人焉，曰涓蜀梁，其为人也，愚而善畏。明月而宵行，俯见其影，以为伏鬼也，卬视其发，以为立魅也，背而走，比至其家，失气而死。岂不哀哉！凡人之有鬼也，必以其感忽之间、疑玄之时定之。此人之所以无有而有无之时也，而己以正事。故伤于湿而痹，痹而击鼓烹豚，则必有敝鼓丧豚之费矣，而未有俞疾之福也。故虽不在夏首之南，则无以异矣。

凡以知，人之性也；可以知，物之理也。以可以知人之性，求可以知物之理，而无所疑止之，则没世穷年不能遍也。其所以贯理焉虽亿万，已不足以浃万物之变，与愚者若一。学，老身长子而与愚者若一，犹不知错，夫是之谓妄人。故学也者，固学止之也。恶乎止之？曰："止诸至足。曷谓至足？"曰："圣主。"圣也者，尽伦者也；王也者，尽制者也。两尽者，足以为天下极矣。故学者以圣王为师，案以圣王之制为法，法其法以求其统类，以务象效其人。向是而务，士也；类是而几，君子也；知之，圣人也。故有知非以虑是，则谓之惧；有勇非以持是，则谓之贼；察孰非以分是，则谓之篡；多能非以修荡是，则谓之知；辩利非以言是，则谓之诇。传曰："天下有二：非察是，是察非。"谓合王制与不合王制也。天下有不以是为隆正也，然而犹有能分是非、治曲直者邪？若夫非分是非，非治曲直，非辨治乱，非治人道，虽能之无益于人，不能无损于人。案直将治怪说，玩奇辞，以相挠滑也；案强钳而利口，厚颜而忍诟，无正而恣睢，妄辩而几利；不好辞让，不敬礼节，而好相推挤，此乱世奸人之说也，则天下之治说者方多然矣。传曰："析辞而为察，言物而为辨，君子贱之。博闻强志，不合王制，君子贱之。"此之谓也。为之无益于成也，求之无益于得也，忧戚之无益于几也。则广焉能弃之矣。不以自妨也，不少顷干之胸中。不慕往，不闵来，无邑怜之心，当时则动，物至而应，事起而辨，治乱可否，昭然明矣。

周而成，泄而败，明君无之有也；宣而成，隐而败，暗君无之有也。故君人者，周则谗言至矣，直言反矣，小人迩而君子远矣。《诗》云："墨以为明，狐狸而苍。"此言上幽而下险也。君人者，宣则直言至矣，而谗言反矣，君子迩而小人远矣。《诗》曰："明明在下，赫赫在上。"此言上明而下化也。

（八）高低。

人生发展呈正态分布，有上坡也有下坡，高低自然难免。上坡之时奔高处多用力，下坡之时奔低处多用心。高时有憧憬，低时有喜悦。高时静止难辨低，低时静止难辨高，人生难得保持心静若水之态，高低自不用论。高低标准取决于参照物，以变化的态势、灵活的参照物反观本心，高低自在心中。

（九）好坏。

庄子·山木

庄子行于山中，见大木枝叶盛茂，伐木者止其旁而不取也。问其故，曰："无所可用。"庄子曰："此木以不材得终其天年。"夫子出于山，舍于故人之家。故人喜，命竖子杀雁而烹之。竖子请曰："其一能鸣，其一不能鸣，请奚杀？"主人曰："杀不能鸣者。"明日，弟子问于庄子曰："昨日山中之木，以不材得终其天年，今主人之雁，以不材死；先生将何处？"庄子笑曰："周将处乎材与不材之间。材与不材之间，

似之而非也，故未免乎累。若夫乘道德而浮游则不然，无誉无訾，一龙一蛇，与时俱化，而无肯专为。一上一下，以和为量，浮游乎万物之祖。物物而不物于物，则胡可得而累邪！此神农、黄帝之法则也。若夫万物之情，人伦之传，则不然。合则离，成则毁，廉则挫，尊则议，有为则亏，贤则谋，不肖则欺，胡可得而必乎哉！悲夫！弟子志之，其唯道德之乡乎！"

（十）对错。

对与错是处在多元化、全球化、信息化的时代背景下，基于认识角度不同的先决条件下，人类价值与认知的重构与妥协，交流与合作是寻找正确的唯一途径。

（十一）远近。

人无远虑，必有近忧，人生需要规划。

《大学》：大学之道，在明明德，在亲民，在止于至善。知止而后有定，定而后能静，静而后能安，安而后能虑，虑而后能得。物有本末，事有终始。知所先后，则近道矣。古之欲明明德于天下者，先治其国。欲治其国者，先齐其家。欲齐其家者，先修其身。欲修其身者，先正其心。欲正其心者，先诚其意。欲诚其意者，先致其知。致知在格物。物格而后知至，知至而后意诚，意诚而后心正，心正而后身修，身修而后家齐，家齐而后国治，国治而后天下平。自天子以至于庶人，壹是皆以修身为本。其本乱，而末治者否矣。其所厚者薄，而其所薄者厚，未之有也。

（十二）虚实。

如酒说：酒类、酒效、酒神、酒场、酒界，虚实之境，恍惚梦幻。

又如老子《道德经》经典论述。

《道篇》第一章：

道可道，非常道。名可名，非常名。无名天地之始；有名万物之母。故常无欲以观其妙；常有欲以观其徼。此两者同出而异名，同谓之玄。玄之又玄，众妙之门。

《道篇》第三十七章：

道常无为而无不为。侯王若能守之，万物将自化。化而欲作，吾将镇之以无名之朴。无名之朴，夫将不欲。不欲以静，天下将自定。

《德篇》第三十八章：

上德不德，是以有德；下德不失德，是以无德。上德无为而无以为；下德为之而有以为。上仁为之而无以为；上义为之而有以为。上礼为之而莫之应，则攘臂而扔之。故失道而后德，失德而后仁，失仁而后义，失义而后礼。夫礼者，忠信之薄而乱之首。前识者，道之华而愚之始。是以大丈夫处其厚，不居其薄；处其实，不居其华。故去彼取此。

《德篇》第八十一章：

信言不美，美言不信。善者不辩，辩者不善。知者不博，博者不知。圣人不积，既以为人己愈有，既以与人己愈多。天之道，利而不害。圣人之道，为而不争。

（十三）轻重。

人生最难是选择，判断取决于事物轻重缓急。人生，该做什么的年龄做什么，正如一年四季，何时花开何时花落，自有季节，否则风吹雨打，不一定美丽绽放。轻重之判断在于中庸之道。

（十四）古今。

穿越时光，追古问今，读国学经典，品传世文化，建议精读以下典籍：

《易经》《诗经》《论语》《大学》《中庸》《孟子》《荀子》《墨子》《老子》《庄子》《传习录》《孙子兵法》《三十六计》《三国演义》《水浒传》《西游记》《古文观止》《红楼梦》《唐诗三百首》《宋词三百首》《金刚经》《心经》《坛经》《中国哲学史》《人间词话》《穆斯林的葬礼》《活着》《阿Q正传》《家》《边城》《子夜》《围城》《平凡的世界》《京华烟云》《雷雨》《城南旧事》《骆驼祥子》《倾城之恋》《白鹿原》《蛙》等。

（十五）中外。

中国主要是哲学、诗词、小说三类经典。国外名著主要是寓言与童话、戏剧与小说、哲学与科学。科学主要是心理学与生物学。

通过国外教育令人反思中国教育，启示颇多。不同文化的对比好比镜子的两面，有时一种文化是另一种文化的背景，有时也是深刻的直观表现。国外思想也相对系统，以美国为例，一部《哈佛家训》让我们了解了真实的美国实用主义教育价值观。可参阅下列名著：

《鲁滨孙漂流记》《老人与海》《安娜·卡列尼娜》《悲惨世界》《百年孤独》《哈姆雷特》《昆虫记》《时间简史》《生命简史》《国富论》《全球通史》《物种起源 》《理想国》《安徒生童话》《格林童话》《伊索寓言》《红与黑》《少年维特之烦恼》《呼啸山庄》《圣经》《自卑与超越》《浮士德》《约翰·克里斯朵夫》《大卫·科波菲尔》《堂·吉诃德》《方法谈》《战争与和平》《天方夜谭》《动机与

人格》《民主主义与教育》《飘》《小王子》。

（十六）舍得。

但凡入世之人，感觉如果用一个字来形容：累！负重人生，自然辛苦，于是，大道至简，简约人生。人生必须做好运算，用加、减、乘、除、乘方、开方、指数、对数运算，修剪自己的生活之树。

（十七）动静。

动时健身，静时读书。动静在自然，动静随自然。

庄子《养生主》最为自然：

吾生也有涯，而知也无涯。以有涯随无涯，殆已。已而为知者，殆而已矣！为善无近名，为恶无近刑。缘督以为经，可以保身，可以全生，可以养亲，可以尽年。

庖丁为文惠君解牛，手之所触，肩之所倚，足之所履，膝之所踦，砉然向然，奏刀騞然，莫不中音，合于桑林之舞，乃中经首之会。

文惠君曰："嘻，善哉！技盖至此乎？"庖丁释刀对曰："臣之所好者道也，进乎技矣。始臣之解牛之时，所见无非牛者。三年之后，未尝见全牛也。方今之时，臣以神遇而不以目视，官知止而神欲行。依乎天理，批大郤，导大窾，因其固然。技经肯綮之未尝，而况大軱乎？良庖岁更刀，割也；族庖月更刀，折也。今臣之刀十九年矣，所解数千牛矣，而刀刃若新发于硎。彼节者有间，而刀刃者无厚。以无厚入有间，恢恢乎其于游刃必有余地矣，是以十九年而刀刃若新发于硎。虽然，每至于族，吾见其难为，怵然为戒，视为止，行为迟，动刀甚微，謋然已解，如土委地，提刀而立，为之四顾，为之踌躇满志，善刀而藏之。"文惠君曰："善哉！吾闻庖丁之言，得养生焉。"

公文轩见右师而惊曰："是何人也？恶乎介也？天与，其人与？"曰："天也，非人也。天之生是使独也，人之貌有与也。以是知其天也，非人也。"泽雉十步一啄，百步一饮，不蕲畜乎樊中。神虽王，不善也。

老聃死，秦失吊之，三号而出。弟子曰："非夫子之友邪？"曰："然。""然则吊焉若此，可乎？"曰："然。始也吾以为其人也，而今非也。向吾入而吊焉，有老者哭之，如哭其子；少者哭之，如哭其母。彼其所以会之，必有不蕲言而言，不蕲哭而哭者。是遁天倍情，忘其所受，古者谓之遁天之刑。适来，夫子时也；适去，夫子顺也。安时而处顺，哀乐不能入也，古者谓是帝之县解。"

指穷于为薪，火传也，不知其尽也。

（十八）进退。

我们每个人都身处现实世界中，偶尔不知不觉中收起羽翼，只为呵护一下自己的心灵，于是构起身心世界，它决定了我们的精神寄托之所。世界的艺术，有现实的也有浪漫的，有唯物的也有唯心的，一直与我们相伴而行。人生进退在于舞台之选择，话剧表现的就是两个世界融合的冲突，是冲突的融合。话剧是最好的语言艺术表现形式，教育应多用之，好的话剧是生活的再现与反思。入世有恒，由身；出世有悟，由心。

求至善之路，《大学》明其方向；修身之法，荀子与墨子堪称典范。

荀子·修身

见善，修然必以自存也；见不善，愀然必以自省也。善在身，介然必以自好也；不善在身，菑然必以自恶也。故非我而当者，吾师也；是我而当者,吾友也;谄谀我者,吾贼也。故君子隆师而亲友,以致恶其贼。好善无厌,受谏而能诫,虽欲无进,得乎哉!小人反是,致乱而恶人之非己也,致不肖而欲人之贤己也,心如虎狼,行如禽兽而又恶人之贼己也。谄谀者亲,谏争者疏,修正为笑,至忠为贼,虽欲无灭亡,得乎哉!《诗》曰:"噏噏呰呰,亦孔之哀。谋之其臧,则具是违;谋之不臧,则具是依。"此之谓也。

扁善之度,以治气养生则后彭祖;以修身自名则配尧、禹。宜于时通,利以处穷,礼信是也。凡用血气、志意、知虑,由礼则治通,不由礼则勃乱提僈;食饮、衣服、居处、动静,由礼则和节,不由礼则触陷生疾;容貌、态度、进退、趋行,由礼则雅,不由礼则夷固僻违、庸众而野。故人无礼则不生,事无礼则不成,国家无礼则不宁。《诗》曰:"礼仪卒度,笑语卒获。"此之谓也。

以善先人者谓之教,以善和人者谓之顺;以不善先人者谓之谄,以不善和人者谓之谀。是是、非非谓之知,非是、是非谓之愚。伤良曰谗,害良曰贼。是谓是,非谓非曰直。窃货曰盗,匿行曰诈,易言曰诞。趣舍无定谓之无常。保利弃义谓之至贼。多闻曰博,少闻曰浅。多见曰闲,少见曰陋。难进曰偍,易忘曰漏。少而理曰治,多而乱曰耗。

治气养心之术:血气刚强,则柔之以调和;知虑渐深,则一之以易良;勇胆猛戾,则辅之以道顺;齐给便利,则节之以动止;狭隘褊小,则廓之以广大;卑湿重迟贪利,则抗之以高志;庸众驽散,则劫之以师友;怠慢僄弃,则炤之以祸灾;愚款端悫,则合之以礼乐,通之以思索。凡治气养心之术,莫径由礼,莫要得师,莫神一好。夫是之谓治

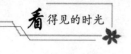

气养心之术也。

志意修则骄富贵，道义重则轻王公，内省而外物轻矣。传曰："君子役物，小人役于物。"此之谓矣。身劳而心安，为之；利少而义多，为之；事乱君而通，不如事穷君而顺焉。故良农不为水旱不耕，良贾不为折阅不市，士君子不为贫穷怠乎道。

体恭敬而心忠信，术礼义而情爱人，横行天下，虽困四夷，人莫不贵。劳苦之事则争先，饶乐之事则能让，端悫诚信，拘守而详，横行天下，虽困四夷，人莫不任。体倨固而心势诈，术顺、墨而精杂污，横行天下，虽达四方，人莫不贱。劳苦之事则偷儒转脱，饶乐之事则佞兑而不曲，辟违而不悫，程役而不录，横行天下，虽达四方，人莫不弃。

行而供冀，非渍淖也；行而俯项，非击戾也；偶视而先俯，非恐惧也。然夫士欲独修其身，不以得罪于比俗之人也。

夫骥一日而千里，驽马十驾则亦及之矣。将以穷无穷逐无极与？其折骨绝筋，终身不可以相及也。将有所止之，则千里虽远，亦或迟、或速、或先、或后，胡为乎其不可以相及也？不识步道者，将以穷无穷逐无极与？意亦有所止之与？夫"坚白""同异""有厚无厚"之察，非不察也，然而君子不辩，止之也。倚魁之行，非不难也，然而君子不行，止之也。故学曰："迟彼止而待我，我行而就之，则亦或迟、或速、或先、或后，胡为乎其不可以同至也？故跬步而不休，跛鳖千里；累土而不辍，丘山崇成。厌其源，开其渎，江河可竭。一进一退，一左一右，六骥不致。彼人之才性之相县也，岂若跛鳖之与六骥足哉？然而跛鳖致之，六骥不致，是无它故焉，或为之，或不为尔！道虽迩，不行不至；事虽小，不为不成。其为人也多暇日者，其出入不远矣。

好法而行，士也；笃志而体，君子也；齐明而不竭，圣人也。人无法，则伥伥然；有法而无志其义，则渠渠然；依乎法而又深其类，然后温温然。

礼者，所以正身也；师者，所以正礼也。无礼，何以正身？无师，吾安知礼之为是也？礼然而然，则是情安礼也；师云而云，则是知若师也。情安礼，知若师，则是圣人也。故非礼，是无法也；非师，是无师也。不是师法而好自用，譬之是犹以盲辨色，以聋辨声也，舍乱妄无为也。故学也者，礼法也。夫师，以身为正仪，而贵自安者也。《诗》云："不识不知，顺帝之则。"此之谓也。

端悫顺弟，则可谓善少者矣；加好学逊敏焉，则有钧无上，可以为君子者矣。偷儒惮事，无廉耻而嗜乎饮食，则可谓恶少者矣；加惕悍而不顺，险贼而不弟焉，则可谓不详少者矣，虽陷刑戮可也。老老而壮者归焉，不穷穷而通者积焉，行乎冥冥而施乎无报，而贤不肖一焉。人有此三行，虽有大过，天其不遂乎！

君子之求利也略，其远害也早，其避辱也惧，其行道理也勇。君子贫穷而志广，富贵而体恭，安燕而血气不惰，劳倦而容貌不枯，怒不过夺，喜不过予。君子贫穷而志广，隆仁也；富贵而体恭，杀势也；安燕而血气不衰，柬理也；劳倦而容貌不枯，好文也；怒不过夺，喜不过予，是法胜私也。《书》曰："无有作好，遵王之道。无有作恶，遵王之路。"此言君子之能以公义胜私欲也。

墨子·修身

君子战虽有陈，而勇为本焉；丧虽有礼，而哀为本焉；士虽有学，而行为本焉。是故置本不安者，无务丰末；近者不亲，无务来远；亲戚

不附，无务外交；事无终始，无务多业；举物而闇，无务博闻。

是故先王之治天下也，必察迩来远，君子察迩修者也。修身见毁而反之身者也。此以怨省而行修矣。谮慝之言，无入之耳；批扞之声，无出之口；杀伤人之孩，无存之心。虽有诋讦之民，无所依矣。故君子力事日强，愿欲日逾，设壮日盛。

君子之道也，贫则见廉，富则见义，生则见爱，死则见哀；四行者不可虚假，反之身者也。藏于心者，无以竭爱；动于身者，无以竭恭；出于口者，无以竭驯。畅之四支，接之肌肤，华发隳颠，而犹弗舍者，其唯圣人乎！

志不强者智不达；言不信者行不果。据财不能以分人者，不足与友；守道不笃，遍物不博，辩是非不察者，不足与游。本不固者末必几，雄而不修者，其后必惰，原浊者流不清，行不信者名必耗。名不徒生而誉不自长。功成名遂。名誉不可虚假，反之身者也。务言而缓行，虽辩必不听。多力而伐功，虽劳必不图。慧者心辩而不繁说，多力而不伐功，此以名誉扬天下。言无务为多而务为智，无务为文而务为察。故彼智无察，在身而情，反其路者也。善无主于心者不留，行莫辩于身者不立；名不可简而成也，誉不可巧而立也，君子以身戴行者也。思利寻焉，忘名忽焉，可以为士于天下者，未尝有也。

（十九）成败。

如果一定要谈成败，《三国演义》告诉我们一笑泯恩仇，《孙子兵法》的最高境界乃"不战而屈人之兵"。《三十六计》走为上计。成败只不过是时光的刻痕，让人们耗尽了毕生的精力。每一个人都败给了时间，如果说成功，那也是人在与时间的赛跑中努力前行，尽量缩短了与时光的差距。尽管如此，我们可以赋予时间以价值，赋予生命

以意义，一得一失，也就是"看得见的时光"。

临江仙·滚滚长江东逝水

滚滚长江东逝水，浪花淘尽英雄。

是非成败转头空。

青山依旧在，几度夕阳红。

白发渔樵江渚上，惯看秋月春风。

一壶浊酒喜相逢。

古今多少事，都付笑谈中。

孙子兵法

始计篇、作战篇、谋攻篇、形篇、势篇、虚实篇、军争篇、九变篇、

行军篇、地形篇、九地篇、火攻篇、用间篇

三十六计

第一套　胜战计

第一计　瞒天过海

第二计　围魏救赵

第三计　借刀杀人

第四计　以逸待劳

第五计　趁火打劫

第六计　声东击西

第二套　敌战计

第七计　无中生有

第八计　暗渡陈仓

第九计　隔岸观火

（二十）苦甜。

无情岁月增中减，有味读书苦后甜。世界是变化的，心路历程充满变化。数学中的函数关系为我们提供了很好的理解路径。分段函数呈现生活的不同视角，"隔行如隔山""家家有本难念的经"，苦与甜不一而论。复合函数体现了苦与甜的复杂性，研究函数的性质：极值、特殊点、最值、单调性、对称性、周期性、奇偶性，每一个性质对应相应的心路路径图，人生才真正有了感觉。世间的苦与甜源于生活，生活的味道源于事业与学问。

蝶恋花

晏　殊

槛菊愁烟兰泣露，罗幕轻寒，燕子双飞去。明月不谙离恨苦，斜光到晓穿朱户。

昨夜西风凋碧树，独上高楼，望尽天涯路。欲寄彩笺兼尺素，山长水阔知何处？

蝶恋花

柳　永

伫倚危楼风细细，望极春愁，黯黯生天际。草色烟光残照里，无言谁会凭阑意。

拟把疏狂图一醉，对酒当歌，强乐还无味。衣带渐宽终不悔，为伊消得人憔悴。

青玉案·元夕

辛弃疾

东风夜放花千树，更吹落，星如雨，宝马雕车香满路。凤箫声动，玉壶光转，一夜鱼龙舞。蛾儿雪柳黄金缕，笑语盈盈暗香去。众里寻他千百度，蓦然回首，那人却在灯火阑珊处。

心课程也可以从"三力、三生、三观、三向"方面构建课程体系，从而整合各学科核心素养、学科思想，更好地成就人。

数学三部曲

一、探索与发现

二、思想与方法

三、艺术与生活

我思，故我在。——笛卡尔（法国）

一、探索与发现

探索人生，人生追求有三种：

1. 行——对现实的追求。

2. 品——对价值的追求。

3. 知——对永恒的追求。

发现真理，研究任何一种学问，都要有两种精神：一是"入乎其内"，二是"出乎其外"。

教学的逻辑

目标评价与课题研究是教学的特色工作。教学目标：知识与技能、过程与方法、情感、态度与价值观是教学的标准。用分析法的思维提出设问，用综合法的行动开展教学，教学始终坚持体现目标评价，同时坚持课题研究。目标评价是方向与原则问题，课题研究是以点带面实现教学突破的捷径。

教师要从繁杂的忙碌中解放出来，清楚自己教学的工作流程。教学的过程与多种因素有关。从众多的关系中我们理清一条脉络：教师—课程—课堂—学生。这个过程可分解为三步完成，第一步：从教师走向课程，建立以课程整合为核心的课程规划。第二步：从课程走向课堂，建立以课堂观察为核心的教学设计。第三步：从课堂走向学生，建立以作业设计为核心的教学评价。坚持从这条路走下去，且行且思，定有所悟。

课题研究要紧紧抓住教学要素。在教师、课程、课堂、学生四个要素中，我们从中任取其中两个，就会产生六种关系链：教师—课程、教师—课堂、教师—学生、课程—课堂、课程—学生、课堂—学生。而这六种关系也是我们教育工作者必须面对和必须破解的课题。

教学要求教师首先成为高尚、博学、敬业之人。当教师以严谨的实践观、求真的创新观探索教学之时，真正做到知行合一，教学中将自己的人格内化为师德之魂，教学也就突破了形式的束缚，突破了世俗的限制，这是教学的至高境界。

教学的逻辑就是优秀的教师如何带给学生优秀的品质。

《对数函数及其性质》教学设计

教材: 人教版《数学》(必修1)

内容: 必修1 第二章 第二部分 对数函数

课题: 对数函数及其性质

班级: 高一

设计: 张民才

背景:

1. 基于学生掌握函数与反函数概念的经验基础上;

2. 基于学生掌握指数与对数运算关系的经验基础上;

3. 基于学生掌握指数函数的图像与性质的经验基础上。

目标:

1. 知识与技能: 理解对数函数的定义, 掌握对数函数的图像与性质;

2. 过程与方法: 探索数与形产生新函数的过程, 发现数形统一;

3. 情感、态度与价值观: 感知数形结合, 掌握分类讨论, 学会类比分析。

评价:

1. 学生与教师存在互动交流并在教师的引导下领悟对数函数的定义;

2. 学生画对数函数图像的两种情形;

3. 学生在讨论过程中表达自己的分析结果;

4. 学生概括总结数形结合与分类讨论的具体体现;

5. 学生运用表格总结对数函数的图像与性质。

教学过程:

环节一: 由指数函数的解析式分析新函数的产生:"式生式, 形为何物?"

问题一: 复习与巩固指数函数的图像与性质。

问题二: 函数与反函数的定义及图像特征。

问题三: 对指数函数反函数的存在性分析。

经过讨论, 学生肯定存在事实, 并根据反函数求法得出反函数解析式, 举例具体分析。

环节二: 由指数函数的图像描绘新图像的产生:"形生形, 式为何物?"

问题四: 指数函数图像关于$y=x$对称后的图像是否能够作为函数图像?

问题五：数与形的关系探索。

学生列表进行数据分析，并在纸上描出图像，发现事实。几何画板课件演示。

环节三：总结分析指数与对数函数的关系。

问题六：运用表格总结对数函数的图像与性质。幻灯片呈现对比分析结果。

教学反思：

本节课主要重心放在对数函数的产生意义与对数函数图像的产生原因两方面，主要从数形两方面构建探索路径并最终达成殊途同归，指数函数与对数函数的对比学习是课堂教学设计的考虑前提。

数学解题突破口的寻找

　　数学解题关键在于打开突破口，以点带面，循序渐进，因此寻找解题突破口就成了解题的首要任务。突破口的意义在于发现题中背后的知识联系，解题实际上是转化的过程，只有建立知识、思维、方法、计算之间合理的联系，转化通道才能畅通，题目自然迎刃而解。

　　（一）隐性与显性的联系。

　　隐性不容易发现，即使发现了，由于不常表现，也会造成思维的不适应。代数中以字母表示数，学生在初中学习时感觉不习惯，特别是还可以表示负数，a常被认为是正数，$-a$常被认为是负数。由于有了隐性的元素，尤其是变量的引入，至今，解决解析几何中带字母的取值范围求解题仍是学生的短板。隐性也表现在定义域等方面的限制中、集合互异性等性质方面的关系中、定理与公式的应用背景中。

（二）有限与无限的联系。

在导数、定积分、正态分布、渐近线、极限、最值、统计等知识点处均存在有限与无限的思想。有限与无限用来解题往往体现在临界值的分析上。

（三）数与形的联系。

数形结合是高中数学的主要思想，解题自然也常在此处寻找突破口。

（四）具体与抽象的联系。

抽象有时让人摸不着头脑，不知从哪儿下手，其实抽象往往来源于身边的现实。请看抽象函数的原型：

幂函数型：$f(x)=x^{\alpha}$，$f(xy)=f(x)f(y)$，$f'(l)=\alpha$。

指数型：$f(x+y)=f(x)+f(y)$。

对数型：$f(xy)=f(x)+f(y)$。

直线型：$f(x+y)=f(x)f(y)$。

余弦函数型：$f(x-y)=f(x)f(y)+g(x)g(y)$，$f(0)=1$。

正弦函数型：$f(x+y)+f(x-y)=2f(x)f(y)$。

（五）表与里的联系。

好比正四面体，外表规则，内部却有诸多数据。正四面体的性质：设棱长为a，则正四面体的：

①高：$h=\dfrac{\sqrt{6}}{3}a$；②对棱间距离：$\dfrac{\sqrt{2}}{2}a$；③相邻两面所成角余弦值：$\dfrac{1}{3}$；④内切球半径：$\dfrac{\sqrt{6}}{12}a$；外接球半径：$\dfrac{\sqrt{6}}{4}a$。

（六）正与反的联系。

集合中补集的思想、概率中对立事件的发现、证明中的反证法都给我们正反的启示。

（七）等与不等的联系。

相等与不等本身联系紧密，相等是不等的分界，不等是相等的普遍存在。

（八）系统知识的联系。

系统知识的联系是解题最坚强的后盾。三角函数各公式间存在联系，等差数列与等比数列间存在联系，圆锥曲线存在联系。凡属该类知识应当建立表格构建系统图加以对比，找出区别与联系。立体几何中平行与垂直的辩证关系值得我们反思，不妨分析下表体会转化的内涵。

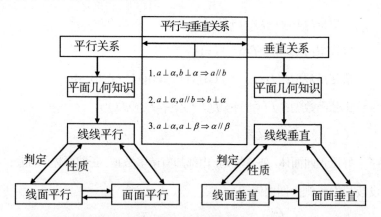

解题的乐趣在于思维的探险，游走在辩证关系的地图上，不断地寻找题海迷宫的出处。古人云："横看成岭侧成峰，远近高低各不同""山重水复疑无路，柳暗花明又一村""众里寻她千百度，蓦然回首，那人却在灯火阑珊处""为渠哪得清如许，

为有源头活水来"等名句都可以表达数学解题突破口对寻找的理解与体验之感，正因如此，爱上寻找，爱上解题，爱上数学，爱上生活。

关于不等式意义的追寻

(一)不等式性质的掌握。

(1) $a > b \Leftrightarrow b < a$;

(2) $a > b, b > c \Rightarrow a > c$;

(3) $a > b \Leftrightarrow a + c > b + c$;

(4) $a > b, c > d \Rightarrow a + c > b + d$;

(5) $a > b, c > 0 \Rightarrow ac > bd$；$a > b, c < 0 \Rightarrow ac < bc$;

(6) $a > b > 0, c > d > 0 \Rightarrow ac > bd$;

(7) $a > b > 0 \Rightarrow a^n > b^n > 0 (n \in N^*)$；

(8) $a > b > 0 \Rightarrow \sqrt[n]{a} > \sqrt[n]{b} (n \in N^*)$。

以上八条简记:反身性、传递性、同加、大+大、同乘、大×大、乘方、开方。

关注等价性、正数条件、符号改变等。

（二）基本不等式的两种形式：

1. $a^2+b^2 \geq 2ab$ 式的证明：$(a-b^2) \geq 0$。几何意义：如图1，一正方形的面积不小于四个全等的直角三角形的面积。（直角三角形的直角边长分别为a, b）

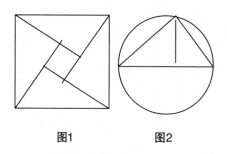

图1   图2

2. $a+b \geq 2\sqrt{ab}$，$a>0$，$b>0$式的证明：$(\sqrt{a}-\sqrt{b})^2 \geq 0$。几何意义：如图2，二圆的半径不小于以圆的直径为斜边的直角三角形斜边上的高。（直径被分成a, b两部分）

3. 两种形式的区别与联系。

4. 等号成立的条件。

5. 问题：长度为20米的栅栏一边靠墙围成矩形，计算如何围法使矩形面积最大？

设宽为x，则长为$20-2x$，故面积$S=x(20-2x) x \in (0, 10)$。分析如何构建不等式应用条件？分析最值应用于实际问题时的条件：一正、二定、三相等。分析函数角度处理本题的方法。

设宽为x，长为y，则$2x+y=20$，求$S=xy$的最大值。分析此二元变量的处理，走不等式与函数两条路线。关注变量范围，关注等号成立的条件。

（三）亚结论分析：

$$a \leqslant \frac{2ab}{a+b} \leqslant \sqrt{ab} \leqslant \frac{a+b}{2} \leqslant \sqrt{\frac{a^2+b^2}{2}} \leqslant b \quad (b \geqslant a > 0)。$$

如图：$DF \leqslant CD \leqslant OE \leqslant CE$。

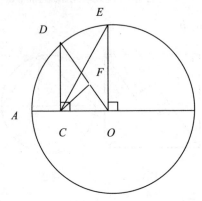

例：已知正数 a，b 满足 $a^2 + b^2 = 4$，求 $a+b$ 的最值。

解：法一，三角换元令 $a = 2\cos\theta$，$b = 2\sin\theta$，$\theta \in \left(0, \dfrac{\pi}{2}\right)$，则

$a+b = 2\sqrt{2}\sin\left(\theta + \dfrac{\pi}{4}\right)$，最大值为 $2\sqrt{2}$，此时 $a = b = \sqrt{2}$。

法二：数形结合。

法三：方程根的讨论。令 $a+b=m$，消去 b，讨论关于 a 的一元二次方程在 $(0, 2)$ 有解问题。

法四：亚结论直接求解。

数学解题策略

数学题型多种多样, 内容丰富多彩, 解法不拘一格, 特别是思想方法较杂, 解题时往往出现选择困难, 一时无从下手, 束手无策。落实最基本的三种解题策略对于快速解题十分必要。

(一) 特殊与一般。

推理之中的归纳推理就是从特殊到一般的思维逻辑。推理体现特殊与一般的辩证关系转化。

(1) 合情推理: 归纳推理和类比推理都是根据已有事实, 经过观察、分析、比较、联想, 在进行归纳、类比, 然后提出猜想的推理, 我们把它们称为合情推理。

①归纳推理: 由某类事物的部分对象具有某些特征, 推出该类事物的全部对象都具有这些特征的推理, 或者由个别事实概括出一般结论的推理, 称为归纳推理, 简称归纳。

注：归纳推理是由部分到整体、由个别到一般的推理。结论不一定正确。

②类比推理：由两类对象具有类似和其中一类对象的某些已知特征，推出另一类对象也具有这些特征的推理，称为类比推理，简称类比。

注：类比推理是由特殊到特殊的推理。结论不一定正确。

平面与空间类比：

平面	点	线	圆	三角形	角	面积	周长
空间	线	面	球	三棱锥	二面角	体积	表面积

（2）演绎推理：从一般的原理出发，推出某个特殊情况下的结论，这种推理叫演绎推理。

注：演绎推理是由一般到特殊的推理。

"三段论"是演绎推理的一般模式，包括：

①大前提——已知的一般结论；

②小前提——所研究的特殊情况；

③结论——根据一般原理，对特殊情况做出的判断。

（二）综合与分析。

证明的策略体现综合与分析的逻辑。

1.直接证明。

（1）综合法。

一般地，利用已知条件和某些数学定义、定理、公理等，经过一系列的推理论证，最后推导出所要证明的结论成立，这种证明方法叫作合法。综合法又叫顺推法或由因导果法。

（2）分析法。

一般地，从要证明的结论出发，逐步寻求使它成立的充分条件，直至最后，把要证明的结论归结为判定一个明显成立的条件（已知条件、定义、定理、公理等），这种证明的方法叫分析法。分析法又叫逆推证法或执果索因法。

2.间接证明——反证法。

一般地，假设原命题不成立，经过正确的推理，最后得出矛盾，因此说明假设错误，从而证明原命题成立，这种证明方法叫反证法。

（三）整体与局部。

整体与局部的思维其实关注的是观察的角度，找出共性与个性，从横向与纵向多加比较，在比较中看出规律，利用规律快速解题。二项式定理在运用过程中既要关注整体又要考虑局部细节。同样的思维，在三角函数学习中十分必要，整体性常用换元法。

二项式定理：

$$(a+b)^n = C_n^0 a^n + C_n^1 a^{n-1}b^1 + \cdots + C_n^k a^{n-k}b^k + \cdots + C_n^n b^n (n \in N^*)$$

注意：

①通项：$T_{r+1} = C_n^r a^{n-r}b^r (r=0,1,2,\cdots,)n$；。

②二项式系数与系数的区别。

③运用赋值法求二项展开式各项系数和或奇（偶）数次系数和。

二项式系数的性质：

①与首末两端等距离的二项式系数相等。

②若n为偶数，中间一项（第$\dfrac{n}{2}+1$项）二项式系数最大；若n为奇数，中间两项（第$\dfrac{n+1}{2}$和$\dfrac{n+1}{2}+1$项）二项式系数最大。

③$C_n^0+C_n^1+C_n^2+\cdots+C_n^n=2^n$；$C_n^0+C_n^2+\cdots=C_n^1+C_n^3+\cdots=2^{n-1}$。

数学解题策略给出解题的视角，正如观察与琢磨一个物品，我们都要左右、上下、前后反复观察、体会、思考。"特殊与一般"好比左瞧瞧右瞧瞧；分析特殊性与普遍性，相当于三视图中的侧视图；"综合与分析"好比翻过来倒过去；正序不行再反序，相当于三视图中的俯视图；"整体与局部"相当于远观与近观；前后分析，相当于三视图中的正视图。给定视角，观察入微，解题因此展开。

二、思想与方法

想象力比知识更重要，思想境界可以不断提升。学习知识不是目的，而是掌握知识背后的方法。

一题多解

首先看一道特别简单的不等式求解题：求 $|x-1| > |x|$ 的解集。

方法一：（几何意义） $|x-1|$ 表示数轴上 x 到 1 处的距离，$|x|$ 表示数轴上 x 到 0 处的距离，显然在 $\frac{1}{2}$ 处二者相等。故由数轴观察易得解集 $\left\{ x \middle| x < \frac{1}{2} \right\}$。

方法二：（数形结合）构造 y 函数 $y_1 = |x-1|$ 与 $y_2 = |x|$，当前者图像位于后者上方时，x 的取值范围就是不等式的解集。

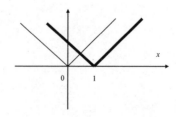

方法三：（等价转化）根据不等式性质 $|a|<|b|\Leftrightarrow a^2<b^2$，原不等式等价于 $(x-1)^2>x^2$，转化为二次不等式求解。

方法四：（分类讨论）将绝对值符号去掉是不等式求解的关键，为此分类讨论如下：

当 $x<0$ 时，原不等式转化为 $1-x>-x$，显然恒成立，故 $x<0$ 成立。

当 $x\in[0,1]$ 时，原不等式转化为 $1-x>x$，则 $x<\dfrac{1}{2}$，故 $x\in\left[0,\dfrac{1}{2}\right)$。

当 $x>1$ 时，原不等式转化为 $x-1>x$，无解。

综上所述，原不等式的解集是 $\left\{x\left|x<\dfrac{1}{2}\right.\right\}$。

再举一例：

已知函数 $f(x)=(x+1)\ln x-x+1$，证明 $(x-1)f(x)\geqslant0$。

分析：首先对 x 进行分类讨论，按 $x\in(0,1]$ 及 $x\in(1,+\infty)$ 分类，问题转化为证明 $f(x)$ 与0的关系。具体解法分析如下：

方法一（函数研究）：对 $f(x)$ 求导研究其单调性，对于导函数再求导研究可解。

方法二（突破难点）：抓住核心难点，对 x 分类后，$x\in(1,+\infty)$ 主要论证 $f(x)\geqslant0$，即证 $(x+1)\ln x-x+1\geqslant0$，再转化为 $\ln x-\dfrac{x-1}{x+1}\geqslant0$，构造函数研究其单调性可解。同理论证 $x\in(0,1]$ 情况。本法主要抓住了 $(x+1)\ln x$ 在求导时的困难而寻求突破。

方法三（放缩法）：当 $x\in(0,1]$ 时，利用 $\ln x\leqslant x-1$ $x\in(0,1]$ 将 $f(x)$ 进行放大，从而去掉 $\ln x$ 转化为二次函数问题，可证 $f(x)\leqslant0$。同理论证 $x\in(1,+\infty)$ 情况。一题多解引导学生发现问题，倡导发散思维，将问题指向难点，一方面可以将问题从纵向做深入研究，还可以

从横向将问题避重就轻，以巧取胜。

其次谈一谈一题多解的想法。

正如上两题所采用的解法，高中数学解题中常用此种方法寻求思路的拓展，也就是几何意义走向本质，数形结合走向直观，等价转化走向多元，分类讨论走向微观。本质、直观、多元、微观是理解数学题目的四种思想策略。一题多解由一题出发寻求多种解法，培养学生的发散思维，整合学生的知识储备，在选择中体味数学的奥秘，并在选择中优化解法，寻求快速解题，培养学生的敏捷性。不会解题的结局只有一个，会解题的过程却不一而论，这就是一题多解的意义。

最后，我有一个设想，高中数学涉及的知识点较多，题型各异，各种习题摆在学生面前，有时造成学生对习题的厌烦情绪。为什么不精选典型习题，特别是归纳整理一题多解的典型题，这样做的话，解题过程就是灵感的获取过程，同时也是对知识再梳理的运用过程。尽管已有许多这方面的书籍供参考，但实际上远远不够。将一题多解作为课题，学生主动承担此课题并持续研究下去，形成数学的思维方式，此时，数学思想将内化为个人意识，从而在生活中成就数学人生。

一题多解让我们明白，方法比知识重要，意识比方法重要。

解题错因剖析与诊断策略

解题是数学学习的实践,错误的表现不一,究其原因也不尽相同。为了减少错误,我们要加强学、思、练,最重要的是知晓学、思、练背后的知识背景与意义表达。

加强学

突破概念认识的局限性。

试看下面的一个问题:

$y=\left(\dfrac{1}{16}\right)^x$ 与 $y=\log_{\frac{1}{16}}x$ 互为反函数,它们的图像交点是不是仅在 $y=x$ 上?

不妨考察两个点 $\left(\dfrac{1}{2},\dfrac{1}{4}\right)$,$\left(\dfrac{1}{4},\dfrac{1}{2}\right)$,类似的认知决定我们的概念定式。对于概念要再三分析,敢于质疑,敢于批判,非有一种"鸡蛋里挑骨头"的精神与勇气才能加深对概念的认知。

高中数学核心概念及其易错点归纳：

1. 集合：空集的存在；集合确定性、互异性、无序性的考查；符号语言混淆等。

2. 函数：定义缺乏深刻性理解；复合函数；分段函数；定义域关注；基本初等函数等。

3. 单调性：定义域关注；定义与导数证明；分段函数；复合函数；基本初等函数等。

4. 奇偶性与对称性：定义；对称；复合函数等。

5. 对数：定义；运算；法则等。

6. 零点：零点存在定理；零点求法等。

7. 斜率：定义；求法等。

8. 互斥事件与独立事件：定义；计算等。

9. 平行与垂直：定义；计算；立体几何与解析几何区别等。

10. 古典概型与几何概型：定义；计算等。

11. 定积分：定义；计算等。

12. 数量积：定义；几何意义；平面向量基本定理；坐标化等。

13. 计数原理：定义；排列与组合计算等。

14. 导数：定义；计算；几何意义；综合题等。

15. 离心率：定义；意义；求法等。

挖掘公式的内涵与外延。

对于公式，我们一定要知其源，追究其推导过程，明确其使用权限，掌握其使用方法。

高中数学核心公式归纳：

$y = a^x \Leftrightarrow x = \log_a^y$ $a > 0, a \neq 1$ 及对数运算法则与公式。

$l = |\alpha| \cdot r$ 及图形的面积与周长公式。

$S = \dfrac{1}{2} lr$ 及几何体的体积与表面积公式。

$d = \dfrac{|Ax_0 + By_0 + C|}{\sqrt{A^2 + B^2}}$。

$\tan \theta = \dfrac{k_2 - k_1}{1 + k_1 k_2}$。

$|AB| = \sqrt{1 + k^2}\, |x_1 - x_2| = \sqrt{1 + k^2}\, \dfrac{\sqrt{\Delta}}{|a|}$。

同角的三角函数关系式。

诱导公式。

两角的和、差、倍、分三角公式。

$a\sin \alpha + b\cos \alpha = \sqrt{a^2 + b^2}\sin(\alpha + \varphi)$（其中，辅助角 φ 所在象限由点 a, b 所在的象限决定），$\sin \varphi = \dfrac{b}{\sqrt{a^2 + b^2}}, \cos \varphi = \dfrac{a}{\sqrt{a^2 + b^2}}, \tan \varphi = \dfrac{b}{a}$。

两弦定理。

$A_n^m\, C_n^m$ 及排列与组合相关公式。

数列的通项公式与求和公式。

求导公式。

基本不等式。

加强思

从思想的高度认识数学。

函数与方程的思想，主要体现在求最值或参数的取值范围，解决图像交点或方程的根的问题、不等式问题、数列问题、解析几何问题、立体几何问题等。与函数解析式相关的问题都离不开函数与方程思想的运用。数形结合思想，主要体现在函数的图像问题、方程的曲线问

题、集合中的Venn图或数轴、解析几何中的方程、斜率、距离、向量的坐标化等。与坐标系有关的知识考虑数形结合。分类讨论思想，由概念引起分类讨论，由定理、公式、性质的限制引起分类讨论，由定理、公式、性质的分类引起讨论，由数学运算引起讨论，由图形不确定引起讨论，由参数的变化引起分类讨论。分类讨论是很自然的事，高中数学分类讨论解题已成习惯。转化与化归思想，主要体现在直接转化法，等价转化法，特殊与一般的转化，等与不等的转化，函数、方程与不等式的转化，数与形的转化等。数学解题本身就是转化与化归的过程。

高中数学主要围绕以上四种思想展开课程构建，在学习过程中时刻加以体会并运用。

优化思维，建立思维导图使系统完备。

加强练

方法灵活，注重通法。

高中数学学习的主要方法：数形结合法，特殊转化法，等价转化法，换元法，构造法，坐标法，归纳法，类比法，演绎法，参数法，补集法，反证法，割补法，比较法，综合法，分析法，数学归纳法，待定系数法，极限法，赋值法，向量法，导数法，统计法，解析法，积分法，三角法，对称法等。

另外，教师还要构建具有个性化的数学教学方法，以此来深刻阐述对数学的独特理解。例如求函数$y = x^2$ $x \in [-1, 2]$的值域，许多刚上高中的学生张口就答：$[1, 4]$。究其原因，学生没有形成图像的使用意识，图像如何使用？我总结的函数图像用法：一画、二截、三

看，也就是先画全图，再根据定义域截取图像，最后看轴求值。

归纳知识，总结题型

归纳知识，让学习由厚到薄。不妨归纳高中学习的各类函数，逐一研究它们的图像与性质。

幂函数：$y = x^\alpha$ （$a \in \mathrm{R}$）；

指数函数：$y = a^x (a > 0, a \neq 1)$；

对数函数：$y = \log_a x (a > 0, a \neq 1)$；

正弦函数：$y = \sin x$；

余弦函数：$y = \cos x$；

正切函数：$y = \tan x$；

二次函数：$y = ax^2 + bx + c (a \neq 0)$；

正比例函数：$y = kx (k \neq 0)$；

反比例函数：$y = \dfrac{k}{x}$（$k \neq 0$）；

函数 $y = x + \dfrac{a}{x}$ （$a > 0$），形如 $y = \dfrac{ax + b}{cx + d}$ （$c \neq 0$，$a \neq bc$）的图像是等轴双曲线，双曲线两渐近线分别是直线 $x = -\dfrac{d}{c}$（由分母为零确定）、直线 $y = \dfrac{a}{c}$（由分子、分母中x的系数确定），双曲线的中心是点 $(-\dfrac{d}{c}, \dfrac{a}{c})$。

$y = A\sin(\omega x + \varphi)$。

总结题型，让解题更有效。

不妨举例说明函数值域的求法：

①分析法；

②配方法；

③判别式法；

④利用函数单调性；

⑤换元法；

⑥利用均值不等式 $\sqrt{ab} \leqslant \dfrac{a+b}{2} \leqslant \sqrt{\dfrac{a^2+b^2}{2}}$；

⑦利用数形结合或几何意义（斜率、距离、绝对值的意义等）；

⑧利用函数有界性（a^x、$\sin x$、$\cos x$ 等）；

⑨导数法。

好比打仗，归纳与总结让我们打有准备之仗。

狠抓计算不放松。

计算主要考虑三个方面问题：一是计算流程，二是特殊数字背后的意义，三是一般数字计算。直线与圆锥曲线问题通法是联立直线与圆锥曲线方程，构造一元二次方程求解。联立后注意以下问题：

①联立关于"x"或关于"y"的一元二次方程。

②分析二次项系数是否为零。

③考虑直线斜率不存在情况。

④验证判别式。

上例以清单的方式分析了计算流程设计过程中的相关因素，避免解题出现低效或失误。如果题中给出特殊的数据，我们也要及时对数据加以意义构造，否则就归结于完全计算了。

《统计》教学单元设计

　　《统计》一章第一节教学，可在网上下载视频，关注下载彩票中奖产生过程，让学生发现数学及其价值，特别是选择、公正、机会均等的实施策略。本节关系统计学的整体认识，应从意义、目的、操作、结果环节构建案例，展示大数据时代背景下数据的产生及其使用，从而激发学生对统计学习的兴趣，这也是数学应用的体现。观看视频，发现数学，也就是我主张的数学第一境界：探索与发现，提倡体验数学。第二境界：思想与方法，提倡思维数学。第三境界：艺术与生活，提倡快乐数学

　　第一境界：探索与发现——《统计》主要知识内容。

　　简单随机抽样、系统抽样、分层抽样，用样本的频率分布估计总体分布（极差、组数、组距、频率分布表、频率分布直方图、频率分布折线图、密度曲线、茎叶图），用样本的数字特征估计总

体的数字特征(平均数、中位数、众数、方差、标准差)、变量间的相关关系(两变量间的相关关系、散点图、回归直线、用最小二乘法求回归直线方程),在选修2~3中涉及的统计案例也可在此归纳学习。

第二境界:思想与方法——统计思想的核心要素总结。

1. 变化在生活中无处不在。

2. 需要关于过程的数据。

3. 在考虑变化的情况下设计数据产生。

4. 变化的定量化、随机变化用概率进行数学描述。

5. 解释变化,分析数据产生及统计分析处理的科学性。

第三境界:艺术与生活——教学设计中要考虑的因素。

1. 思想与方法。本章的思想与方法区别于高中其他知识,属于应用数学的范畴,教学中不断渗透并加以引导。

2. 温故而知新。统计离不开数据的产生,数据的产生离不开科学方法,排列、组合和概率知识的运用十分必要。

3. 数学模型。抛掷骰子、投篮、学生测验成绩等数学模型是学习的起步台阶。

4. 计算机处理数据。学生亲自实践简单的计算机数据处理操作。

5. 研究性合作学习。学生合作完成统计数据的收集与处理,并建立数学模型完成数据分析,让学习与生活实际相互联系并产生积极的现实意义。

当我们对学习境界有了清醒的认识之后,我们就可以从以下诸方面进行教学课题设计。

课题:《抽样统计》《用样本估计总体》(形与数)《变量间的相关关系》《统计案例》

教学目标:略。

教学重点:略。

教学难点:略。

授课类型:略。

课时安排:略。

教学评价:略。

教学过程:略。

统计知识点汇总:

(一)抽样方法。

(1)简单随机抽样:一般来说,设一个总体的个数为N,通过逐个不放回的方法从中抽取一个容量为n的样本,且每个个体被抽到的机会相等,就称这种抽样为简单随机抽样。

注:①每个个体被抽到的概率为$\dfrac{n}{N}$;②常用的简单随机抽样方法有:抽签法,随机数法。

(2)系统抽样:当总体个数较多时,可将总体均衡地分成几个部分,然后按照预先制订的规则,从每一个部分抽取一个个体,得到所需样本,这种抽样方法叫系统抽样。

注:步骤:①编号;②分段;③在第一段采用简单随机抽样方法确定其时个体编号l;④按预先制订的规则抽取样本。

(3)分层抽样:当已知总体有差异比较明显的几部分组成时,

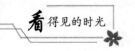

为使样本更充分地反映总体的情况,将总体分成几部分,然后按照各部分占总体的比例进行抽样,这种抽样叫分层抽样。

注:每个部分所抽取的样本个体数=该部分个体数$\times \dfrac{n}{N}$。

(二)统计图表。

频率分布直方图的理解:①小长方形的面积=组距×频率/组距=频率。②各长方形的面积之和为1。③小长方形的高=频率/组距,所有长方形高之和=1/组距。

频率分布折线图与总体密度曲线:连结频率分布直方图中的各小长方形的中点,就得到频率分布折线图。当样本容量增大时,分组越多,组距越小,当频率分布折线图接近一条光滑的曲线时称作总体密度曲线。

(三)茎叶图。

优点:数据原始,方便记录。特别适合数据较少时使用。

(四)总体特征数的估计。

(1)样本 a 平均数 $\bar{x} = \dfrac{1}{n}(x_1 + x_2 + \cdots + x_n) = \dfrac{1}{n}\sum\limits_{i=1}^{n} x_i$;(注意 $ax_i + b$ 平均数)

(2)样本方差 $S^2 = \dfrac{1}{n}[(x_1 - \bar{x})^2 + (x_2 - \bar{x})^2 + \cdots + (x_n - \bar{x})^2]$ $= \dfrac{1}{n}\sum\limits_{i=1}^{n}(x_i - \bar{x})^2$;(注意 $ax_i + b$ 方差)

(3)样本标准差 $S = \sqrt{\dfrac{1}{n}[(x_1 - \bar{x})^2 + (x_2 - \bar{x})^2 + \cdots + (x_n - \bar{x})^2]}$ $= \dfrac{1}{n}\sum\limits_{i=1}^{n}(x_i - \bar{x})^2$;

(4)众数、中位数、平均数。

数字特征	样本数据	频率分布直方图
众数	出现次数最多的数据	取最高的小方形底边中点的横坐标
中位数	将数字按大小依次排列, 处于最中间位置的一个数据或两个数据的平均数	将频率分布直方图划分左右两个面积相等的分界线与x轴交点的横坐标
平均数	样本数据的算术平均数	每个小矩形的面积乘以小矩形底边中点的横坐标之和

(五)正态总体的概率密度函数：$f(x)=\dfrac{1}{\sqrt{2\pi}\sigma}e^{-\frac{(x-\mu)^2}{2\sigma^2}}, x\in R$,式中 μ, σ 是参数,分别表示总体的平均数(期望值)与标准差;

正态曲线的性质：

①曲线位于x轴上方,与x轴不相交;②曲线是单峰的,关于直线 $x=\mu$ 对称;③曲线在 $x=\mu$ 处达到峰值 $\dfrac{1}{\sigma\sqrt{2\pi}}$;④曲线与x轴之间的面积为1;⑤当 σ 一定时,曲线随 μ 质的变化沿x轴平移;⑥当 μ 一定时,曲线形状由 σ 确定: σ 越大,曲线越"矮胖",表示总体分布越集中; σ 越小,曲线越"高瘦",表示总体分布越分散。⑦P $(\mu-\sigma<x\leq\mu+\sigma)$ =0.6826;P $(\mu-2\sigma<x\leq\mu+2\sigma)$ =0.9544;P $(\mu-3\sigma<x\leq\mu+3\sigma)$ =0.9974。

(六)回归直线方程。

$$\hat{y}=\hat{b}x+\hat{a}\begin{cases}\hat{b}=\dfrac{\sum\limits_{i=1}^{n}x_iy_i-n\bar{x}\bar{y}}{\sum\limits_{i=1}^{n}x_i^2-n\bar{x}^2}\\\hat{a}=\bar{y}-\hat{b}\bar{x}\end{cases}$$ 回归直线必过样本点中心 $\left(\bar{x},\bar{y}\right)$。

(七)相关系数(判定两个变量线性相关性)。

$$r=\dfrac{\sum\limits_{i=1}^{n}(x_i-\bar{x})(y_i-\bar{y})}{\sqrt{\sum\limits_{i=1}^{n}(x_i-\bar{x})^2\sum\limits_{i=1}^{n}(y_i-\bar{y})^2}}。$$

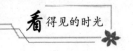

注：①$r>0$时，变量x，y正相关；$r<0$时，变量x，y负相关；②$|r|$越接近于1，两个变量的线性相关性越强；$|r|$接近于0时，两个变量之间几乎不存在线性相关关系。

（八）回归分析中回归效果的判定。

（1）总偏差平方和：$\sum\limits_{i=1}^{n}(y_i-\overline{y})^2$；

（2）残差：$\hat{e}_i=y_i-\hat{y}_i$；

（3）残差平方和：$\sum\limits_{i=1}^{n}(yi-\hat{y}i)^2$；

（4）回归平方和：$\sum\limits_{i=1}^{n}(y_i-\overline{y})^2-\sum\limits_{i=1}^{n}(yi-\hat{y}i)^2$；

（5）相关指数$R^2=1-\dfrac{\sum\limits_{i=1}^{n}(y_i-\hat{y}_i)^2}{\sum\limits_{i=1}^{n}(y_i-\overline{y}_i)^2}$。

注：①R^2的值越大，说明残差平方和越小，则模型拟合效果越好；②R^2越接近于1，则回归效果越好。

（九）独立性检验。

2×2列联表。

列出的两个变量的频数表称作列联表，假设有两个分类变量X，Y，它们可能取值分别为$\{x_1, x_2\}$ $\{y_1, y_2\}$，其样本频数列联表为：

	y_1	y_2	总　计
x_1	a	b	$a+b$
x_2	c	d	$c+d$
总计	$a+c$	$b+d$	$n=a+b+c+d$

构造随机变量$K^2=\dfrac{n(ad-bc)^2}{(a+b)(c+d)(a+c)(b+d)}$，并以此来确定在多大程度上可以认为两个变量有关系的方法，称为两个分类变量的

独立性检验。

随机变量K^2越大,说明两个分类变量关系越强,反之,越弱。

统计学研究表明:

当$K^2 \leqslant 3.841$时,认为X与Y无关。

当$K^2 > 3.841$时,有95%的把握说X与Y有关。

当$K^2 > 6.635$时,有99%的把握说X与Y有关。

当$K^2 > 10.828$时,有99.9%的把握说X与Y有关。

玩转高中数学

玩转高中数学从三个方面入手。

（一）主题设计。

整合高中数学知识，按不同的主题分类建立学习资源系统，培养学生主动学习习惯，激发学生自学的学习兴趣，培养能力，加强合作学习，倡导探究实践。主要分10个主题：

1. 学法指导；

2. 目标导向；

3. 问题导学；

4. 题型拓展；

5. 变式训练；

6. 一题多解；

7. 数形结合；

8. 分类讨论;

9. 思维方法;

10. 生活艺术。

（二）高考备考。

主要从5个方面下工夫。

1. 备考长宽高。

长：考试大纲。宽：数学教材。高：考试说明。重组高考空间结构，全方位备考也就是立体备考。

2. 由厚到薄。

从时间管理的角度，科学统筹备考，突出重点与难点，梳理近几年高考试题。

3. 胸中有丘壑。

归纳题型，调整策略，提炼思想与方法。

4. 再回首。

强化与巩固贯穿学习始终，主要以错题本与训练题的形式深化思维渗透。

5. 从从容容才是真。

从习惯与心态两方面提高自己的状态，将"自信、坚持、超越"融入生活理念及行动。

（三）教学价值。

学习讲求深刻：知其然，知其所以然。不妨分析一下教学个别现象。

教师教学造成的机械学习容易僵化学生的数学思维。如解不等

式 $X^2<4$，学生往往直接写出 $-2<x<2$，答不出为什么? 只知道这是正确的结果。如果非要问，学生就以一元二次不等式重新处理，可见学生并未对一元二次不等式进行系统分类掌握: 形如 $ax^2+bx+c>0$，$ax^2+bx>0$，$ax^2+c>0$ (a, b, c 均不为零) 不等式，不知如何快速解题。同时，没有掌握 $a^2>b^2 \Leftrightarrow |a|>|b|$ 的应用。长此下去，学生解出正确答案却说不出道理，机械学习终将造成学生分不会太高、能力更不会太强的后果。

解题形式化，缺乏思想性，造成这种现状有学生的原因，也有教师专业学习不深刻的原因。探究教学要掌握高中数学各部分知识的联系，进而整合教材体系。如函数图像的平移变换规律，学生基本知道许多老师教的"左加右减"，可这种说法是有局限性的，比如问起椭圆的平移，纵坐标就不知如何处理了。同样，对不等式的背后意义、复合函数的理解、双曲线的渐近线等等，学生往往停留在表面层次。

两种学习态度: 学习为高考! 学习不仅仅为高考! 那么，学习的意义是什么? 态度决定了学习的效率，学习与不学习，时间一样走，青春一样流逝，感觉与成就却大相径庭。改变学生数学学习心态，一方面要开发人生观心理课程，一方面要提高数学教学艺术。

学习排斥心理造成状态固化。饱和状态下的学习效率是低下的被动学习。比如数学学习中多次出现初中水平再现的情况，尽管高中学习过，可是应用起来仍然记得的是初中层次，这反映了初中的强化学习与高中的思维学习上的差异。改变这种局面的最好方法是将批判性思维教学渗透到探究学习中去。

时光一去不复返，高中三年是学生最好的年华，稍加放纵就会造成一生的伤痕。青春的伤痕是遗憾的，数学学习也是一样，不能断档，不能有漏洞。发现学习困难应当及时补上，这是自我修复的能力表现。

家底教育是学校教育的所以然，个性化教学要关注每一个学生的特殊性。

《庄子·养生主》中"庖丁解牛"："庖丁为文惠君解牛，手之所触，肩之所倚，足之所履，膝之所踦，砉然向然，奏刀騞然，莫不中音。"正如庖丁，世上事物纷繁复杂，只要反复实践，掌握了它的客观规律，就能得心应手，运用自如，迎刃而解。"目无全牛""游刃有余""踌躇满志"成语即出于此，三个成语恰好反映了高中数学学习的三层境界。

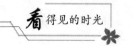

高中数学教材与教法研究

谈课堂构建

（一）当代教育的趋势。

1. 挖掘教育内涵。

教育是人生。

教育是发生，发生体现量变。

教育是发现，发现体现质变。

教育是实践，实践是研究。

学校课题研究路径选择：

"课程体系与学科建设"；

"教学内容与教材建设"；

"教学模式与方法创新"；

"学生成长与人才培养"；

"教师专业与教师发展"。

将有限做到无限,善于做加法,减中求加,这是行之教育。

将无限做到有限,善于做减法,加中求减,这是知之教育。

思考教育从社会、人、学习、知识的维度入手。前有榜样激励,后有教育精神,辅之以学法、心法,配之以课程,立志笃行,持之以恒,终获学业之大成。

2. 深化教育办学。

治理化。学校治理能力与治理体系现代化。

信息化。一个学习世界的崛起必然创造一个全新的学习空间。

生命化。不论教育走多远,永远脱离不了根本:为了更好地存在!

3. 走向教育本真。

打造品牌学校,办有特色的教育。

提高教育质量,办有专业的教育。

落实立德树人,办有灵魂的教育。

(二)教学环境的优化。

人文化、个性化、信息化。

(三)优秀教师的标准。

专业、务实、创新 。

(四)影响教师的因素。

尊重、民主、激励。

(五)课程体系的构建。

思想力、规划力、执行力。

提高教育质量。全面贯彻党的教育方针,落实立德树人的根本

任务,加强社会主义核心价值观教育,培养德智体美全面发展的社会主义建设者和接班人。深化教育改革,把增强学生社会责任感、创新精神、实践能力作为重点任务贯彻到国民教育的全过程。

(六)课堂定位的思考。

专业课堂、智慧课堂、灵魂课堂。

目标导向、问题导学、收获体验、激发灵感。

(七)课堂维度的观察。

变化与流动、发生与发现、理性与感性、成长与生长。

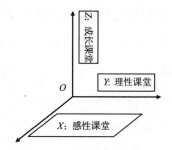

(八)人生维度的理解。

变化与境界。

体验人生、感悟人生、幸福人生。

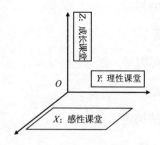

(九)课堂教学的模式。

本人结合自己的工作经验及体会,从数学课堂教学方面建立了

"3344教学模式"。

☆ 课型：概念课、公式课、探究课、习题课、复习课。

☆ 课堂三要素：教材（源于问题、高于问题）、学生（源于教材、高于教材）、教师（源于学生、高于学生）。

☆ 3344模式指四个方面的科学构建：教材、学生、教师、课堂。

☆ 3344模式四个方面的基本关系：

模式四方面	类比一	类比二	综述
教材	剧本	媒体	教材与课堂互映，学生与教师互动。
学生	演员	主体	教材以问题为抓手
教师	导演	导体	学生以教材为抓手，教师以课堂为抓手。
课堂	舞台	载体	教师活用教材，学生活跃课堂

☆ 3344模式的基本内容：

3——教材：提出问题、分析问题、解决问题。

3——课堂：自学与讨论、展示与点拨、总结与拓展。

4——学生：目标、步骤、关键、归纳。

4——教师：策略、展示、点拨、拓展。

☆ 3344模式的课堂形式：小组围坐，组长负责制。

☆ 3344模式的基本理念：方言中"3344"读作"生生世世"，寓意教学为人生奠基，为未来导航。也就是"立足成长，放眼未来"。

目标导向	问题导学
多媒体、知识点汇编	板书、演算
教学目标、课程标准目标、成长目标	考点、重点、难点、交汇点
基于新课标理念下的教学设计 ☆ 知识与技能 ☆ 过程与方法 ☆ 情感、态度与价值观 教学评价	基于高考下的教学设计 ☆ 考点、重点、难点 ☆ 精、练、法、型 ☆ 有效、高效、特效 教学评价

身	身体	体验	模仿、操作、选择、讨论、推导、探究
心	心灵	灵感	了解、理解、感知、交流、领悟

发散性	一题多解
灵活性	变式训练
敏捷性	选择计算

（十）人生境界的提升。

冯友兰：自然境界、功利境界、道德境界、天地境界。

若是不管这些个人的差异，我们可以把各种不同的人生境界划分为四个等级。

自然境界：人若只是顺着本能或风俗习惯做事，然而并无觉解，或不甚觉解，他所做的事，对于他就没有意义，或很少有意义。

功利境界：人意识到他自己，为自己而做各种事，这并不意味着他必然是不道德的人。他可以做些事，其后果有利于他人，其动机则是利己的。所以他所做的各种事，对于他，有功利的意义。

道德境界：人了解到社会的存在，他是社会的一员。这个社会是一个整体，他是这个整体的一部分。有这种觉解，他就为社会的利益做各种事，或如儒家所说，他做事是为了"正其义不谋其利"。他真正是有道德的人，他所做的都是符合严格的道德意义的道德行为，他所做的各种事都有道德的意义。道德境界有道德价值。

天地境界（哲学境界）：人了解到超乎社会整体之上，还有一个更大的整体，即宇宙。他不仅是社会的一员，同时还是宇宙的一员。他是社会组织的公民，同时还是孟子所说的"天民"。有这种觉解，他就为宇宙的利益而做各种事。他了解他所做的事的意义，自觉他正在做他所做的事。天地境界有超道德价值。

谈教材与教法

源于教材：思维导图；高于教材：问题归纳。

教材编写必有体系。

抓住规律，梳理思路，提升理论认知。横向剖析教材，进行主题教材设计。

总结知识，归纳方法，加强实践探索。纵向研究教材，进行单元教材设计。

借鉴多种版本教材，为不同学生设计学案。变换不同角度，从数形入手，从知识点入手，完全可以将主题与单元设计合二为一。

教材的挖掘从高中学生综合素质的角度入手。

教育部关于加强和改进普通高中学生综合素质评价的意见（教基二〔2014〕11号）：依据党的教育方针，反映学生全面发展情况和个性特长，注重考察学生社会责任感、创新精神和实践能力。

（一）思想品德。主要考察学生在爱党爱国、理想信念、诚实守信、仁爱友善、责任义务、遵纪守法等方面的表现。重点是学生参与党团活动、有关社团活动、公益劳动、志愿服务等的次数、持续时间，如为孤寡老人、留守儿童、残疾人等弱势群体提供无偿帮助，到福利院、医院、社会救助机构等公共场所、社会组织做无偿服务，为赛会保

障、环境保护等活动做志愿者。

（二）学业水平。主要考察学生各门课程基础知识、基本技能掌握情况以及运用知识解决问题的能力等。重点是学业水平考试成绩、选修课程内容和学习成绩、研究性学习与创新成果等，特别是具有优势的学科学习情况。

（三）身心健康。主要考察学生的健康生活方式、体育锻炼习惯、身体机能、运动技能和心理素质等。重点是《国家学生体质健康标准》测试主要结果，体育运动特长项目。参加体育运动的效果，应对困难和挫折的表现等。

（四）艺术素养。主要考察学生对艺术的审美感受、理解、鉴赏和表现的能力。重点是在音乐、美术、舞蹈、戏剧、戏曲、影视、书法等方面表现出来的兴趣特长，参加艺术活动的成果等。

（五）社会实践。主要考察学生在社会生活中动手操作、体验经历等情况。重点是学生参加实践活动的次数、持续时间，形成的作品、调查报告等，如与技术课程等有关的实习、生产劳动、勤工俭学、军训，参观学习与社会调查等。

根据上述意见，高中数学借鉴如下：

从教材中发现，在教法中构建数学体系。

品德方面，挖掘数学思想与思维特质，结合个人习惯发展学生个性。

学业方面，提升解题能力与培养数学兴趣。

身心方面，从挫折教育和数学学习障碍处入手，增强学习的自信心与面对困难掌握解决问题的办法。

艺术方面,提炼数学美学。

实践方面,提炼生活数学。

教法,法无定法。不妨从培养学生学习状态入手进行观察,权衡教法之效果。

2015年修订的《中小学生守则》是适合学生面最广的学生守则,其中第2条谈为学:

"好学多问肯钻研。上课专心听讲,积极发表见解,乐于科学探索,养成阅读习惯。"

关于勤学,《守则》既强调学习的意义,更强调学习的路径和方法。现代教育以课堂教学模式为主,师生要充分互动,让孩子学会思考和提问很关键。学习要主动,逐渐成为自身的需要,在探究中把握知识,体会创造。学习就是生活,有苦更有乐,所以要养成良好的习惯。工业文明以科技为支撑,应该从小养成热爱科学的习惯。

课堂教学设计案例

课型:概念课、公式课、探究课、习题课、复习课。针对以上5种课型,研究教学设计案例。

三、艺术与生活

艺术创造生活，生活产生艺术。数学构造美，呈现美，发现美。数学来源于生活，数学也是艺术。数学让我们发现活着的价值，数学让我们的灵魂得以升华，数学让我们更加艺术地生活。

"创可贴"式作业设计

　　创可贴，顾名思义，有了创伤就贴上。它是人们生活中最常见的一种外科用药。创可贴主要由平布胶布和吸水垫组成，具有止血、护创作用。

　　使用创可贴应注意以下几个方面。

　　（一）选择：适用于切口整齐、清洁、表浅、较小而不需要缝合的切割伤。

　　（二）准备：伤口先要经过消毒处理。使用创可贴前，应先仔细检查伤口内是否留有污物。如有不洁物，需用生理盐水将伤口清洗、擦干、涂上碘甘油，然后再贴上创可贴。如果伤口是被带铁锈之物划破，应先注射破伤风抗毒素。贴创可贴时应稍加按压，以起到压迫止血的作用。

　　（三）使用：注意伤口保护。伤口贴上创可贴后，患者要注意保

护伤口，避免活动性出血，即创伤局部少活动，不沾水，避免污染。不要经常用手捏压伤口，严防挤撞伤口，避免伤口裂开。创可贴的使用方法也应规范正确。

（四）变化：注意观察伤口变化。使用创可贴后，还要注意观察伤口变化情况，定期更换，防止伤口感染化脓。如贴上创可贴24小时后，伤口疼痛加重或有分泌物渗出，应及时打开检查。若发现伤口有红肿、渗液等感染现象，应停止使用创可贴，并及时去医院诊治。

（五）保存：作为常用药，创可贴备用数量要适宜，并放于方便使用的地方，随时满足应急之需。

类比上述情况，对应总结作业设计要义。

（一）控制：创伤贴的意义在于生命与健康，作业题的价值在于科学与真理。作业设计的理念要将二者结合起来，从质量与数量上做好控制。

（二）复习：作业是继课堂教学后的第二次学习，所以先复习再做作业是正确的步骤。

（三）规律：生活敢于做运算，改革就是寻找正确意义的同时大胆地做加法和减法。找到意义的方向后，要通过合理的利用规律、科学的逻辑构建目标实现的流程。作业优化的目的就是规律的运用。

（四）批判：易错点是作业的核心突破点，批判性思维是学习的关键点。

（五）反思：将疑问随时记录，对知识迁移的理解随时整理，学习才会有提高。

以下情况最好不用创可贴：

（一）伤口小而深。

由于创可贴的吸水性和透气性都比较差，不利于伤口内的分泌物和脓液排出，容易使细菌生长繁殖，引发或加重感染，尤其是比较容易感染破伤风杆菌等厌氧菌。

（二）动物咬伤。

对于狗咬伤、猫抓伤、蛇咬伤、毒虫蜇伤或咬伤等动物造成的伤口，切忌使用创可贴，以免毒汁和病菌在伤口内蓄积或扩散。应在第一时间内，用清水、冷茶水、矿泉水、生理盐水等，反复冲洗伤口15分钟以上，并及时到医院就诊。

（三）伤口污染严重。

有些伤口污染较重，甚至已经发生感染，或烧伤、烫伤的创面以及创面较大的皮肤擦伤，都不能使用创可贴来覆盖创面，否则将会引发或加重感染。

（四）表皮轻微擦伤。

一般来说，如果仅仅是轻微的表皮擦伤，大可不必使用创可贴，只要用碘酒或酒精涂一下，就能预防感染。

（五）创伤严重。

类比上述情况，对应总结作业设计要义：

（一）深邃程度：作业设计要基于学生的经验，从学生的最近发展区加以拓展设计作业内容。作业设计的理念之一就是使学生完成作业之时有成就感，同时伴随收获的喜悦，过于简单与复杂达不到最佳的心理愉悦，从而让学生对学习产生强迫感。

（二）取向偏离：作业的目标设计针对知识构建，偏离主题的作

业，意义就会缺失。

（三）知识漏洞：当学生对所学知识出现知识漏洞的时候，先解决知识的问题，否则作业仅是量的形式，不会成为质的内容。

（四）浅显知识：作业在学习知识的过程中不是时刻必需的工作，浅显知识接受起来容易，或者学习者对于相应知识点十分熟知的情况下，作业可以省略。

（五）学习障碍：做作业是巩固与提高的过程，只有学习者对于学习有正确的认知与行动之时，作业对于知识的再理解才会变得有意义，否则，有关作业的一切存在都没有意义。

根据以上分析，我认为作业设计主要从知识、课标、学习、学生、思维5方面考虑作业内容。在作业内容安排上分三部分，分别是下表中的三个境界，每一部分又可从下面对应的5个方面去综合考量。

观察点	境界一	境界二	境界三
知识	探索与发现	思想与方法	艺术与生活
课标	知识与技能	过程与方法	情感与价值
学习	一题多解	变式训练	思维导图
学生	文化素养	实践应用	身心健康
思维	发散性	灵活性	深刻性

作业设计体现向前的思维理念，直指学科的核心素养，不仅设计体现这种理念，而且要持续而为之，同时也让学生深谙其中要义，以向前的思维理念去完成作业，久而久之，作业的功效就会最大化。

总结与创作

    没有反省的人生谈不上人生，没有总结与创作的数学谈不上数学。数学作为一门科学，与数学能力指向对应，与生活实践联系，数学是人类理智与灵魂天平上的一颗极其重要的砝码。数学需要精雕细琢，也就是不断进行总结与创作，实质上也是课程整合的过程，但更注重个人对数学的理解与认知。

    高中数学必修一模块是高中入学第一本教材，涉及知识的掌握程度自然影响高中三年的数学学习质量。作为高中数学入门的导引课程，我们要不断对必修一知识进行反思、提炼，抓住知识主干，梳理知识脉络，在知识的构建中深化学科思想，加强思维训练，注重学法指导，为后序数学学习奠定良好的基础。

    必修一主要难点突破：

（一）不等关系。

高中与初中衔接的二次函数知识是入学第一课内容，从二次函数入手，汇总初中所学的各种函数并一一解读它们的图像与性质，同时对二次函数与对应的方程、不等式建立联系，分析存在的关系，辩证地理解相等与不等的关系。从一元二次不等式入手，进而处理绝对值不等式、分式不等式、一元高次不等式、无理不等式等解法。将不等式的解法与函数的单调性结合起来，加深对不等关系的认识。

（二）运算训练。

正如上述所说，从不等式的解法入手，狠抓计算关。同时初中的一元二次方程相关知识也是计算的突破点。必修一中还有指数与对数的大量法则、公式、性质的运用，学习数学可以从这些方面入手，端正学习态度，培养笔算与动笔的习惯。

（三）函数汇总。

函数知识是高中数学的最重要内容。函数学习的质量决定高中数学的成败，做好初、高中函数学习的接轨，基于学生的经验之上再引入指数函数、对数函数与幂函数，自然水到渠成。对函数的图像与性质必须完全掌握，在学生脑海中形成深刻的印象。建立平面直角坐标系后，学生对于图像与性质能够潜意识表达。

（四）分段函数。

函数学习不能就一论一，分段函数将函数的解析式多元化，增加了单调性、奇偶性、对称性与最值的变化研究，同时也让我们对函数认识再一次拓展。

（五）复合函数。

同分段函数一样，复合函数的组合形式多样，性质研究也同样需要重新定位，特别是定义域与单调性的研究。

（六）换元法与待定系数法。

在计算过程与复合函数的研究中，需要让学生掌握换元法的整体思想与转化思维，理解换元法的存在性与必要性。待定系数法对于本章最重要的函数与方程思想意义重大，对于理解定量与变量的构建作用深远。

（七）分类讨论与数形结合。

分类讨论与数形结合的思想是高中一入门必须时刻提醒学生的关键之举，这也是初中学生最欠缺的思想养成。从集合的特征考查与运算训练中加强分类讨论，在指数与对数函数的分类中加强分类讨论，在分段函数学习中加强分类讨论，在字母的取值讨论中加强分类学习讨论。

（八）函数应用。

利用学校的可开发资源，从生活中发现数学，将现实模型建立数学模型，让数学再指导生活。函数应用是高中开展研究性学习的重要课题。

学习数学的过程一直是在合理的思想与方法意义下的运算、推理、证明、求解，同时我们对于知识的掌握也要学会做运算，不论哪个模块，我们都要构建学习手册，同时必须凸显主干知识与核心知识的构建，合理做"加法与减法"，在此框架下的作业设计更要有针对性，真正做到举一反三。题海战术往往是举

三反一，每一个模块都追求这样的目标，高效与简约的数学学习才有可能。每一名数学专业教师都可以在此意义下完成自己的必修一精典习题。

数学学习手册

手册的意义是让学生对数学触手可及，同时让手册成为学生自学数学的指南针。

高中数学有三本手册必不可少，即数学模块、单元、课题学习手册。手册针对学生具备自学价值，针对教师具备反思价值。手册是整合教材、模块、单元、课题、专题、主题、作业设计等一系列数学问题而建立的导学与评估手册。

模块学习手册主要包括课程名称、课程类型、教材版本、年级、课时、学分、设计、背景、内容、目标、实施、评价、自评检测、互评、师评、拓展学习、课程资源等内容。单元学习手册同模块学习手册设计原理一致。课题学习手册主要归纳总结某一类问题的研究成果。课题成果需要学生不断内化成自己的数学知识储备。顺便也说一下教学设计纲要的基本框架，主要包括教材、内容、课题、班级、

设计、背景、目标、评价、教学过程、教学反思等。

特别提醒：手册不仅仅是记忆的工具，更是需要不断演练与推理的要点知识的归纳。手册是导火线，手册是探究学习的导引，有如明灯引导学生走向知识的光明殿堂。

课题学习手册问题举例：圆锥曲线结论汇总。

椭圆中的结论

①内接矩形最大面积：$2ab$；

②P, Q为椭圆上任意两点，且$OP \perp OQ$，则$\dfrac{1}{|OP|^2} + \dfrac{1}{|OQ|^2} = \dfrac{1}{a^2} + \dfrac{1}{b^2}$。

③椭圆焦点三角形：〈Ⅰ〉$S_{\triangle PF_1F_2} = b^2 \tan \dfrac{\theta}{2}$，$\theta = \angle F_1PF_2$；

〈Ⅱ〉点M是$\triangle PF_1F_2$内心，PM交F_1F_2于点N，则$\dfrac{|PM|}{|MN|} = \dfrac{a}{c}$。

④当点P与椭圆短轴顶点重合时$\angle F_1PF_2$最大。

当在已知条件中不知道焦点位置时，可设椭圆方程为：$Ax^2 + By^2 = 1$，再根据已知条件求解。

⑤b和c的几何意义：当$b>c$时，椭圆上所有的点与两焦点连线所成的角均为锐角，当$b=c$，则除了两短轴顶点与两焦点连线为直角外，其余也均为锐角；当$c>b$时，则以原点为圆心，c为半径的圆与椭圆有4个交点，这4个交点与焦点的连线成90°的角，在圆内部成钝角，在圆外部的成锐角。

⑥中点弦：若$M(x_0, y_0)$在椭圆内，若焦点在x轴上，则以点M为中点的弦所在直线的斜率为：$k = -\dfrac{b^2}{a^2} \cdot \dfrac{x_0}{y_0}$。若焦点在$y$轴上，$k = -\dfrac{a^2}{b^2} \cdot \dfrac{x_0}{y_0}$。

⑦过椭圆上一点$P(x_0, y_0)$的切线方程为$\dfrac{x_0 x}{a^2} + \dfrac{y_0 y}{b^2} = 1$。

⑧斜率为k的切线方程为$y=kx\pm\sqrt{a^2k^2+b^2}$。

⑨过焦点$F_2(c,0)$倾斜角为θ的弦的长为

$$l=\frac{2ab^2}{a^2-c^2\cos^2\theta}。$$

双曲线中的结论

①双曲线$\dfrac{x^2}{a^2}-\dfrac{y^2}{b^2}=1$（a>0, b>0）的渐近线：$\dfrac{x^2}{a^2}-\dfrac{y^2}{b^2}=0$。

②共渐进线$y=\pm\dfrac{b}{a}x$的双曲线标准方程为$\dfrac{x^2}{a^2}-\dfrac{y^2}{b^2}=\lambda$（$\lambda$为参数，$\lambda\neq0$），当$\lambda>0$时，表示焦点在$x$轴上；当$\lambda<0$时，表示焦点在$y$轴上。

③双曲线焦点三角形：〈Ⅰ〉$S_{\triangle PF_1F_2}=b^2\cot\dfrac{\theta}{2}$，（$\theta=\angle F_1PF_2$）；

〈Ⅱ〉P是双曲线$\dfrac{x^2}{a^2}-\dfrac{y^2}{b^2}=1$（$a>0$, $b>0$）的左（右）支上一点，F_1、F_2分别为左、右焦点，则$\triangle PF_1F_2$的内切圆的圆心横坐标为$-a$，（a）。

④双曲线为等轴双曲线$\Leftrightarrow e=\sqrt{2}\Leftrightarrow$渐近线为$y=\pm x\Leftrightarrow$渐近线互相垂直。

⑤中点弦：若$M(x_0,y_0)$在双曲内，当焦点在x轴上时，则以点M为中点的弦所在直线的斜率为：$k=\dfrac{b^2}{a^2}\cdot\dfrac{x_0}{y_0}$。

当焦点在y轴上时，则以点M为中点的弦所在直线的斜率为：$k=\dfrac{a^2}{b^2}\cdot\dfrac{x_0}{y_0}$。

⑥过焦点的倾斜角为θ的弦长是$\dfrac{2ab^2}{a^2-c^2\cos^2\theta}$。

抛物线

定义：到定点的距离与到定直线距离相等的点的集合（轨迹）。

方程：$y^2=2px$（$p>0$），焦点（$\dfrac{P}{2},0$），准线$x=-\dfrac{P}{2}$，焦半径$|MF|$

$= x_0 + \dfrac{P}{2}$。

性质：过抛物线$y^2 = 2px$（$p > 0$）的焦点F的直线交抛物线于A（x_1, y_1），B（x_2, y_2），有如下性质：

①$y_1 \cdot y_2 = -p^2$，$x_1 \cdot x_2 = \dfrac{P^2}{4}$。

②$|AB| = x_1 + x_2 + p = \dfrac{2P}{\sin^2 \theta}$（$\theta$为直线$AB$的倾斜角，焦点在$x$轴上）；

$|AB| = y_1 + y_2 + p = \dfrac{2P}{\cos^2 \theta}$（$\theta$为直线$AB$的倾斜角，焦点在$x$轴上）。

③$S_{\triangle AOB} = \dfrac{P^2}{2\sin \theta}$（同上）。

④$\dfrac{1}{|AF|} + \dfrac{1}{|BF|} = \dfrac{2}{P}$。

⑤以AB为直径的圆与抛物线的准线相切。

⑥以AF（或BF）为直径的圆与y轴相切。

⑦过抛物线$x^2 = 2py$的焦点做倾斜角为30度的直线与抛物线交于A、B（A在右）则$\dfrac{AF}{FB} = \dfrac{1}{3}$。

⑧中点弦：

焦点在y轴。若M（x_0, y_0）在抛物线内，则以点M为中点的弦所在直线的斜率为：$k = 4px_0$。

焦点在x轴。若M（x_0, y_0）在抛物线内，则以点M为中点的弦所在直线的斜率为：$k = 4py_0$。

抛物线中的结论

抛物线$y^2 = 2px$（$p > 0$）内接直角三角形OAB的性质：

①$x_1 x_2 = 4P^2$，$y_1 y_2 = -4P^2$。

② l_{AB}恒过定点$(2p, 0)$。

③ A, B中点轨迹方程：$y^2=p(x-2p)$。

④ $OM \perp AB$，则M轨迹方程为：$(x-p)^2+y^2=p^2$。

⑤ $(S_{\triangle AOB})_{\min}=4P^2$。

抛物线$y^2=2px(p>0)$，对称轴上一定点$A(a, 0)$，则：

①当$0<a \leq p$时，顶点到点A距离最小，最小值为a。

②当$a>p$时，抛物线上有关于x轴对称的两点到点A距离最小，最小值为$2ap-p^2$。

弦长公式：

$$|AB| = \sqrt{1+k^2} \cdot |x_2-x_1| = \sqrt{(1+k^2)[(x_1+x_2)^2-4x_1x_2]}$$
$$= \sqrt{1+\frac{1}{k^2}} \cdot |y_2-y_1| = \sqrt{(1+\frac{1}{k^2}) \cdot [(y_1+y_2)^2-4y_1y_2]}。$$

注：

1. 焦点弦长：①椭圆：$|AB|=2a \pm e(x_1+x_2)$；②抛物线：$|AB|=x_1+x_2+p=\dfrac{2p}{\sin^2 \alpha}$。

2. 通径（最短弦）：①椭圆、双曲线：$\dfrac{2b^2}{a}$；②抛物线：$2p$。

3. 过两点的椭圆、双曲线标准方程可设为：$mx^2+ny^2=1$（m, n同时大于0时表示椭圆，$mn<0$时表示双曲线）。

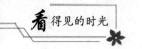

数学改变生活

数学对于生活的改变从以下四个方面悄然发生。

（一）分类与讨论。

分类与讨论的实施让我们对知识的存在形成系统网络。系统的价值在于全面梳理知识，重点抓住核心知识。不妨请看高中数学一轮复习的想法，本身就是分类再讨论学习的过程，主要归纳为以下几点：

（1）用好教材，重视书本例题、习题的作用，梳理知识体系，将知识由厚到薄；

（2）课本回归不应该是书本原题的简单重复，应该有所变化、整合与拓展，将知识由薄到厚；

（3）开放课堂，让学生在黑板板演，表达想法，并尽可能让他们有成功的体验，更能激发学生的学习热情；

（4）课堂上让学生记住一些亚结论，可以有效提高学生的运算速度和正确率。亚结论要让学生知其然，更要知其所以然，真正需要推导时毫不犹豫，干净利索；

（5）高三复习课也应该关注各个不同层次学生的已有水平，恰当把握设置问题的难度、梯度与容量，做到不同学生有不同的提高；

（6）针对高考要求、课程纲要及学生发展构建不同的课型，做有针对性的课堂设计；

（7）从横向与纵向构建整个高中知识联系，增加一题多解与变式训练；

（8）主要思想与方法贯穿复习全过程，并与学、练、考相结合。

（二）类比与迁移。

类比迁移让我们对现实世界产生联想，创新思维最主要的是类比迁移。不妨将高中数学主要的类比迁移知识做一归纳：特殊与一般、两条直线的位置关系、排列与组合、等差数列与等比数列、综合与分析、立体几何中平行与垂直的证明、三角函数的整体与局部处理、换元法、推理与证明、数与形等。高中数学知识完全可以从类比的角度构建学习纲要并分类研究。一个人在生活中经常会面临从事不同工作的现实，需要处理不同挑战的事务，需要随时创新工作方式，需要不断更新技术方法。反思尤其重要，效率与策略决定成败，类比迁移引导我们主动构建创新的思维网络图。教育中的班级管理迁移到年级管理、科室工作、学校管理都有其积极意义。观察与分析事物的规律，我们一方面可以从纵向建立流程，分析来龙去脉；另

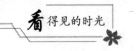
一方面，我们可以从横向进行剖析，横向剖析其实就是类比的方式、迁移的思维。

（三）理性与感性。

不妨从两个方面分析现实中的理性与感性。

问题一：在一次乒乓球比赛中设立奖金1000元。比赛规定：谁先胜3盘，谁获得全部奖金。设甲乙二人的球技相当，现已打了3盘，甲2胜1负，由于某特殊原因必须中止比赛。问这1000元应如何分配才算公平？

分析：方案一，平均分。方案二，归甲。方案三，按2：1分配。

实际上，继续比赛甲获胜有如下胜法，再获一胜的概率为 $\frac{1}{2}$；先负再胜的概率为 $\left(1-\frac{1}{2}\right)\times\frac{1}{2}=\frac{1}{4}$；故甲胜的概率为 $\frac{1}{2}+\frac{1}{4}=\frac{3}{4}$，因此甲所获奖金应为 $1000\times\frac{3}{4}=750$元，乙所获奖金应为250元。

问题二：某班40人，求至少有两人生日是同一天的概率。

分析：设至少二人生日在同一天的概率为 $P(A)$，则 $P(A)=1-P(\bar{A})=1-\frac{A_{365}^{40}}{365^{40}}\approx0.89$。经计算，23人的班级中生日重合的概率为0.51，也就是说，23人的班级有一半机会出现生日巧合，所以说，缘分不完全是巧合。

（四）想象与实践。

柏拉图说："想象力比知识更重要。"学习数学，灵感非常重要。什么是灵感？波利亚说，在解题过程中我们要设法预测到解，或解的某些特征，或某一条通向它的小路。如果这种预见突然闪现在我们面前，我们就把它称为有启发的想法或灵感。我们需要感觉到

自己进展的步伐。有时，有一种不会错的感觉，我们自信地跟随它前进，并且它常常引导我们到正确的方向。如果这种感觉很强烈并且是突然发生的，我们称之为灵感。亚里士多德说："灵感就是在微不足道的时间里，通过猜测而抓住事物本质的联系。"

法国数学家笛卡尔观察房间内蜘蛛上下左右地移动接线，想到空间位置的确定问题，从而建立了直角坐标系，将数与形完美结合，使数学上代数与几何两大分支有机地联系起来，开创了数学的解析几何时代。

数学让我们的灵魂找到方向，从而改变着我们的生活。

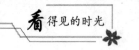

高中数学的理解

数学是生活！生活是数学的来源。请看高中数学的平面向量基本定理：若平面内的向量a, b不共线，则对同一平面内任意向量c，存在唯一一对实数x, y，使得$c=xa+yb$，其中a, b称为一组基底。平面向量基本定理中构建了基底的概念。我们反思生活中的涮锅，也就是所谓的锅底，基底表示平面中的任意向量，锅底又何尝不是涮尽一切可食之物呢。再如，不等式的生活解读：

设$a,b,m \in (0,+\infty)$, $a < b$, 求证：$\dfrac{a+m}{b+m} > \dfrac{a}{b}$，我们可以将其与"糖水越加糖越甜"的事实相联系，同时此不等式的证明或分析法或综合法，证法也为我们生活中处理事务提供了考虑角度，也就是或从实际出发，或从目标出发的意义构建。此不等式也可构造函数$f(x) = \dfrac{a+x}{b+x}$, $x \in (0,+\infty)$，证明该函数在其定义域内单调递增，让我们看到生活的变化。

数学是语言! 数学是语言的语言(C.Dillmann)。集合语言简洁、抽象,它以三种语言存在,一种是图形语言,形象又直观;一种是文字语言,自然又生动;一种是符号语言,简洁又严谨。

数学是人生! 一个数学家,如果他不在某种程度上成为一个诗人,那么他就永远不可能成为一个完美的数学家(德国数学家魏尔斯特拉斯)。学习数学能提高公民素养,培养自信心,培养提出问题与解决问题的能力,发展智力,培养思维,培养创新,形成科学精神,实现价值人生。数学让人生不失意,让人生更诗意。

数学是艺术! 数学在很大程度上是一门艺术,它的发展总是起源于美学准则,受其指导、据以评价的(Borel)。趣味美,数的迷宫;形象美,符号、线条、图形;简洁美,定义、符号、公式;对称美,图形、数字。

关于"对称",高斯较早地发现了对称的价值,找到了$1+2+3+\cdots+50$的答案,等差数列的求和公式就是利用对称的规律、采用倒序相加法推导出来的。对称源于函数的奇偶性,奇函数关于原点对称,偶函数关于坐标系的纵轴对称,也就是对于定义域中的任意x符合$f(-x)=-f(x)$,$f(-x)=f(x)$的选择问题。一张长方形的桌子上,两个人轮流摆硬币,直到摆不下为止,理念上的胜负有无规律呢? 结论就是谁先摆谁先赢。利用对称的思想,先摆之人只要摆在长方形的对角线交点上即可。

数学是哲学! 要想发挥数学教育的潜力,在必须注意数学技术方面的同时,还必须注意数学的结构、历史、起源和哲学方面,这样才能取得平衡,不偏不倚(Shenitzer)。

把一条线段 AB 用点 C 分割成 AC、CB 两部分，若要使 $AB:AC=AC:BC$，即 $AC^2=AB\cdot BC$，则 $AC=\dfrac{\sqrt{5}-1}{2}AB\approx0.618AB$，此时点 C 为黄金分割点，这种分割为"黄金分割"。我们也可以用尺规作图得到"黄金分割"。相传早在欧几里得之前，古希腊数学家欧多克索斯提出此问题，欧几里得将其收入《几何原本》中。据说，意大利画家达·芬奇将其命名为"黄金分割"。黄金分割的美学价值在建筑、身材、生物、音乐、生产等方面均有体现。欧洲中世纪的物理学家和天文学家开普勒曾说，几何学里有两个宝库，一个是毕达哥拉斯定理，另外一个就是黄金分割。前面那个可以比作金矿，而后面那个可以比作珍贵的钻石矿。事实上，几何图形中反映的相等关系与不等关系不胜枚举，许多关系的证明可利用几何图形的长度与面积计算。

数学是科学！数学是一门理性思维的科学。它是研究、了解和知晓现实世界的工具。复杂的东西可以通过这一简单的工具去表达，从这一意义上说，数学可被定义为一种连续地用较简单的概念去取代复杂概念的科学（W.F.William）。

数学包括三大核心领域，研究数的部分属于代数学范畴，主要分支有算术、初等代数、高等代数、数论、抽象代数等。研究形的部分属于几何学范畴，主要分支有初等几何、身影几何、解析几何、非欧几何、拓扑学等。沟通数与形且研究极限运算的部分属于分析学范畴，主要分支有微积分、微分方程、微分几何、函数论、泛函分析等。

在目前的中学课程设置中，课程结构分为三个层次：学习领域、科目、模块。学习领域主要分为八块：语言与文学、数学、人文与社会、科学、技术、艺术、体育与健康、综合实践活动。数学分必修与选修两部分。必修包括五个模块，模块一：学习集合、函数概念与基本初等函数Ⅰ（指、对、幂）。模块二：学习立体几何初步、平面解析几何初步。模块三：学习算法初步、统计、概率。模块四：学习基本初等函数Ⅱ（三角函数）、平面上的向量、三角恒等变换。模块五：学习解三角形、数列、不等式。选修由四个系列构成：系列一由选修1-1（常用逻辑用语、圆锥曲线与方程、导数及其应用）与选修1-2（统计案例、推理与证明、数系的扩充与复数的引入、框图）组成。系列二由选修2-1（常用逻辑用语、圆锥曲线与方程、空间的向量与立体几何）、2-2（导数及其应用、推理与证明、数系的扩充与复数的引入）、2-3（计数原理、统计案例、概率）组成。系列三由六个专题组成：3-1（数学史选讲）、3-2（信息安全与密码）、3-3（球面上的几何）、3-4（对称与群）、3-5（欧拉公式与闭曲面分类）、3-6（三等分角与数域扩充）。系列四由十个专题组成：4-1（几何证明选讲）、4-2（矩阵与变换）、4-3（数列与差分）、4-4（坐标系与参数方程）、4-5（不等式选讲）、4-6（初等数论初步）、4-7（优选法与试验设计初步）、4-8（统筹法与图论初步）、4-9（风险与决策）、4-10（开关电路与布尔代数）。

我们学习高中数学，特别是教师，要从学习数学的战略高度认识数学，分析数学，研究数学，融会贯通，触类旁通，将生活、语言、人生、艺术、哲学与科学的理解融入数学，数学会让我们的生命绽放出最耀眼的光芒。

参考文献

[1]碧柯（Biech.E）. 美国培训与发展协会领导力开发手册[M]. 北京: 电子工业出版社, 2012. 1.

[2]沃尔夫（Wolff, J）. 开启创造力的100个法则——捕捉灵感并付诸实现[M]. 孙琳, 译. 大连: 东北财经大学出版社, 2011. 10.

[3]都希格. 习惯的力量[M]. 吴奕俊, 等译. 北京: 中信出版社, 2013. 4.

[4]赵世俊, 周燕. 中学生生涯规划教师用书（高中版）[M]. 南京: 江苏科学技术出版社, 2012. 12.

[5]黄天中, 吴先红. 生涯规划——体验式学习（中学版）[M]. 北京: 北京师范大学出版社, 2010. 8.

[6]福提（Fortey, R）. 生命简史[M]. 胡洲, 译. 北京: 中央编译出版社, 2009. 10.

[7]徐行言. 中西文化比较[M]. 北京: 北京大学出版社, 2004. 9.

[8]梁漱溟. 东西文化及其哲学[M]. 北京: 商务印书馆, 2010.

[9]汪大海, 魏娜, 郇建立. 社区管理(3版)[M]. 北京: 中国人民大学出版社, 2012. 7.

[10]张康之, 石国亮. 国外社区治理自治与合作[M]. 北京: 中国言实出版社, 2012. 3.

[11]《"六五"普法青少年读本》编写组. "六五"普法青少年读本[M]. 北京: 国家行政学院出版社, 2011. 5.

[12]傅利民. 哈佛大学第一堂经济课[M]. 北京: 电子工业出版社, 2011. 6.

[13]朱广平, 等. 经济学一本通[M]. 合肥: 华文出版社, 2009. 9.

[14]名家批注论语[M]. 合肥: 黄山书社, 2012. 1.

[15]宋淑萍. 论语诠解[M]. 北京: 航空工业出版社, 2014. 1.

[16]喻守真. 唐诗三百首详析[M]. 北京: 中华书局, 2008. 9.

[17]杨柏岭. 唐宋词审美文化阐释[M]. 合肥: 黄山书社, 2007. 3.

[18]王国维. 人间词话[M]. 北京: 中国文史出版社, 2014. 7.

[19]赵亚虎. 一生要会背诵的唐诗宋词[M]. 北京: 新世界出版社, 2013. 6.

[20]曹雪芹. 红楼梦(3版)[M]. 无名氏, 续. 北京: 人民文学出版社, 2008. 7.

[21]王国维, 蔡元培. 红楼梦评论[M]. 石头记, 索隐. 上海: 上海古籍出版社, 2011. 8.

[22]罗贯中. 三国演义（3版）[M]. 北京：人民文学出版社，1973. 12.

[23]孙武. 孙子兵法[M]. 合肥：黄山书社，2012. 1.

[24]孙武. 孙子兵法[M]. 曹操，注. 北京：中国画报出版社，2012. 1.

[25]三十六计全鉴（2版）[M]. 东篱子，解译. 北京：中国纺织出版社，2014. 1.

[26]冀先礼. 心理学[M]. 北京：中国古籍出版社，2012. 11.

[27]陈琦，刘儒德. 当代教育心理学[M]. 北京：北京师范大学出版社，2007. 3.

[28]Lunenburg, F.C, Ornstein, A.C. 教育管理学：概念与实践（5版）[M]. 朱志勇，郑磊泽，译. 北京：中国轻工业出版社，2013. 1.

[29]方其桂. 几何画板4课件制作方法与技巧[M]. 北京：人民邮电出版社，2004. 1.

[30]陈伟. 五笔打字速成[M]. 北京：金盾出版社，2014. 1.

[31]顾鸿，于洁选. 柳公权行书习字帖[M]. 北京：中国工人出版社，1992. 1.

[32]顾鸿，于洁选. 赵孟頫行书习字帖[M]. 北京：中国工人出版社，1992. 1.

[33]威特克尔. 优秀校长一定要做的15件事[M]. 北京：中国青年出版社，2007. 4.

[34]佟云. 围棋[M]. 成都：成都时代出版社，2010. 11.

[35]于小平. 中国象棋[M]. 成都：成都时代出版社，2010. 4.

[36] 大雾. 国际象棋 [M]. 成都: 成都时代出版社, 2010. 11.

[37] D.Q.麦克伦尼. 简单的逻辑学 [M]. 杭州: 浙江人民出版社, 2013. 6.

[38] 摩尔, 等. 批判性思维 [M]. 朱素梅, 译. 北京: 机械工业出版社, 2014. 14.

[39] 罗素. 哲学问题 [M]. 何兆武, 译. 北京: 商务印刷馆, 2007.

[40] 朱光潜. 谈美 [M]. 北京: 新星出版社, 2014. 12.

[41] 朱光潜. 谈修养 [M]. 南京: 江苏人民出版社, 2015. 6.

[42] 葛晓音. 唐诗宋词十五讲 [M]. 北京: 北京大学出版社, 2013. 1.

[43] 弗兰西斯·培根. 培根随笔 [M]. 吴昱荣, 译. 北京: 中国华侨出版社, 2013. 3.

[44] 王力. 诗词格律 [M]. 北京: 中华书局, 2000. 4.

[45] 启功. 诗文声律论稿 [M]. 北京: 中华书局, 2000. 4.

[46] 吴丈蜀. 词学概说 [M]. 北京: 中华书局, 2000. 4.

[47] 王力. 诗词格律 [M]. 北京: 中华书局, 2012. 9.

[48] 夏承焘, 吴熊和. 读词常识 [M]. 北京: 中华书局, 2009. 5.

[49] 陈寿. 三国志全鉴 [M]. 北京: 中国纺织出版社, 2014. 8.

[50] 吕思勉. 三国史话 [M]. 北京: 中华书局, 2014. 7.

[51] 哈斯凯尔. 看不见的森林: 林中自然笔记 [M]. 熊姣, 译. 北京: 商务印刷馆. 2014.

[52] 艾伦. 哲学的盛宴 [M]. 刘华, 编译. 北京: 新世界出版

社, 2013. 10.

[53] 加德纳. 智能的结构 [M]. 沈致隆, 译. 杭州: 浙江人民出版社, 2013. 7.

[54] 东方美讲述, 黄振华笔记. 人生哲学讲义 [M]. 北京: 中华书局, 2013. 1.

[55] 赵睿才. 唐诗与民俗: 时代精神与风俗画卷 [M]. 石家庄: 河北人民出版社, 2013. 1.

[56] 佐藤学. 学校的挑战: 创建学习共同体 [M]. 上海: 华东师范大学出版社, 2010. 7.

[57] 俞可平. 论国家治理现代化 [M]. 北京: 社会科学文献出版社, 2014. 6.

[58] 葛景春. 唐诗与酒: 诗酒风流赋华章 [M]. 石家庄: 河北人民出版社, 2013. 1.

[59] 张仁贤, 等. 打造高效课堂的有效策略 [M]. 北京: 世界知识出版社, 2014. 8.

[60] 泰勒. 课程与教学的基本原理 [M]. 罗康, 张阅, 译. 北京: 中国轻工业出版社, 2014. 1.

[61] 章建石. 基于学生增值发展的教学质量评价与保障研究 [M]. 北京: 北京师范大学出版社, 2014. 3.

[62] 吴江林, 等. 课堂观察LICC模式: 课例集 [M]. 上海: 华东师范大学出版社, 2013. 1.

[63] 覃兵. 课堂评价策略 [M]. 北京: 北京师范大学出版社, 2010. 8.

[64] 崔允漷. 课堂观察Ⅱ: 走向专业的听评课 [M]. 华东师范大学出版社, 2014. 9.

[65] 上海教育研究室. 为了可持续的发展——普通高中课程领导力探索 [M]. 上海: 华东师范大学出版社, 2013. 8.

[66] 玉乃球, 等. 红楼梦诗词鉴赏 [M]. 广州: 广东高等教育出版社, 1996. 10.

[67] 石中英. 教育哲学 [M]. 北京: 北京师范大学出版社, 2007. 5.

[68] 袁贵仁. 中小学管理评价 [M]. 北京: 人民教育出版社, 2014. 7.

[69] 吴楚材. 古文观止 [M]. 吴调侯, 编选. 武汉: 长江文艺出版社, 2014. 9.

[70] 崔允漷, 周文胜, 周文叶, 等. 基于标准的课程纲要和教案 [M]. 上海: 华东师范大学出版社, 2013. 11.

[71] 帕克, 等. 课程规划——当代之取向 [M]. 谢登斌, 等译. 杭州: 浙江教育出版社, 2004. 12.

[72] 钱穆. 文化与教育 [M]. 北京: 九州出版社, 2014. 4.

[73] 凯勒. 假如给我三天光明 [M]. 北京: 中国华侨出版社, 2014. 6.

[74] 摩西奶奶. 人生只有一次, 去做自己喜欢的事 [M]. 姜雪晴, 译. 北京: 北京联合出版公司, 2015. 4.

[75] 柏拉图. 理想国 [M]. 吴松林, 林国敬, 译. 北京: 北京理工大学出版社, 2015. 7.

［76］叔本华. 叔本华静心课［M］. 刘大悲, 陈晓南, 张尚德, 译. 重庆: 重庆出版社, 2015. 3.

［77］伊宁. 民国大师哲学笔记［M］. 北京: 中国纺织出版社, 2015. 4.

［78］傅佩荣. 西方哲学与人生［M］. 北京: 东方出版社, 2013. 3.

［79］麦克斯维尔. 领导力21法则［M］. 北京: 北京时代华文书局, 2015. 11.

［80］蔡义江. 红楼梦诗词曲赋全解［M］. 北京: 复旦大学出版社, 2007. 4.

［81］沃芬登. 哲学九讲［M］. 黄俊洁, 译. 北京: 新世界出版社, 2015. 7.

［82］诗经［M］. 周振甫, 译注. 北京: 中华书局, 2013. 7.

［83］傅斯年.《诗经》讲义［M］. 北京: 中华书局, 2014. 9.

［84］李耳, 庄周. 老子·庄子［M］. 墨香斋, 评. 北京: 中国纺织出版社, 2015. 7.

［85］孟子. 孟子［M］. 墨香斋, 评. 北京: 中国纺织出版社, 2015. 7.

［86］张丽丽. 荀子［M］. 北京: 北京教育出版社, 2015. 3.

［87］梁漱溟. 梁漱溟先生讲孔孟［M］. 北京: 中华书局, 2014. 6.

［88］王阳明. 传习录［M］. 叶圣陶, 点校. 北京: 北京时代华文书局, 2014. 5.

［89］沙滩孤雁. 心学凶猛: 最通俗的《传习录》. 最易懂的王阳明［M］. 北京: 中国财富出版社, 2015. 1.

[90]沈复.浮生六记[M].长沙:岳麓书社,2015.8.

[91]胡适,等.浮生若梦:红楼梦的前世今生[M].北京:新世界出版社,2012.12.

[92]叶嘉莹.人间词话七讲[M].北京:北京大学出版社,2014.8.

[93]方东美.新儒家哲学十八讲[M].北京:中华书局,2012.6.

[94]方东美.中国人生哲学[M].北京:中华书局,2012.6.

[95]冯友兰.中国哲学简史[M].涂又光,译.北京:北京大学出版社,2013.1.

[96]朱光潜.朱光潜谈欣赏[M].中国青年出版社,2014.8.

[97]卢梭.爱弥儿[M].彭正梅,译.上海:上海人民出版社,2014.

[98]勒庞.乌合之众:大众心理学研究[M].高山,译.北京:新世界出版社,2015.4.

[99]叔本华.世界上的每一朵玫瑰都有刺[M].六六,译.北京:北京时代华文书局,2015.2.

[100]叔本华.意志决定命运[M].韦启昌,编译.武汉:长江文艺出版社,2014.10.

[101]阿德勒.自卑与超越[M].李章勇,译.北京:中国华侨出版社,2014.6.

[102]大学·中庸[M].王国轩,译注.北京:中华书局,2006.9.

[103]周易译注[M].周振甫,译注.北京:中华书局,2012.9.

[104]陈秋平. 金刚经·心经·坛经[M]. 尚荣, 译注. 北京: 中华书局, 2007.12.

[105]墨子[M]. 李小龙, 译注. 北京: 中华书局, 2007.3.

[106]六韬·鬼谷子[M]. 曹胜高, 安娜, 译注. 北京: 中华书局, 2007.4.

[107]亚里士多德. 形而上学[M]. 康雪, 王钊, 译. 北京: 北京理工大学出版社, 2015.9.

[108]柏拉图. 苏格拉底之死[M]. 北京: 北京理工大学出版社, 2015.7.

[109]艾德勒, 范多伦. 如何阅读一本书[M]. 北京: 商务印书馆, 2015.9.

[110]李泽厚. 美的历程[M]. 北京: 生活·读书·新知三联书店, 2009.7.

[111]帕斯卡尔. 思想录[M]. 北京: 中国法制出版社, 2014.11.

[112]朱自清. 朱自清经典[M]. 北京: 当代世界出版社, 2016.2.

[113]韦秀英. 哈佛凌晨四点半: 哈佛大学送给青少年的礼物[M]. 合肥: 安徽人民出版社, 2012.7.

[114]林语堂. 苏东坡传[M]. 武汉: 长江文艺出版社, 2015.5.

[115]林语堂. 孔子的智慧[M]. 武汉: 长江文艺出版社 2015.5.

[116]林语堂. 老子的智慧[M]. 武汉: 长江文艺出版社, 2015.5.

[117]林语堂. 生活的艺术[M]. 武汉: 长江文艺出版社, 2015.5.

[118]贝纳德. 哈佛家训[M]. 哈尔滨: 黑龙江科学技术出版社, 2013.6.

[119]康德.美,以及美的反思:康德美学全集[M].曹俊峰,译.北京:金城出版社,2013.9.

[120]克兰(Crane, A. M.).避开思维陷阱:跟心理学大师克兰学习正向思维[M].佘卓桓,译.北京:中国人民大学出版社,2016.1.

[121]沃尔什(Walsh, J. J.).意志的治愈力[M]佘卓桓,译.北京:中国人民大学出版社,2016.1.

[122]柏格森.创造进化论[M].汤硕伟,译.北京:北京理工大学出版社,2015.7.

[123]奥伊肯.人生的意义与价值[M].张伟,左兰,译.北京:北京理工大学出版社,2015.7.

[124]奥杜尔.替这世界好好照顾[M].杨心怡,译.北京:中华工商联合出版社,2015.9.

[125]叶圣陶.阅读与讲解[M].北京:生活·读书·新知三联书店,2012.9.

[126]钱穆.论语新解[M].北京:生活·读书·新知三联书店,2012.7.

[127]尼尔森.哈弗经典讲座[M].尤娜,译.北京:现代出版社,2014.5.

[128]孙渝.律师想要的东西[M].桂林:广西师范大学出版社,2016.3.

[129]周国平.岁月与性情:我的心灵自传[M].北京:人民文学出版社,2014.

[130]瓦兹. 心云道: 致焦虑的年代[M]. 李沁云, 译. 桂林: 广西师范大学出版社, 2015. 4.

[131]布鲁克斯(Brook, L.). 故事力学: 掌握故事创作的内在动力[M]. 陶娟, 译. 北京: 中国人民大学出版社. 2016. 1.

[132]海德格尔. 存在与时间[M]. 陈嘉映, 王庆节, 译. 北京: 生活·读书·新知三联书店, 2014. 9.

[133]杨力. 易经哲学大智慧[M]. 北京: 华夏出版社, 2015. 1.

[134]爱因斯坦. 相对论[M]. 曹天华, 译. 北京: 新世界出版社, 2014. 6.

[135]罗宾斯, 等. 管理学(11版)[M]. 李原, 等译. 北京: 中国人民大学出版社, 2012. 6.

[136]周汝昌. 红楼梦与中华[M]. 周伦玲, 编. 北京: 中华书局, 2009. 9.

[137]司马迁. 史记[M]. 长春: 吉林大学出版社, 2014. 11.

[138]司马光. 资治通鉴[M]. 陈磊, 译注. 北京: 中华书局, 2007. 3.

[139]陈寿. 三国志[M]. 张文强, 译注. 北京: 中华书局, 2016. 1.

[140]周思源. 周思源品赏三国人物[M]. 北京: 中华书局, 2007.

[141]海恩(Heyne, P.). 经济学的思维方式(修订第12版)[M]. 史晨, 等译. 北京: 世界图书出版公司北京公司, 2011. 12.

[142]斯通(Stone, G. W.). 经济学[M]. 杨海涛, 邢祖礼, 等译. 北京: 机械工业出版社, 2013. 6.

[143] 罗宾斯(Robbins, S. P.)，德森佐(Decenzo, D. A.)，库尔特(Coulter, M.). 管理学：原理与实践[M]. 毛蕴诗，主译. 北京：机械工业出版社，2015. 6.

[144] 同济大学数学系. 高等数学(7版). [M]北京：高等教育出版社，2014. 7.

[145] 黄伯荣，廖序东. 现代汉语：增订本[M]. 北京：高等教育出版社，2011. 6.

后记：反思教育人生——看得见的时光

我首先想谈点哲学。

哲学的目的是追求可以提供一套统一的科学体系的知识，同时关注知识背后的意义，也就是在批判人们的成见、偏见、信仰的基础上而得来的知识，哲学是不断获取知识的学科。随着研究的深入，具备完整系统的确定知识独立成新的学科，从哲学中分离，从这一点来说，哲学一直在做着不确定的研究，为此，哲学工作犹如在黑暗中摸索光源，光源有时不重要，重要的是找到寻找的方法，以及在寻找的过程中应对黑暗的生存意义。在哲学问题的讨论中展开丰富的想象力，避免盲目自信，打开禁锢的心灵，让灵魂与肉体同在，寻求价值的更高境界。

反思我的教育人生，我想我的人生哲学就是"时光流"。赋诗一首以抒情怀。

时光

时光如瀑布/泻入脑海/寻真/不舍昼夜

映入眼帘的时光/影射我的心房/光明/时光赐予的向往/善/将心门打开

捧在手心里的时光/朦胧洒满世界/美/无语又无言

　　人的一生可按时光区分，童年时光、青春时光、中年时光、晚年时光。人的七情六欲是时光的闪烁，琴棋书画诗酒花、柴米油盐酱醋茶是时光的流动光影，风花雪月、春夏秋冬是时光的变换。时光如阳光，带给我们生命；时光如月光，带给我们宁静；时光如烛光，带给我们温暖；时光如灯光，带给我们存在；时光如闪电，带给我们激情；时光如流星，带给我们感悟。时光流的意义：①流动性。流动性体现人的长度。流年似水，人的一生其实就是与自己或他人生命斗争的历程，有时妥协、有时抗争。人事三杯酒，流年一局棋，我们乘着时光之船在时光的长河中驶向遥远的未来。②可视性。可视性体现人的宽度。前尘往事，历历在目；前事不忘，后事之师。人生需要睁开双眼发现现实与理想的关联。③一次性。一次性体现人的高度。光阴一去不复返，人永远不可复制。《同桌的你》《弯弯的月亮》《童年》，一首首岁月的歌声中，那个人，那个景，那个年代，构成了人生的五颜六色。在时光流的意义之上，我将人生看成是时光的截取。如果给我一个梦想，我想发明穿越时光隧道的列车，穿越过去，感受人生历史的轨迹；穿越未来，感受人生哲学的意义。这样，我的人生时光也从有限达到无限。

　　人生的时光意义可以从人与自然的历史中发现，古今中外的人

与事都是时光最好的见证。穿越时光的隧道，跨越空间的阻隔，感受人生的意义。

学校的时光意义在于我们看见什么，没有看见什么。教育的时光意义在于学生为师之大爱而来，与师之大智同行，为师之大道而去。教育应向我们展示这样一幅画面，当学生走向老师，老师与学生一起面向人生与世界的全景，共同讨论真理与价值的取向，发现全景背后的逻辑，创造人类的幸福未来。

数学的时光意义来自数学探索者的历史，来自数学深邃的思想，也来自数学带给人们的真实的态度、逻辑的方法、纯粹的生活。

回到现实，我对教育的主张就是打造"行—品—知"系统工程。行之教育在于习惯，品之教育在于健康，知之教育在于科学，记忆永恒，时光永恒。

从教育心理学的角度反思我的教学观、班主任管理、年级管理，我对教育的认识与理解逐步加深。教育即生成，生成来源于历史的积聚和自身不断重复努力。生成的静态形式即习惯，动态形式即超越。生成就是习惯的不断形成与不断更新，此过程本身就是生命的意义、成长的真谛。言传身教，教师传达内容时言简意赅，使学生感到思维明晰，以及获得对事物确切的了解。也就是说，教育过程首先是一个精神成长的过程，然后成为科学获知过程的一部分。科学中根本不存在立身之本和对终极价值叩问的东西，因此也没有人文教育价值。将儿童培养成为社会所需要的栋梁之才，这要求学校首先唤醒团体的历史精神，唤醒象征着生命的意识。其次是学习将来从事工作所必不可少的课程。学校应为每个人创建一个智力和精神的平台。创建学校的目的，是将历史上人类的精神内涵转化为当下生机勃勃的精神，并通过这一精神引导所有学生掌握知识和技术。对终极价值和绝对真理的虔敬是一切教育的本质。缺少热情与执著，人的意义就会缺失。在热情与执著的背后其实就是一个人最简单的生活选择。教育如此，其他亦如此。如果一个人被迫只顾眼前的目标，他就没有时间去展望整个生命。教育的回归与人的回归存在正相关。人的本性易受感染，只有借助自由的信念与合理的生活方式才能战胜这种疾病。一个民族的未来决定于教育，即家庭教育、学校教育、自我教育。人们如果光谈大原则，就会变成空谈；如果将目光仅投注在实际事务上，就会迷失方向。哪怕是最微小的行动也应和终极目标联系起来。只有不让遥远的地平线从视界中消失，我们的脚才能迈出有意义的一步。学好语言，语言是思想的表达。学会典型的思维方式，思维之中体现理性的习惯。只有经过语言与思维的严格训练之后，加之我们对生活经验的体悟，最终使人类自己找到自我，唤醒自我的意识，改变就从这一刻开始。我与其他大量读理论书籍的人可能不一样，别人读书时常有背诵之举，说起来滔滔不绝，我也认同他们的摘要与观点。我读书遇到好处也欣喜，可能与记忆有关，我不背诵，因为我有过20年一线教学的实践，我每当读书读到好处之时就自觉地反思我的历程，意识中修正我的不足，力争内化为我的灵魂。苏格拉底说："认识自己。"我说："做出自己。"我想一个真正的教育者不是说出来的，而是做出来的，再进一步讲，是个性的本色表达。或许这就是人们说的思行合一，知行合一了。一切有意识的行为在过程之中一定不是所谓的最高境界。

教育是个十分复杂的系统工程，许多教育工作者为此付出终生的努力，对于教育的理解因人而异，那么，我们不禁要问：教育工作到底如何构建才是最有意义的？系统虽然庞杂，难道就没有框架吗？我一直想探究教育的意义，构建教育的模型，为教育的未来提出设想。我想教育一直在倡导改革，无非也是在向着这一方向而努力，本书中文字意义背后的哲学就是我理想的教育蓝图。

时光呈现人生。

每个人在社会上立足于不同的行业，创造价值，光阴荏苒之间忙碌一生，终其一生心血，感悟各有不同，因此我们每个人应该为自己写一部自传，将写自传作为年轻时的一个目标，人生的每一步为了自传的精彩而走得更为踏实。激励自己的同时也是对他人的激励。有了良好的目标与激励作用一定有值得反思的人生，写出来一定会影响更多的人。人生因此充满智慧，创造财富；充满幸福，体现完美。或许有一天我们会发现各行各业成就了各自不凡的人生，经济人生、国防人生、铁路人生、警察人生、工商人生等等。自述教育人生，初衷是为此意。

我45年的人生经历，22年的教育经历，终成此书。走过风雨之后也曾感叹，22年之前有此悟会对我的人生启发更大，然而人生就是体验的结晶，好多东西是需要时间的，好在如今也不算太晚，于己是总结，于他人是启发，特别以本书献给我的女儿，我期待她每年读一次本书，伴随她自身的成长，感悟会历久弥新。我一生做教育，将教育的心得送给女儿，这样，我就可以说，我与女儿在彼此重合的生命时光里，将有限做到了无限！人类生生不息，生存的意义也是如此。

人生就是一本书!

人生需要反思!

故为此书。